高等院校公共管理教材新系

非营利组织管理学

（第三版）

苗丽静 主编

东北财经大学出版社
Dongbei University of Finance & Economics Press
大 连

全国百佳图书出版单位

图书在版编目（CIP）数据

非营利组织管理学 / 苗丽静主编．—3版．—大连：东北财经大学出版社，2016.1（2017.7重印）

（高等院校公共管理教材新系）

ISBN 978－7－5654－2172－3

Ⅰ．非…　Ⅱ．苗…　Ⅲ．社会团体－组织管理学－高等学校－教材　Ⅳ．C912.2

中国版本图书馆CIP数据核字（2015）第293585号

东北财经大学出版社出版

（大连市黑石礁尖山街217号　邮政编码　116025）

教学支持：（0411）84710309

营 销 部：（0411）84710711

总 编 室：（0411）84710523

网　　址：http：//www.dufep.cn

读者信箱：dufep@dufe.edu.cn

大连永盛印业有限公司印刷　　东北财经大学出版社发行

幅面尺寸：170mm×240mm　　字数：302千字　　印张：15.75

2016年1月第3版　　2017年7月第7次印刷

责任编辑：时　博　　责任校对：孙　萍

封面设计：张智波　　版式设计：钟福建

定价：30.00元

总　序

随着我国社会主义市场经济的不断发展、行政管理体制的不断改革、社会治理的不断深化，如何培养高质量的公共管理人才、不断提升一个国家和地区的公共管理水平，日益成为社会关注的重大事务。

在我国，公共管理是一个新兴的、不断发展壮大的学科。许多高校为了适应经济社会发展对于专业化的公共管理人才的需要，设置了公共管理专业，致力于培养能够适应政府组织及其他公共组织需求的高水平管理人才。事实上，由于“管理主义”的发展，公共管理硕士（Master of Public Administration, MPA）教育在西方国家的发展如火如荼，迄今已有几十年的历史，早已成为培养公共管理专业人才的最重要途径。在国际上，取得了公共管理硕士、公共事务硕士（Master of Public Affairs）和公共政策硕士（Master of Public Policy）学位，就等于获得了进入公共管理领域的一个“准入证”以及事业成功的基本条件。公共管理硕士与工商管理硕士、法律硕士在一些发达国家被视为文科高层次职业研究生教育的三大支柱。目前，我国公共管理学科和MPA教育的发展态势良好。政府如何在市场经济发展中发挥作用、如何为民众和社会提供高质量的公共服务、如何协调政府间的关系，实现区域的协同治理和发展、如何应对和处理各种突发性的危机事件等等，这些问题也成为不断推动公共管理学科发展的强大动力。东北财经大学公共管理学院组织编写的这套教材正是在这样的背景下推出的。

目前，在我国虽然已有不同版本的公共管理教材问世，但是，鲜有将公共管理理论与现代经济学、管理学理论结合起来，运用通俗的语言向广大读者全面、系统、详细地阐述公共管理的主要内容及运行规律的教材。东北财经大学作为全国最早发展公共管理学科、培养公共管理人才的财经院校，在经济、管理学科方面优势突出。这套公共管理教材试图在以下方面有创新和突破：

这套公共管理教材的主要特色体现在三个方面：（1）前瞻性。密切关注国内外公共管理学界的最新研究成果，试图把公共管理理论和实践领域的新成果推介给读者，既保留国外公共管理学之精华，又体现“本土化”的特点，内容系统、新颖、规范。（2）融合性。力求突破一些同类教材单纯从行政学、政治学角度研究公共管理的狭隘视角，而将行政学、政治学与经济学、管理学、社会学理论融为一体，尽可能体现基于经济学、管理学知识进行公共管理的特色。（3）适用性。除了对一般性的公共管理理论进行阐述、分析之外，力求最大限度地与中国国情结合起来，以指导中国公共管理的体制改革和公共管理实践的发展。

这套公共管理教材的选题涵盖了公共管理的主要领域，不同题材之间既有一定的联系和呼应，又相对独立，可以作为高等院校公共管理各专业本科生、研究生教学用书，也可以作为MPA教育用书，还可以作为各级政府部门公务员和各类公共组织工作人员培训学习的教材。

高等院校公共管理教材新系编写组

第三版前言

本书是在2010年出版的《非营利组织管理学》（第二版）一书的基础上，加入了作者近几年的最新研究成果修订而成。

非营利组织管理是一门迅速发展并且不断丰富和完善的新兴学科。近年来，国际和国内宏观环境不断变化，我国国家与社会、国家与市场的关系也发生了巨大的转变，在非营利组织日新月异的发展过程中，出现了许多新问题和新现象。同时，本书作者在教学实践和科研中也有了更多的积累和体会。可以说，此次修订就是要研究和分析这些新的变化，从而能使采用本书作为教材或参考书目的教师与同学们得到更多的帮助，也借此为我国非营利组织的发展贡献更大的力量。

根据《非营利组织管理学》（第二版）的读者反馈，结合目前全球非营利组织的发展现状，我们在第三版修订时主要考虑和修改了以下几个方面：

（1）延续原有教材的定位，适合作为高等学校公共管理类专业的主要课程教材，同时也可作为相关领域高级管理人员的参考用书及培训教材。

（2）对第二版中存在的某些疏漏和印刷差错做了更正，更新了书中有关非营利组织发展现状的数据。针对非营利组织理论和实践都发展较快这一特点，第三版在修订时更新了大量的数据，并加入了最新的非营利组织理论，使本书更具有时效性和准确性。

（3）案例教学是管理类教学的重点之一，本次修订更新了大部分的案例，使读者能了解最新的国内外非营利组织发展现状，更好地理解非营利组织的基本理论。

（4）对绝大部分章节的内容和结构进行了调整。本版的整个框架安排与第二版大致相同，在保持原有概念、理论成熟性和完整性的基础上，结合多年来教学实践与非营利组织最新发展状况进行了较多的知识更新，这在第一章、第二章、第三章、第五章、第六章、第八章和第十章中都有大量体现。

（5）增加研究型教学的理念和思想，力图使本书的读者在学习和实践中，掌握非营利组织的各种理论，提高分析各种与非营利组织有关的案例与现象的能力；为开展教学研究、指导教学实践、提高非营利组织管理教学质量打下良好的基础。

全书共十章。第一章论述了非营利组织的概念、性质、分类、发展和在中国的发展状况。第二章运用了翔实的战略研究成果来论述非营利组织的战略管理。第三章系统地介绍了非营利组织的人力资源管理。第四章阐述了非营利组织的财务管理。第五章阐述了非营利组织的品质管理，并着重探讨了全面质量管理在非营利组织品质管理中的应用。第六章分别从产品营销与服务营销等方面探讨了非营利组织的营销管理。第七章关注了非营利组织的项目管理，内容包括非营利组织项目的选择、计划、控制、融资与验收评价等。第八章阐述了非营利组织的评估管理，构建了科学的评估体系和评估方法。第九章探讨了非营利组织的认证管理，并将ISO标准应用到非营利组织管理中。第十章给出非营利组织的实践与应用案例，以期为开展案例教学有所助益。

本书的修订工作由苗丽静完成。本书的再版工作受到了东北财经大学出版社的鼎力相助，在此表示衷心的感谢。在修订过程中引用了相关领域的一些最新研究成果及部分案例，在此谨向被参考的文献著（作）者表示真诚的谢意。同时对书中不足之处，恳请广大读者提出宝贵意见，以期不断改正。

苗丽静

2015年9月1日于大连

目　　录

第一章　导　论

20世纪70年代以来，在全球性“社团革命”浪潮中，非营利组织得到了空前的发展。从欧美发达国家到亚洲、非洲和拉丁美洲的发展中国家，各种非营利组织纷纷创立，以追求此前仅靠政府和市场的力量未曾实现的目标。近年来，伴随着社会主义市场经济体制的逐渐成熟，中国的非营利组织也开始迅速成长。除了以往的社会团体、民办非企业单位以外，大量的事业单位正逐步分化为非营利组织。非营利组织作为中国社会发展中的一个新生事物，已经越来越受到人们的广泛关注。本章将梳理非营利组织的基本概念，分析非营利组织的产生与发展，通过对中国非营利组织所处发展环境的分析，探索我国非营利组织未来发展的前景。

第一节　非营利组织的概念、性质与分类

一、非营利组织的概念

1. 非营利组织的定义

“非营利组织”是英文“non-profit organization”（NPO）的中文直译，它的产生最早可追溯到17世纪，是随着工业革命和西方近代资本主义的发展而发展起来的，因而它具有丰富的西方文化和社会体制的背景，是一个基于市场经济、政府与企业部门严格分工以及独立的社会组织形态等背景而出现的概念，它的产生与发展同市场经济的进程和营利部门（企业）的发展密切相关，它的出现被理解为政府失灵和市场失灵的产物。

要阐释非营利组织的含义，我们需要从其组织特征说起。现代社会科学理论认为，人类的社会活动大致包括三大领域，即政治活动领域、经济活动领域和社会活动领域。相应地，社会组织也分为三大部门：在政治活动领域的是政府组织，也称“第一部门”；在经济活动领域的是营利（企业）组织，也称“第二部门”；在社会活动领域的是非政府非营利组织，也称“第三部门”。这与经济学的划分是一致的。第一部门（政府组织）提供社会运行所必需的制度环境、各种公共政策和纯公共产品；第二部门从事生产、运输、贸易等各种经济活动，以营利为目的；第三部门是非政府非营利组织的集合，在志愿的基础上进行公益活动，

不以营利为目的。由此可见，非营利组织是区别于政府和企业的组织和机构。

我们还需要研究非营利组织的法律意义。一般来讲，"非营利组织"是目前各国法律和联合国文件中使用最广泛的，也是一个比较规范的法律术语，如美国法律中的"免税组织"，日本的"特定非营利活动法人"。值得注意的是，美国律师协会的《非营利法人示范法》包括了分别适用于三类非营利法人（公益法人、互益法人、宗教法人）的规则、规章和程序。该示范法规定了这三类法人可以做什么和如何运作。

此外，要说明非营利组织的含义，还有必要弄清"营利"的内涵，说明"营利"与"赢利"、"盈利"的区别。从现代汉语的基本含义上我们知道，"赢"的意思为"赚"，相对于"赔"而言，"赢利"指赚得利润；"盈"的意思为充满、多余，相对于"亏"而言，"盈利"即指利润；而"营"的意思是谋求，"营利"即指以利润为目的。通过以上相近词的辨析，我们可以看出，"非营利"的含义，并不是经济学意义上的无利润，更不是不讲经营之意，而是指经营、运作的目的不是获取利润。

综上，我们对非营利组织的概念做如下定义：非营利组织是在特定法律系统下，不以营利为目的，主要开展公益性或互益性活动的非政府性社会组织。

2. 相关近义词辨析

（1）非政府组织（non-government organization，NGO）。从理论上讲，非政府组织是与非营利组织含义非常相近的概念，二者只是侧重点不同。非营利组织强调的是其和企业的区别，非政府组织强调的是其和政府的区别。而在现实中，非政府组织则比非营利组织含义要窄，非政府组织最早是指得到联合国承认的国际性非政府组织，后来发达国家中以促进第三世界发展为目的的组织也被包括进来，现在主要指发展中国家里以促进国家经济和社会发展为己任的组织，尤其是那些草根层次的组织。

（2）公民社会（civil society）。公民社会从社会关系讲意即非营利组织，但它的外延更广泛。这一概念包含若干基本要素：一个公共权威之外的私人活动空间（市场、家庭、社团等）；在私人活动中逐渐产生的公共领域（从早期的咖啡馆到后来的政党和大众传媒）；一个外在且独立于国家的社会，一个具有高度自主性的社会等。总之，它是一个积极肯定的概念，它突出了新型社会关系的主体，近年来也被理论界广泛使用。

（3）志愿者组织（voluntary organization，VO）。志愿者组织和非营利组织在内涵和外延上基本一致，这一概念更强调非营利组织的志愿性特征，即强调组织成员愿意贡献自己的时间及精力，在不计报酬的前提下，为社会提供服务。这个词在北欧和英国比较流行。

（4）草根组织（grass roots organization，GRO）。草根组织特指非营利组织中那些扎根于城乡社区的基层民众组织，侧重于说明发展中国家的基层非营利组织。

（5）第三部门（the third sector，TS）。第三部门和非营利组织在内涵和外延上基本是一致的。这一概念是相对政府和市场而言的。政府是第一部门，市场是第二部门，其余的都是第三部门。

二、非营利组织的性质

非营利组织的概念包含了它的三个基本属性，即非营利性、非政府性、志愿公益性或互益性。

1. 非营利性

非营利性是非营利组织的首要属性，是其区别于企业的根本属性。在市场经济条件下，企业千差万别，但都以获取利润即以营利为目的，不存在非营利的企业。而非营利组织却不以组织营利为其宗旨，其存在的目的是为了实现整个社会或一定区域范围内的公共利益，而使组织长期存在并不断壮大。，非营利组织的非营利性主要体现在以下几个方面：

（1）不以营利为目的。企业的宗旨尽管表述各不相同，但都离不开营利这一本质，所以营利是企业的根本宗旨。作为非营利组织来说，其宗旨也可以有各种不同的表述，但不以营利为目的则是一切非营利组织的根本宗旨。换句话说，非营利组织的宗旨不是为了获取利润并在此基础上谋求组织自身的发展壮大，而是为了实现整个社会或者一定范围内的公共利益。

（2）不能进行剩余收入（利润）的分配（分红）。非营利组织可以开展一定形式的经营性业务，在这些业务中往往会产生一定的超出经营总成本的剩余收入。如果是企业，高于经营总成本的剩余收入当然地被作为利润在投资者之间进行分红，但是作为非营利组织，无论开展何种形式的经营业务，其经营收入都不能作为利润在成员之间进行分配（分红），而只能用于组织所开展的各种社会活动及自身发展。

（3）不得将组织的资产以任何形式转变为私人财产。企业的资产归企业的所有者所用，其产权界定是明确的。非营利组织的资产严格地说并不属于组织所有，也不属于捐赠者，它是一定意义上的"公益或互益资产"，归属于社会。所以，如果非营利组织解散或破产，它的剩余资产不能像企业那样在成员之间分配，而只能转交给其他公共部门（政府或其他的非营利组织）。

2. 非政府性

非政府性是非营利组织的第二个基本属性，也是其区别于政府部门的根本属性。相对于企业来说，非营利组织和政府都属于社会的公共部门，这是它们的共性。但是非营利组织和政府不同，它不是政府机构或其附属部分，非营利组织拥有独立判断、决策、执行的权力，只作为独立自主的社会组织而存在。非营利组织的非政府性体现在以下三个方面：

（1）独立自主的自治组织。政府作为统一完整的国家政权，尽管其各个部门和各级机构都有相对的独立性，但不能完全独立自主，否则就难以行使国家的职能。非营利组织既不隶属于政府也不隶属于企业，是一个个独立的社会组织。每一个非营利组织都有独立自主的判断、决策和行为的机制与能力，都属于独立自主的自治组织。

（2）自下而上的民间组织。政府作为国家政权的组织形式，其基本的组建原则和权力行使方式是自上而下的，形成的是大大小小的金字塔结构。非营利组织无法按照国家政权的形式自上而下构建起来，也难以自上而下地行使权力，它们依靠的是广大公民，通过横向的网络联系与坚实的民众基础动员社会资源，形成自下而上的民间社会组织。

（3）属于竞争性的公共部门。政府作为以政权为基础的公共部门，无论资源的获取，还是公共物品的提供，其基本方式都是垄断性的。非营利组织不能操纵政权力量，往往采取各种非竞争或竞争性的手段，来获取各种必要的社会资源并提供竞争性的公共物品。

3. 志愿公益性或互益性

志愿公益性或互益性是非营利组织的第三个基本属性。非营利组织的内在驱动力不是利润动机，也不是权力原则，而是以志愿精神为背景的利他主义和互助主义。正像企业是组织化的资本、政府是组织化的权力一样，非营利组织可以说是组织化的志愿精神。非营利组织的志愿公益性或互益性主要体现在几个方面：

（1）志愿者和社会捐赠是非营利组织的重要社会资源。企业主要以资本的形式获取社会资源，政府主要通过税收集中社会资源，而非营利组织则是基于志愿精神的志愿者和社会捐赠。志愿者是志愿精神的直接体现或人格化，表现为那些为追求一定的价值观并无偿地参加各种社会公益或互益性活动的人们；社会捐赠则是志愿精神的货币化和物质化，表现为人们为各种社会公益或互益性活动无偿提供货币或其他物资。这两者构成了非营利组织重要的社会资源。

（2）非营利组织活动的社会公开性和透明性。企业作为相对独立的实体，其活动具有一定的内部性或排他性，政府则不可避免地要面临安全或保密等问题。非营利组织使用的是社会公共资源，提供的是社会公共物品，其运作过程和开展的各种活动都有向社会公开、保持透明，并接受社会监督的必要性。

（3）非营利组织提供两种类型的竞争性公共物品。企业提供的是私人物品，政府提供的是垄断性公共物品，非营利组织提供的是竞争性的公共物品，其中包括两类：一是提供给整个社会不特定多数成员的所谓“公益性公共物品”，其受益者是社会大众，但无法界定受益者，比如公害治理、植树绿化等都属于这种类型；二是提供给社会中某一部分特定成员的所谓“互益性公共物品”，其受益者尽管也是多数社会成员，但是能够通过某种方式界定受益者，比如行业互助、会员福利等。后者有时也被称为“准公共物品”。

在对非营利组织性质的理解上，需要强调以下几点：

第一，非营利组织以其使命和价值观来决定其工作方向，它不以赚钱为导向。通常，一个非营利组织明确宣示其使命和价值观，并由此确定其活动的领域和所提供的产品与服务。例如，澳大利亚的一家非营利基金会是这样陈述其使命的：通过支持产生积极变化的各种创新活动，去推动一个公平、正义、具有创造力和充满关怀的社会的建设。

第二，非营利组织不以营利为目的，但并不意味着不要盈利、不赚钱，其要义在于非营利组织不能将其所获得的盈余当做红利分配给其组织的领导者和其他成员。非营利组织要开展活动和生存，必须要有资金支持，必须要以收抵支，所以它们也可以搞经营性活动，以争取一定的盈利。但是，作为非营利性组织，它们通过各种途径所获得的收入盈余，只能用于其组织的发展和组织使命的实现，而不能当做红利分配给任何个人。

第三，非营利组织的资产不论其来自何处，都是该组织独自拥有的社会公共资产。政府、企业和个人都可以是非营利组织资产的提供者，在他们向非营利组织提供了资产或资金后，便失去了其相应的所有权和报酬索取权。那些资产成为该非营利组织所拥有和支配的社会公共资产。

第四，非营利组织是具有志愿性的组织，但并不意味着非营利组织的工作人员不能要求得到合理的工作报酬和福利。非营利组织在不同程度上要依赖志愿者为其工作。所谓志愿者是指人们愿意不拿报酬或者在低于正常报酬水平下为该组织工作。作为一种专业化的工作，非营利组织需要具有特定素质的职业工作人员，这些职业工作人员也需要生存和实现自我发展，所以，一定的、合理的工作报酬和福利待遇对于非营利组织的职业工作人员来说是必需的。过低的报酬待遇将难以吸引高素质的专业人员把非营利组织当做一种职业选择。

第五，非营利组织中不应包括政府出资成立的各种政府附属性组织或外延性组织，如某些政府机构下设的服务中心、医疗室以及各种形式的特殊法人等。[①]非营利组织中一般也不包含政党组织和宗教组织。对于这两类组织，在萨拉蒙的研究中使用了“政治性”和“宗教性”的标准，将它们与一般的非营利组织加以区分，即把那些不具有明确的政治性宗旨和宗教性宗旨的组织也作为非营利组织来看待。我们认为：尽管在现实中存在着一定的模糊性，但是这样的标准是可取的，它们表明非营利组织中不包含政党组织和宗教组织。

第六，非营利组织与我国原有的事业单位是完全不同的概念。事业单位的概念是计划经济之下，政府全面负有政治、经济、社会等全方位责任的环境下的产物，而非营利组织的前提假设是政府-企业-社会三部门的分工、独立，因而它是民间的、独立运作的、有一套自身的运作规则和经营管理理念的组织形态，是

① 这里强调的是一般而言的非营利组织,中国转型时期的事业单位不在此列。

公共治理结构中的行为主体之一。

三、非营利组织的分类

1. 理性分类法

非营利组织的分类与其定义密切相关。由于对于非营利组织有不同的界定，因此对它的划分也就有不同的标准，国际上现有的几种分类方法各具特点和弊端。联合国国际标准产业分类体系（ISIC 体系）涵盖的是收入一半以内来自收费的组织，将收入一半以上来自收费或者政府支持的组织排除在外，这样发达国家的许多组织以及发展中国家的很多组织都没被包括进来。欧共体经济活动产业分类体系（NACE 体系）虽然涵盖面比 ISIC 体系有所扩大，但是它只把那些靠捐款运作的组织包括在内，因此对非营利组织的定义仍与 ISIC 的定义一样比较窄，仍将相当大一部分非营利组织排除在外。与 ISIC 体系一样，NACE 体系没有为非政府组织留下一席之地。免税团体分类体系（NTEE 体系）涵盖面非常宽，基本上包含了常见的非营利组织。但它也有很大的缺点，其中最大的问题在于它的分类太细、太烦琐。这样具体的分类有点像一览表，失去了分类的意义，另外，此分类是为美国情况而设计的，无法适用于一些其他的发达国家，更不要说第三世界的发展中国家了。非营利组织国际分类体系（ICNPO 体系）比 ISIC 和 NACE 体系涵盖面宽，但比 NTEE 体系类别少，与其他三种分类方式相比，这当然是不小的进步，尽管也有一些缺点，但这一分类为很多人接受，是国际上比较流行的分类方法。在约翰-霍普金斯大学萨拉蒙教授主持开展的非营利组织国际比较研究项目中，42 个国家的非营利组织的活动领域被划分为 12 个大类和 26 个小类，也是比较常用的分类方法。吸取各种分类方法的有益之处和学术界前沿成果，从理论上对非营利组织进行分类，我们建议采用“NPO 的理性分类模型”（杨团，2003）。

此模型以市场性和公共性作为两个基本维度，搭建起一个社会版图。之所以选择这两个维度，是由于当今社会任何一个物品或服务的提供都是在一定价值观基础之上运营的结果。我们以公共性代表价值观基础之上的服务产品选择，以市场性代表在市场体制社会中的营运制度选择。为了表现这个位置，将形态各异的公共服务设为社会版图中的坐标，横坐标表示这个产业的生产功能或者生产者选择，纵坐标表示提供功能或者提供者选择。坐标的位移表示构成这个产业的提供者和生产者关系的变化或者这个公共服务的产业组合模式的变化。以公共性的程度，从 0 到 100，表示提供者的选择标度；以市场性的程度，也从 0 到 100，表示生产者的选择标度。

如图 1-1 所示，在这个搭建的社会版图中，四个角代表四种特殊的社会角色位置。公共性为 0，市场性也为 0，代表纯粹的个人；公共性为 100，市场性为 0，代表纯粹的政府；公共性为 0，市场性为 100，代表纯粹的私人企业；公共性为 100，市场性为 100，代表纯粹的国有企业。

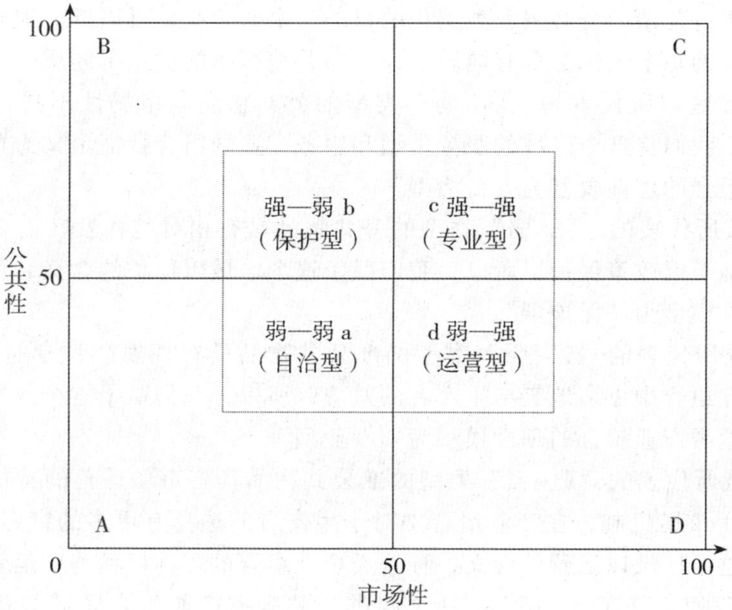

图 1-1　公共服务的理性分类图

在这个社会版图的核心部位，即亦公亦私、非公非私的部分，就是我们讨论的公共服务产业的范围。不过需要特别指明的是，这里的公与私已经被我们限定为纯粹的含义。当治道变革中的公共服务可以由新的公共服务机制来选择其生产者甚至提供者的时候，公共服务并不只是政府供给的专利。

为了研究的方便，我们将这个社会版图的纵横坐标各取中点连线，形成四个象限，将其分别命名为 A、B、C、D 象限。

四个象限所在的区域分别是：A 象限——公共性和市场性都从 0 到 50；B 象限——公共性从 50 到 100，市场性从 0 到 50；C 象限——公共性和市场性都从 50 到 100；D 象限——公共性从 0 到 50，市场性从 50 到 100。我们将 0 到 50 和 50 到 100 的两部分线段分别称为弱段和强段，如此就可以根据公共性和市场性，即提供者特征和生产者特征的相对强弱程度，将 A、B、C、D 这四个象限所代表的区域分别抽象为四个差异性较大的公共性和市场性的组合，即弱-弱、强-弱、强-强、弱-强。

类似地，在将社会版图分割成四个象限的线段上我们再取中点，形成与 A、B、C、D 四个象限相对应的中心区域部位，即 a、b、c、d 四个区。鉴于 a、b、c、d 这四个类型是根据上述的假定和数学逻辑形成的，所以，在逻辑意义上，它们同时具有 A、B、C、D 这四个象限的基本特征，即它们的提供功能或提供者特征与生产功能或生产者特征的相对强弱程度是一致的。这就是说，a、b、c、d 所代表的四块空间，可以分别表示四种不同类型的公共服务产业，它们之间的提供者和生产者组合的差异性要大于它们内部的产业组合的差异性，从而完成了我们要将复杂的公共服务类型化的目的。由此，我们可以近似地认为，在每块版图中间的每个坐标都具有同质性，而与其他版图的类型不同质。

由于a区域所代表的"弱-弱"类型的公共物品其市场性不强，公共性不弱，所以，我们将这个区域的服务类型和服务产业的组合特征定义为自治性，称这类产业组合的理性模型为"自治型"。

b区域所代表的"强-弱"类型的公共物品具有相对纯粹性，需要在产业组合中更多地予以政策保护，所以，我们赋予这个区域以保护的含义，称这类产业组合的理性模型为"保护型"。

c区域所代表的"强-强"类型的准公共物品具有规模性和专业性的特征，需要在产业组合中更多地突出生产者的效应，所以，我们赋予这个区域以专业的含义，称这类产业组合的理性模型为"专业型"。

d区域所代表的"弱-强"类型的准公共物品具有市场运营的特征，有必要更多地利用市场机制，在产业组合中对于生产者的选择有更多的宽容度，所以，我们赋予这个区域以运营的含义，称这类产业组合的理性模型为"运营型"。

上面我们定义了a、b、c、d这四类公共服务产业组合区域的理性模型类型，即自治型、保护型、专业型和运营型。当公共物品或公共服务的选择可以反映消费者的偏好，而且这些选择不受社会权利与社会关系制约时，我们可以认为所有的公共服务在社会版图中都具有一个最佳位置，这个位置是由一个提供功能和生产功能组合而成的。

2. 现实分类法

根据中国社会发展的实际情况，有的学术机构将中国非营利组织做了如图1-2所示的分类，这种分类方法值得我们参考。中国民政部根据成员的组成形式将非营利组织区分为实体性的民间非企业单位和会员性的社会团体（简称"社团"）。对社团来说，民政部长期以来采用的分类是按照性质和任务将其区分为学术性社团、行业性社团、专业性社团和联合性社团四大类，并在此基础上按活动范围和登记管理机关的级别区分为全国性社团和地方性社团。这种分类方式比较简单，类别较少，便于操作。

需要说明的是，在图1-2中，除包括我们前面所定义的非营利组织以外，还包括了中国特有的事业单位、人民团体以及大量的未登记或转登记团体。我们认为，处于转型期的中国，这三类组织尽管不能算是真正意义上的非营利组织，但是它们正在逐步脱离国家体系，其中越来越多的组织正在逐步向非营利组织转型，从这个意义上可以说，它们是广义的非营利组织。

从总体上看，我国非营利组织包括会员制组织和非会员制组织两种形式，图1-2中上下两端的"人民团体"和"未登记或转登记团体"，都可依照其组成分别划入这两种组织类别中。

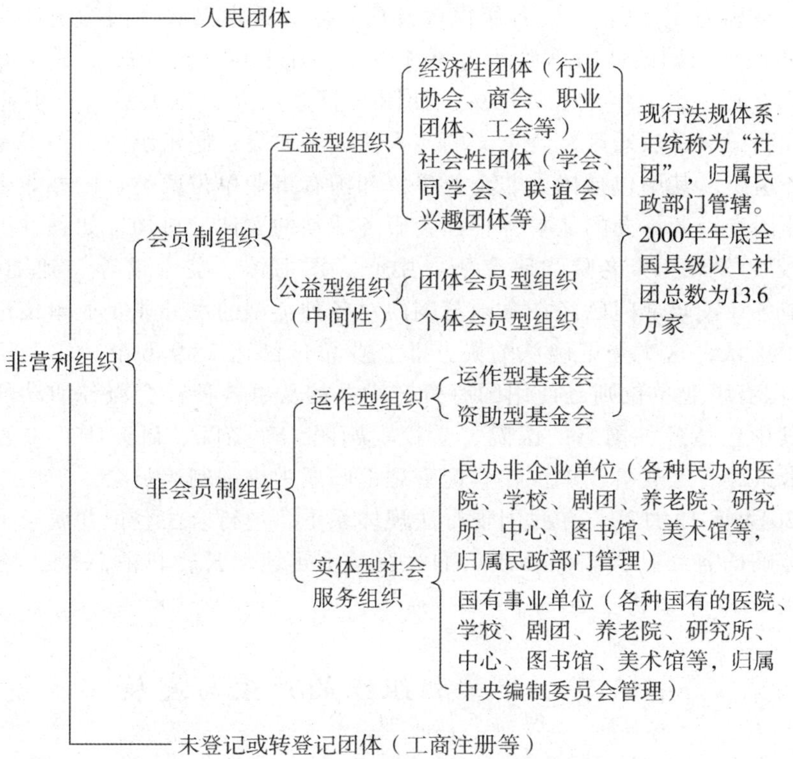

图 1-2　中国非营利组织基本分类[①]

会员制组织包括互益型组织和公益型组织两种类型，前者分为经济性团体和社会性团体，后者分为团体会员型组织和个人会员型组织。互益型组织存在于社会生活的各个方面，其中大的方面有两个，一个是经济领域，另一个是社会领域。存在于经济领域里的互益型组织，包括我们通常所说的行业协会、商会、职业团体、工会等。这类互益型组织有一个重要的特点，就是它们的活动与企业活动密切联系在一起，它们是市场经济存在和发展不可缺少的组成部分。在美国、日本等发达国家，这类组织通常被称为“经济团体”、“产业团体”、“劳工组织”等，而区别于通常所说的社团。互益型组织的另一类是社会性团体，如各种学会、同学会、联谊会、兴趣团体等，这些组织尽管千差万别，但是它们和上述经济性团体相比有一个明显的共性，就是都远离企业和市场，这个特点在公益型组织中也有体现。换句话说，互益型的社会性团体和公益型组织，都具有远离市场的特点，它们较为集中地体现了非营利组织的属性，属于非营利组织的核心部分。

非会员制组织包括两类：一类是运作型组织，如基金会；另一类是实体型社会服务组织。在我国现行的法规体系下，运作型组织和上述互益型组织、公益型

① 王名．非营利组织管理概论[M]. 北京：中国人民大学出版社,2002：9.

组织统一被称为“社团”，归各级民政部门管辖，根据民政部门的统计显示，到2014年年底，全国的社团总数已达30.7万个，比上年增长6.2%，其中基金会达到了4 044个，比上年增长13.9%。社团与企业法人、机关法人、事业法人一起，构成我国《民法通则》所定义的四大法人。非会员制组织的另一类是实体型社会服务组织，其中包括民办非企业单位和国有事业单位两类。民办非企业单位是使用非国有资产举办的从事各种社会服务活动的实体型机构，如各种民办的医院、学校、剧团、养老院、研究所、中心、图书馆、美术馆等。到2014年年底，全国各级民政部门已经在全国范围内对各种类型的民办非企业单位进行了统一的登记确认，这次登记确认的民办非企业单位已达28.9万个，比上年增长了13.3%。国有事业单位则是使用国有资产举办的从事各种社会服务活动的实体性机构，其中包括各种国有的医院、学校、剧团、养老院、研究所、中心、图书馆、美术馆等。这类事业单位在登记管理上归属中央编制委员会。

到2014年12月底，在我国现行法规体系下，进行合法登记并属于上述非营利组织范畴的各类社会组织在改革的大背景下迅速增长，目前总量已经达到60万个，比2013年增长了9.7%。

第二节 非营利组织的产生与发展

一、非营利组织产生的背景

非营利组织的产生不是偶然的，它的兴起有着深刻的经济、政治和社会背景。非营利组织的产生与发展是以下多种复杂因素相互作用的结果。

1. 政府失灵

政府作为公共物品的供应者本身具有先天的缺陷，而无法使资源配置效率达到最佳的状态。这种状况的出现除了其本身内在的原因，如成本和收益的分离、政府组织的低效率、权力寻租等，还有历史的背景，即发达资本主义国家的福利国家危机、转型国家的国际社会主义危机、第三世界国家发展模式危机和世界环境危机等。这几大危机的后果都有一个共同点，即造成对政府主导社会事务的能力和意愿的怀疑，正是在这一大背景下，非营利组织乘势兴起。

2. 市场失灵

公共物品有两个突出的特征：一是公共物品的消费是非竞争性的；二是公共物品的使用是非排他性的。公共物品的这两种特性，使得市场提供公共物品是无效率的。为了避免效率损失，就需要建立一些非市场组织，政府就是其中的一种。政府通过向个人征税，强迫每个人都来分担公共物品的成本，但是，人们对公共物品的需求差别是很大的，而政府对此的解决方式往往是提供满足中间人士需求的产品或服务。这样一来，一部分人的过度需求得不到满足，另一部分人的特殊需求也得不到满足，于是产生了效率的损失。在政府失灵的情况下，克服市场失灵的另一种组织便是非营利组织。非营利组织以其灵活多变的方式使一些人把他们的资源汇集起来，提供他们所希望获得的公共物品或服务，但并不保证大多数国民都来分担这些成本。通过非营利组织的活动，需求较高的人得到了额外的公共物品或服务，需求特殊的人则得到了特别的公共物品或服务。这样，非营利组织就起到了拾遗补缺的作用。

3. 契约失灵

在有些领域，由于物品或服务的购买者并不是最终消费者，或者由于物品或服务太过于复杂，消费者往往缺乏足够的信息评价物品或服务的质量，如作为购买者的子女很难评价养老院的服务质量，因为直接消费者是其父母。在这些情况下，如果物品或服务由营利性的企业提供，它们很可能利用这种信息不对称中的优势地位欺骗消费者，以求利润最大化。而对于非营利组织则不然，营利不是它们的目的，因此借信息不对称之机占消费者便宜的可能性就要小得多，消费者当然会选择这种比较靠得住的组织来提供物品或服务。如果说政府失灵和市场失灵说明有些公共物品应由非营利组织提供，契约失灵则说明有些私人物品或服务也可由非营利组织提供。

4. 内在动机

政府失灵、市场失灵和契约失灵说明了非营利组织产生的外在促进因素，那么非营利组织产生的内在动机是什么呢？一般来说，组织非营利活动的团体或个人有各种各样的动机，归纳起来主要有三类：第一类是以非营利活动牟取个人和团体的私利，如金钱、地位、荣誉和权力等；第二类的动机带有利他主义色彩，但也期望获得某种回报，包括精神上的快慰，如有些人认为自己有义务为慈善事业和公益事业做出贡献；第三类是纯粹利他主义的，这些组织或个人往往把公共事业当成一种使命，不遗余力地为之去努力，用自己的行为带动更多的人变成慈善和公益事业的支持者。

5. 历史渊源

非营利组织的产生有其历史渊源，这一渊源主要指历史上致力于自由结社和慈善事业的传统。早期非营利组织产生与发展的直接背景，就是资产阶级政权的建立和资本主义生产方式的确立及其发展。资产阶级革命是对封建专制制度的否定，这不仅是一个残酷暴力革命的过程，而且包含着意识形态、思想文化、社会观念等一系列深刻的变革。在这个过程中，新兴的资产阶级巧妙地利用结社的形式，通过成立各种社团、俱乐部、沙龙等，开展大规模的启蒙、教育、宣传等活动，甚至组织政治斗争和议会党团活动，积极推进了资产阶级革命的进程。一旦这些组织建立起来，它们便会继续下去，并且经常帮助政府实现其使命。

6. 社会因素

除了以上的各种原因之外，非营利组织兴起还与其复杂的社会因素有关，如政府对发展非营利组织的支持程度（包括政策、财政等）、公民参与意识和参与程度、公民自我权利保护的意识、自治环境等。特别是自治环境在其中非常重要，因为非营利组织的兴起基本上是人们的自觉行动，是以人们的自治精神为基础的，自治的原则能确保社会组织独立于政府而履行公共产品的社会供给职能。非营利组织运动之所以能在西方社会率先盛行，与这些国家的社会高度自治是密切相关的。

二、西方国家政府的治道变革与非营利组织的发展

1. 政府职能的重新定位

到 20 世纪 70 年代，庞大的福利开支令西方国家财政不堪重负，同时，人们对政府过度干预经济和介入个人生活可能导致公民权利和自由的丧失忧心忡忡。重新界定政府职能，正确认识政府的作用，弄清楚政府应该干什么，不应该干什么，怎样干才能够做得更好，成为政府治道变革的中心议题。“掌舵而不是划桨”，最为精当地概括了政府职能转变的方向。“掌舵”要求政府把制定政策与执行政策分开，主要致力于把握方向，而将原有的社会性事务尽量分离出去，交给其他部门和社会组织来承担。

2. 向基层分权

20 世纪 80 年代以来，西方国家普遍开展的政府改革的主要特征之一就是用分权式的管理环境取代高度集权的科层结构。相对于集权而言，分权更具灵活性，更有效率，更有利于创新。向下层组织和人员以及社会分权的改革使得政府部门内部、政府部门与非营利组织、政府部门与私人部门以及政府与公民之间建立起广泛的合作。

3. 顾客导向

针对官僚制的弊端，改革者倡导重建政府与公民之间的关系，他们主张“以顾客为中心”，即政府应当关注公众的需要，倾听他们的呼声，并赋予公众表达自己偏好的自由和选择的权力，要视公众为顾客，以“顾客至上”的目标来改善政府与公众的关系。

4. 以市场为基础

以市场为基础是近 20 年来西方政府治道变革的基本特征之一。在认识到官僚制并不是政府提供公共服务和公共物品的唯一方式后，许多国家在压缩开支、削减政府规模的过程中引入市场机制。市场机制的引入促进了各部门之间的合作和竞争，提高了公共服务的质量，使公共服务和公共物品提供的方式更加灵活和多样化。同时，在公共部门人事管理、绩效管理等方面采纳和吸取了私人部门的一些经验，具有更大的弹性和自主性。

以上述几方面为基本特征的西方政府的治道变革是促成近 20 年来西方非营利组织迅速发展的重要因素。其主要表现为：

（1）政府的某些职能被非营利组织所替代。

（2）为了精简政府机构，增加公共服务提供的灵活性，非营利组织在社区发展中的作用日益受到重视，政府将越来越多本应由各级政府机构负责提供的社区服务、培训或有关社区发展的项目的决策、计划、融资等公共服务转交给非营利组织承担。在这一改革取向的推动下，非营利组织已经成为提供社区公共服务的主力军。

（3）非营利组织是政府与公众联系的一座桥梁，一些非营利组织在整合公众观点、表达不同团体利益方面具有得天独厚的有利条件，因此政府与公众的沟通往往要借助于非营利组织的力量。

（4）市场化基础上的竞争打破了政府垄断公共服务提供的局面，公共部门、私人部门和非营利组织间相互竞争，谁能提供质优价廉的服务，谁就能获签合同。竞争无疑促进了非营利组织的发展。

三、中国非营利组织的历史和现状

1. 中国非营利组织的历史渊源

民间结社和民间公益活动的历史源流及其原型悠久绵延。20 世纪初到 1949 年新中国成立是中国处在各种势力相互争夺的半殖民地半封建社会的特殊历史时期，中国社会出现了大量的民间非营利组织，至少包括了这样六类：第一类是行业协会；第二类是互助与慈善组织；第三类是学术性组织；第四类是政治性组织；第五类是文艺性组织；第六类是中国近代一直被蒙上一层神秘面纱的“会党”或秘密结社。新中国成立后直至改革开放以前，虽然在名义上中国还存在着少数社会团体和群众组织，例如工会、共青团和妇联，但从严格的意义上讲，所有这些组织和团体都是各级党政机关的附属部门，与党政机关融为一体，被纳入正式的科层制结构和管理中。

2. 中国非营利组织的社会文化背景

中国文化中历来有慈善、助人和互助的传统。千百年来，中国社会占支配地位的正统思想或意识形态，当首推儒家思想。孔子的儒家学说以及后人对该学说的改进，都在某种程度上对中国宗法文化的原型进行了全面改造，但在角色的行为方式上，两者都遵循“亲亲尊尊”合一的宗法精神。在相对稳定的社会秩序中，平均主义原则可以为各等级在自己的等级地位与价值意义上所广泛接受，因而得以广泛运用并逐渐沉淀，成为一种能够复建“礼乐”秩序的制度与伦理准则。因此，对于以身份关系而非契约关系联系起来的“单位人”共同体来说，建立在个人能力与成就基础上的内部竞争对团体的亲和力是绝对有害的。中国农村主要是自给自足的耕作经营。这种方式极易强化家庭观念——与生俱来带着细小、分散、自足封闭的性质，由此发展起来的是极端孤立封闭的家庭本位主义。而这种稳定封闭、流动性极小的小农家庭的生产与生活方式，使经济生活本身客观上不需要超越家庭活动之外的经济实体或社会团体的存在（因而也没有社区自治的传统与经验），历代统治者也有意培植和强化民众的宗法性家庭（族）生活方式。这种来自于平民与王权两方面的强化，使家庭（族）呈现出极强的封闭性。随着历代的演化，在血缘纽带逐渐松动，地缘、业缘纽带逐渐加强时，“大家”与“家长”的观念则弥补了“血缘”的缺失，进而地缘（业缘）共同体内部以特殊主义解决问题的准则就逐渐伦理化，并与远古宗法家族内部解决纠纷方式体现着逻辑上的一致性。无疑，这种逻辑是不利于基于民间自治社会组织发展的。

3. 改革开放后，中国非营利组织的迅速发展

1978 年以后，中国开始实行改革开放政策，进行经济体制和政治体制的渐进改革，非营利组织得到了长足的发展。在改革开放以前，由于国家对社会高度的垂直整合，国人基本上都是通过作为“纵式社会”的基层组织的单位或社队参与社会过程的。改革开放以后，越来越多的人超越单一的单位归属，横向地参与社会组织，以一种新的机制参与社会过程，其结果就造成了公民社会的成长和非营利组织的兴起。这主要表现在以下四个方面：①非营利组织的数量迅速增加；②非营利组织的种类大大增多；③非营利组织的独立性明显增强；④非营利组织的合法性日益增强。

随着改革的不断深入，中国的公民社会正经历着孕育、发展的过程。这率先表现在经济领域。经济体制改革以来，中国逐渐打破了所有制结构的单一和僵化，形成了以公有制为主体、多种经济成分共同发展的新形势和新格局。这种转变使中国在经济领域率先划分了“私域”和“公域”的界限，将自由首先还诸经济事务，扩大了经济自由的范围，一个不受国家权力控制的自治的经济领域迅速形成并得以发展。而这个自治的经济领域既是公民社会的重要内容，也是公民社会赖以生长的基础。

社会团体是由公民自愿组成的，为实现会员共同意愿，按照其章程开展活动的非营利组织。从功能上来看，中国的社团主要有学术性社团、行业性社团、专业性社团和联合性社团。学术性社团是从事某种专门学科的学术研究、交流的团体；行业性社团是由同一行业的企事业单位、团体和人员自愿组成的经济性团体；专业性社团主要由相关的专业人员或以专业技术、专门资金为从事某项事业而成立的团体，具有非经济性特征，包括专业人员社团和专项事业社团；联合性社团主要是人群的联合体和学术性、行业性、专业性社团的联合体。新时期在各种社团迅速发展的同时，还存在某些问题，诸如社团行政化，官办色彩浓厚；社团企业化，以追求利润为目的；社团过多过滥，与事业单位争夺资源和服务领域，低水平重复设置；行业协会等中介组织的数量和布局不能满足实际需要；政府职能转移不到位；社会团体的法律、法规不健全，配套政策不齐备等，这些问题在一定程度上影响和制约了社团的健康发展。

第三节 非营利组织的法律依据和行政管理体制

一、非营利组织立法的国际比较

要使民间力量积极地参与公益事业，就要确认其合法地位。在各国现行法律中，非营利组织的类型主要包括财团法人、非营利社团法人、社会团体、公法财团、其他 NGO 组织等。根据各国立法体例的不同，有的将其分散列入不同法律，有的将其合并归入统一法律进行规范，呈现出不同形式。

1. 直接适用民法典

在实行法典法的国家和地区，由于民法典中已经专门规定了“社团法人”和“财团法人”，直接适用传统民法上的“公益法人”制度，因而不再另行制定公益组织法。如德国民法及我国的澳门民法等。

2. 适用民法典的改良

尽管民法典已经有了“公益法人”制度，但为进一步促进非营利事业的开展，有的国家也制定了专门法。如《日本特定非营利活动促进法》（2003 年修正）、《芬兰财团法》（2001 年修正）、《爱沙尼亚财团法》（2001 年修正）、《爱沙尼亚非营利社团法》（2001 年修正），这些都是对民法财团、社团制度的专门化、具体化规范。

3. 制定统一的 NPO 组织法

专门设立 NPO 组织法，将各种类型的非营利组织一并纳入，统一管理。如《捷克公益法人法》（1995 年修正）、《南非 1997 年非营利组织法》（经《2000 年非营利组织法修正法》修正）、《吉尔吉斯斯坦共和国非商业组织法》、《匈牙利公益组织法》（1998 年修正），都属于这一类。

二、我国非营利组织相关法规

我国《宪法》第三十五条规定结社自由，由于宪法规定在法律实践中只是原则规定，目前规范非营利组织的主要法律是国务院颁布的以下法规和条例：

（1）《社会团体登记管理条例》（1998 年）。

（2）《民办非企业单位登记管理暂行条例》（1998 年）。

（3）《基金会管理办法》（1988 年）。

（4）《外国商会管理暂行规定》（1989 年）。

（5）《公益事业捐赠法》（1999 年）。

（6）行政规章和其他规范性文件。

在实务操作中实际发挥着最重要作用的是作为非营利组织的登记管理机关民政部发布的行政规章和其他规范性文件，作为非营利组织的业务主管单位的国务院各部委发布的行政规章和其他规范性文件以及地方政府发布的地方性法规和其他规范性文件。依照国务院颁布的行政法规，非营利组织主要分为社会团体和民办非企业单位两类，基金会是社会团体的一种。

三、我国非营利组织的行政管理体制

1. 行政管理体制

在行政管理体制上，我国实行“归口登记、双重负责、分级管理”的体制，即由各级民政部门作为非营利组织的登记管理机关，此外非营利组织还受到业务主管单位的管理。二者在管理领域上的差别主要是：业务主管单位单独负责指导非营利组织开展业务活动以及指导清算事宜，而民政部门则单独负责监督检查非营利组织的违法行为并进行行政处罚。非营利组织成立后的行政管理，主要包括重大业务活动报告制度、年度检查制度以及对违法行为的行政处罚等几个方面。从 1989 年以来，我国政府还对社会团体进行了几次大规模的“清理整顿”工作，撤销、合并了一批社会团体，在此期间基本不批准新的社会团体成立。

2. 申请程序

在非营利组织的申请程序上，社会团体的成立条件和程序更为复杂。《社会团体登记管理条例》第十条规定了几个非常严格的条件，并且社会团体必须取得法人资格。在申报成立时，必须首先向业务主管单位申请筹备，经批准后向民政机关申请筹备，再经批准后才可以开始筹备工作，包括召开会员代表大会、讨论通过章程、确定执行机构和负责人等，完成筹备工作后再向业务主管单位申请成立登记，经批准后再向民政部门申请正式的成立登记，最后经批准后才能够正式成立。

3. 财产关系

在财产关系上，《基金会管理办法》对基金会的财产增值方式有限制性规定，国家现有的两个条例中则没有具体规定，在实践中政府允许基金会从事经营性活动来筹集经费。对于非营利组织终止后的剩余财产归属，两个条例中没有做出规定，按照民政部的解释，应当交由政府来处理。

4. 非营利组织成立后的行政管理

这主要包括重大业务活动报告制度、年度检查制度以及对违法行为的行政处罚等几个方面。

四、完善我国非营利组织法律环境

发达国家非营利组织的法律地位一般依据税收情况确定，如美国非营利机构在国税局申请。在中国，与非营利组织定义最为接近的法律实体，是在各级民政部门登记注册、并为《民法通则》所承认的社会团体，以及按照有关行政法规所定义的民办非企业单位。[①]但它们与理论上界定的非营利组织还不完全一样，这主要与中国民间组织的双重管理体制以及税收法律体系的欠缺有关。现实中，我国一些从事非营利公益活动的组织不得不以企业法人的身份存在，而一些营利性的培训机构等也登记为民办非企业单位，在名义上成为非营利组织。同时，社会团体大多缺乏"独立性"和"自治性"，而许多未经注册的组织却在不同程度上合乎非营利组织的定义。就中国目前状况而言，有关非营利组织的相关法律已经滞后于非营利组织的迅速发展。中国非营利组织法制建设的滞后，有其特定的历史和社会背景，除了几千年传统文化和目前转型时期的社会环境的影响外，就其深层次的因素而言，理论研究和认识上的问题也是存在的。所以，如何在我国构建一个独立、专业和运作透明的非营利组织法律环境，已成为摆在我们面前的重要课题。

本章小结

本章介绍的是关于非营利组织的一些基本概念。非营利组织是一个相对比较新的研究领域，国内外学者对非营利组织的认识存在着不同的看法，目前对其概念和分类也没有形成共识，本章结合中国的实际，在参照既有研究的基础上对非营利组织的概念、性质和分类做了较为详细的阐述。本章从政府、市场和历史三个角度分析了非营利组织产生的必然性及西方政府的治道变革对非营利组织发展的影响，并且对我国非营利组织发展的历史和现状做了简要的介绍。提出改善法律环境对非营利组织发展的重要意义。

关键概念

非营利组织　非政府组织　公民社会　第三部门　互益型组织　社会团体　政府失灵　运营型公共服务产业

复习思考题

1. 非营利组织有哪些基本属性？具体体现在哪些方面？
2. 简述"NPO 的理性分类模型"。
3. 简述非营利组织产生的必然性。
4. 西方政府治道变革对非营利组织发展的影响有哪些？

---

① 这两类组织的法律依据为:1998 年 10 月国务院发布的《社会团体登记管理条例》和《民办非企业单位登记管理暂行条例》。

第二章　非营利组织战略管理

在经济全球化的大背景下，非营利组织面临的环境也变得更具复杂性、动荡性和多元性，从而使非营利组织管理绝不仅仅是组织内部管理的问题，而是要围绕组织的宗旨，利用战略管理手段来进行管理。当今，战略管理日益受到非营利组织的关注和重视，已经成为非营利组织管理中的一个重要内容。与国外的非营利组织相比较，中国的非营利组织既具有非营利的共性，又因其政治制度和文化差异而有其自身的特点，所以，系统研究非营利组织的战略管理学在非营利组织迅速成长的中国更具现实意义。

第一节　非营利组织战略管理概述

一、战略及其特征

1. 战略的含义

战略一词原本是一个军事术语，是指在战争中使用的取胜的策略。随着时代的发展，战略的内涵随之丰富，已演变为筹划和指导全局性的高层次的重大问题。而战略管理兴起于第二次世界大战以后，最早应用于工商管理领域。战略管理理论发展至今学派林立，关于战略管理的概念也不尽相同。战略管理大师迈克尔·波特认为，一项有效的战略管理必须具备五项关键点：独特的价值取向、为客户精心设计的价值链、清晰的取舍、互动性、持久性。由此可见，战略管理不是战略和管理的简单相加。从20世纪60年代开始，国际企业界开始明确地引入战略这一概念。管理学教授亨利·明茨伯格（Henry Mintzberg）对战略的概念进行过比较综合的论述，他提出的战略“5P”从不同角度分析了战略的基本含义，即战略是计划（plan），战略是模式（paradigm），战略是定位（position），战略是观念（perception），战略是计谋（policy）。这个概念基本上反映了战略的含义。要更好地掌握战略概念，还应当了解战略的基本特征。

2. 战略的特征

（1）全局性。形象地说，战略就是一个组织发展的蓝图，制约着组织经营管理的一切具体活动。以企业来说，企业战略是对企业的未来经营方向和目标的纲领性规划和设计，对企业经营管理的所有方面都具有普遍的、全面的、权威的指导意义。

（2）长远性。战略的着眼点是组织的未来而不是现在，是为了谋求组织的长远利益而不是眼前利益。

（3）纲领性。战略目标和发展方向是一种原则性和总体性的规定，是对组织未来的一种粗线条设计，是对组织未来成败的总体谋划，而不是纠缠于现实的细枝末节。

（4）抗争性。组织在竞争中为战胜竞争对手、迎接环境的挑战而制订的一整套行动方案。

（5）风险性。战略是对未来发展的规划，然而环境总是处于不确定的、变幻莫测的趋势中，任何战略的实施都伴随着风险存在的可能性。

二、战略管理及其特征

1. 战略管理的任务

什么是战略管理呢？理论界一般这样界定：战略管理是一门着重制定、实施和评估管理决策和行动的具有综合功能的艺术和科学，其管理决策和行动目的在于实现组织的目标。按照这种理解，我们把整个战略管理过程的任务概括为以下几点：

（1）提出组织的战略展望，指明组织的未来业务和前进的目的地，从而为组织提出一个长期的发展方向，清晰地描绘组织将竭尽全力所要投入的事业，使整个组织对一切行动有一种目标感。

（2）建立目标体系，将组织的战略展望转换成组织要达到的具体业绩标准。

（3）制定战略完成目标，达到期望的效果。

（4）高效实施和执行选择的组织战略。

（5）评价和调整组织的经营业绩，采取完整性措施，参照实际的经营事实、变化的经营环境、新的思维和新的机会，调整组织的战略展望、组织的长期发展方向、组织的目标体系、组织的战略以及组织战略的执行。

它们之间的关系如图 2-1 所示。

2. 战略管理的特征

（1）战略管理是一个过程管理，上述五大任务之间的界限是一种静态的概念上的界限，实际上，战略管理是一个不断循环、没有终点的运动过程，而每一次循环都是对前一次战略的取舍，既无起点又无终点是战略管理与一个独立事件管理的根本区别所在。

（2）战略管理是最重要、最高层次的管理活动。从整个组织管理的角度来看，战略管理的重要性和高层性就在于管理者的其他职能活动都应服从于战略管理并与之相协调。

（3）战略的制定和实施需要管理者付出不确定的时间，对组织战略的评价和

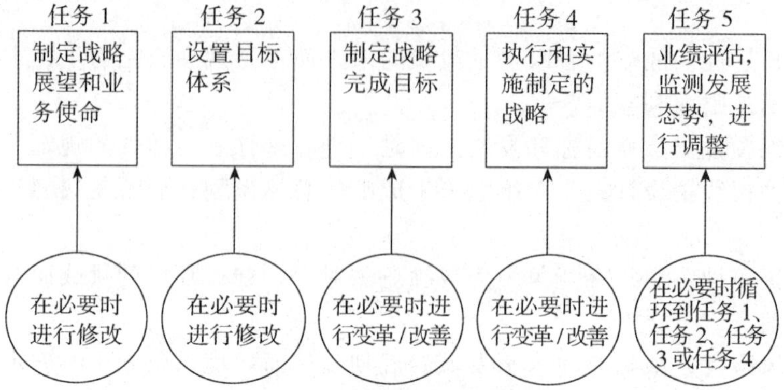

图 2-1 战略管理的任务

调整，有时需要花费大量的时间，而有时则片刻足矣。

（4）管理者关注的往往是不断改善组织的战略，而非一次性改变战略，除非组织确实是面临战略转折点，需要完成战略转型。持之以恒地改善一个战略的实施和执行，通常是通向战略管理成功的途径。

（5）战略管理可以借助管理咨询公司进行，通过专业的公司为组织发展制定与之相匹配的战略。

（6）战略管理是以组织的全局为对象，根据组织总体发展的需要而制定的。它所管理的是组织的总体活动，它所追求的是组织的总体效果。

三、战略管理的层次与过程

1. 战略管理的层次

非营利组织的战略管理可以分为三个层次：组织战略（organization strategy）、项目战略（programmatic strategy）和职能战略（function strategy）（如图 2-2 所示）。

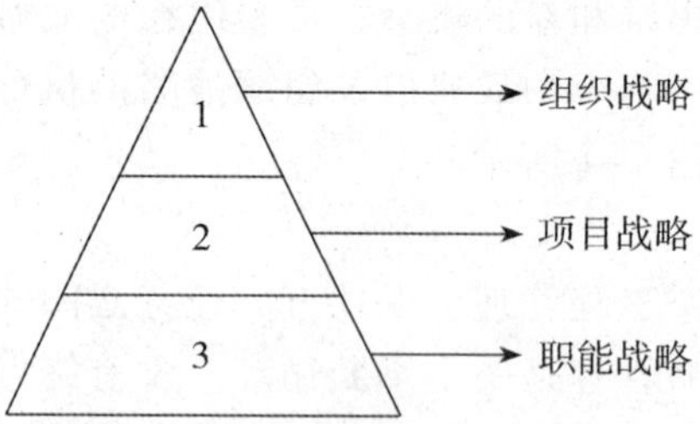

图 2-2 战略管理层次结构图

组织战略是最高层的战略，职能战略是最基层的，中间是项目战略。战略管理的三个层次彼此相互联系，通过层层分解，构成了一个实现整体战略的完整框架。每个层次上的战略管理所需要解决的问题和内容都不相同。

（1）组织战略。组织战略主要是解决组织的长期发展方向问题。组织战略必须有具体内容，指出组织发展的方向和目标，指出实现目标的具体途径，并且清晰地定义和规定各职能部门应该遵守的职能战略原则，但对各职能部门的具体战略内容不做研究和表述。组织战略是组织具体发展战略的总纲和指引，是组织各个职能部门的经营管理活动能够保持方向和目标一致的重要保证。通常，组织战略要给出组织未来几年内的经营目标，包括市场目标和财务目标。

（2）项目战略。项目战略是各个具体的事业部门对自己的产品或服务特点，根据市场状况制定的具体实施战略。其主要内容是明确市场定位，提出产品战略、推广战略、渠道战略、集资战略、服务战略等。

（3）职能战略。职能战略是指组织中的各职能部门制定的指导职能活动的战略。职能战略是为组织战略和项目战略服务的，各个职能部门从自身的角度去深化、细化组织的整体战略，制定出与组织整体战略和项目战略相配合的本职能部门的具体战略措施，如人力资源发展战略、市场营销战略、产品开发战略等。职能部门战略是对组织战略的分解和落实，是战略实施过程的核心部分，也是能否实现组织战略的关键环节。

2. 战略管理的过程

战略管理基本过程包括四个模块，即环境分析、战略制定、战略实施、评估与控制（如图 2–3 所示）。

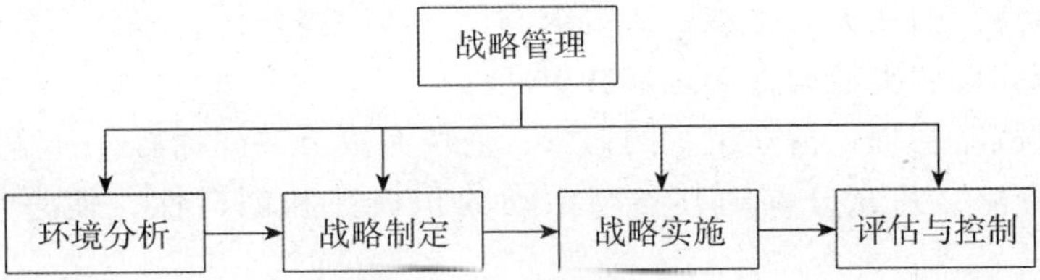

图 2–3　战略管理过程图

（1）环境分析。环境分析是指对影响组织生存的内外部环境因素进行分析，其中外部环境包括机会与维系的变量，内部环境包括优势与劣势。

（2）战略制定。战略制定是指根据环境分析的结果而制定的有关组织中长期的规划，包括组织使命、可达到的目标、实施的战略和有关的政策指南。

（3）战略实施。战略实施是指通过行动计划、预算与操作规程的开发和实施，把制定的战略付诸行动。

（4）评估与控制。评估与控制是指检测组织的行动与业绩，通过反馈的信息，比较实际业绩与期望业绩，从而了解组织在战略实施过程中能够得到的真实信息，以便及时调整战略部署。

四、非营利组织实施战略管理的作用

1. 通过战略管理，明确组织的宗旨，使所有成员都能深刻理解并达成共识，使之成为组织行动的纲领。

宗旨是非营利组织存在的根本理由。宗旨有没有好坏之分呢？答案是有。管理学大师彼得·德鲁克认为宗旨应该简单明确，专注在组织真正想做的而且足以胜任的事情上，反映出组织独特的机会、能力和投入感。换言之，成功的宗旨应能使组织员工及社会大众从心里升起一种对组织“非其莫属”的认同感。宗旨如果过于空泛，将会失去指导行动的作用，整个组织的活动也必然难以达成整体性。因此，战略规划的过程中，最重要的步骤就是要把宗旨拿出来认真地研讨，务求组织对其长远发展方向和使命获得非常深刻的认同，作为所有规划和行动的最高指导原则。

2. 通过战略管理，界定组织的任务，使所有成员明确要干什么和为什么人服务，使整个组织找到落实其宗旨的任务定位。

所谓任务，说明的是组织要做什么事，以达到宗旨的要求，也就是业务范围。需要强调的是，非营利组织在制定任务时，除了要考虑组织使命之外，还要从顾客的角度加以思考。从宗旨和顾客需求出发，组织必然会发现许多值得投入的服务对象和项目，根据组织所处的独特位置和能力找到几个重要的工作点，这就是组织的任务所在，是组织能够取得工作成果的地方。有些组织为了便于开展业务，尽量把业务范围列得宽泛一些，这也是无可厚非的，但是借助战略管理来界定组织的任务，就要弄清楚组织真正重视哪些任务。如果做战略规划的时候，仍然只是谈空泛的任务，将难以让组织成员分清哪些该做，哪些不该做，也就难以对组织该如何调整活动方向达成共识。

3. 通过战略管理，树立组织的愿景，使所有成员共同拥有并分享之，唤起成员的奉献精神，并充分调动其参与活动的积极性和创造性，使整个组织充满活力。

愿景可以理解为一种展望未来的目标。有吸引力的愿景，不但能够连接组织的现在和理想的未来，更能让组织中的每位成员感受到一份具体的使命感。好的愿景能使人愉快地工作，反之，缺乏愿景的组织使人觉得困难重重、心力交瘁、散漫无序。对于需要吸引众多志愿者和会员的非营利组织来讲，愿景更有其无可比拟的功能。通过战略规划树立一个有挑战性和吸引力的愿景，对于组织来说是相当重要的。

4. 通过战略管理，明确组织发展的优先目标，分清轻重缓急，舍弃那些无效或无关紧要的工作，将有限的资源用于组织发展最紧迫的事情上。

宗旨、任务和愿景，毕竟都着眼于长期的方向，至于中期的，3~5 年内的优先目标的设定，则是战略规划中的又一个重要的环节。任何组织的资源都是有限的，有效的管理体现在把资源集中在重要而紧迫的事情上，并避免次要事情的干扰。需要使全体人员对什么是优先而重要的目标达成共识，这样才能达到较好的效果。

5. 通过战略管理，分析和诊断组织发展中存在的问题，有序地推动制度创新。

组织在探讨改革的时候，常见的一种现象是，有许多人士四处大声疾呼或热心献计献策，然而组织往往缺乏一个清楚畅通的沟通机制和决策渠道，来整合这些纷乱的意见和构想。采取战略规划是解决这个问题很好的途径。在进行战略规划时，广泛搜集各种不同意见，鼓励内外部人士参与，提出并讨论各项议题，但并不立即做决定，以求达成全面的了解，并将阻力减至最小。

6. 通过战略管理，密切注意外部环境的变化，把握各种有利于组织发展的机会。

战略规划的另一个优点就是能够协助组织密切关注环境因素，包括顾客的需求、政治、经济、社会文化、法律等，使领导者了解环境的潜在威胁，引导组织把握环境变化所带来的机会，同时也预防威胁。这种努力将使组织在环境变化中保持优势，为组织源源不断地带来新的发展契机。

五、非营利组织与营利组织战略管理的区别

非营利组织与营利组织的战略管理，其相近之处在于战略管理的精华部分即动态地调整改善战略这一点。然而，由于各自的发展背景、管理程序和战略目标不同，非营利组织与营利组织的战略管理也有许多不同之处，表现在以下十个方面：

1. 组织面临的环境不同

非营利组织特殊的使命与经营方式使其面临的市场环境明显不同于一般企业。首先，非营利组织缺少一个可以以收入形式向其提供资源的市场。众所周知，一般企业的财务依赖于收取费用。非营利组织则不同，它们或者提供免费服务，从预算拨款中获取资金，或者象征性地收取仅够补偿成本的费用。目前，我国的非营利组织很大程度上还依靠政府机构提供资源或依靠对组织所提供的服务带来的收入。其次，非营利组织在日常经营发展中，也受到许多约束。作为一种带有公益性质的公共机构，相应的法令、章程规定的义务以及传统等都会对非营利组织构成制约，限制其自主权和灵活性，导致它们在增加或减少服务方面的自由度较少。因此，在非营利组织的发展环境中，政治因素对组织的影响较一般企业更为明显。政府作为非营利组织利益相关者中重要的一员，对组织在制定战略的过程中起着举足轻重的影响。另外，非营利组织身份的特殊性，必然会使组织的行动受到严格的检查。一般企业中普遍存在着各种各样的随机应变的做法，这些在非营利组织中是无法实施的。管理机构有权要求了解非营利组织的战略计划，从而使得非营利组织的战略与私人机构在保密环境下制定战略的情况不一样。

2. 利益群体不同

非营利组织和营利组织都是由董事会或理事会来行使管理职能的，但营利组织的董事会是企业的实际拥有者，企业家希望利益最大化，营利组织追求的是单

一的或最大群体利益，而不是公共利益。非营利组织的理事会所代表的是公众利益或大众利益。非营利组织不能追求利益最大化，也不可以为单一的部门利益服务，非营利组织的目标是最大限度地满足社会各种群体利益和公共利益的需要。

3. 组织的目标不同

众所周知，一般企业的管理目标很清晰，就是追求本企业的利润最大化。非营利组织作为弥补市场失灵和政府失灵的产物，由于其战略制定环境的复杂性、多元性和不确定性，其目标变得模糊不清。非营利组织的目标往往带有公益性质，而且，非营利组织通常同时具有很多目标，这些目标大多较为模糊而且目标之间常存在冲突。如效率在一般企业中占有极其重要的位置，但对非营利组织而言，公平原则显得更为重要。非营利组织在制定战略时，会首先考虑公平地对待每一个委托人而宁愿牺牲效率。非营利组织目标的这种模糊性使其必须另外寻找确定目标的途径，以帮助其实行有效的战略管理。

4. 组织影响范围不同

非营利组织作为一种公共组织，通常会得到一些政府所赋予的权力，而这往往是一般企业无法得到的。这些授权经常使非营利组织具有了对外部环境的影响力，与一般企业相比，非营利组织的影响范围更为宽广，需要处理的社会事务更为广泛。非营利组织可以把强制力作为战略的重要组成部分，而一般企业则无上述特权。非营利组织的战略管理者在制定和执行战略时，可以适当利用其特殊的影响力中所蕴藏的机会。

5. 用户对组织的影响力不同

对营利组织来说，用户是上帝，是至高无上的，因此它们强调顾客满意度的重要性。营利组织花去大量的精力和资金投入市场调查，力图在市场竞争中提升服务品质。而对非营利组织来讲，直接来自顾客的资金只占资金来源的一小部分，例如，基金会和政府是非营利组织资金的主要赞助者，这两种非商业组织对非营利组织在战略管理方面的影响力比顾客满意度这个因素要大得多。

6. 从业人员的职业性和专业性不同

企业从业人员的结构是全方位的，无论是博士、硕士，还是技师、工人，都是企业所需要的；而非营利组织对其从业人员则更强调专业性和职业性，非营利组织的业务发展和管理需要一批既懂专业又懂管理的专门人才。

7. 价值观念不同

企业的价值观更强调社会群体需求，即有需求就最大限度地满足他们的需求，并不十分强调这些需求对社会稳定和发展的影响；而非营利组织强调公共利益和均衡，它们更关注社会发展过程中不被人们所关注的边边角角，关注弱势群体，不断地寻找服务对象。

8. 文化观念不同

企业文化强调团队合作和绝对服从；而非营利组织的文化则关注自主决策和

公众参与。由于文化观念不同，运作机制更有明显区别，企业以规范、制度和理性管理为主；而非营利组织以灵活多变、突发创意、主动管理为主。

9. 组织的产权特征不同

产权特征也是非营利组织区别于一般企业的一个主要方面：一般的企业都有明确的产权，而非营利组织的公共组织特征之一就是其产权为社会大众所有。任何人都与非营利组织有着所有权方面的利害关系。公众要求非营利组织对公民诚信、公平、正直、富有责任心并及时对公民的要求做出回应，而一般企业由于其明确的产权特征，所以它们必须承担的义务不多，人们对它们的要求也不多。因此，非营利组织在战略制定时，战略管理者必须向众多所有者征询意见，并依据公众愿望和要求来提供服务。

10. 组织绩效期望不同

一般企业的绩效期望是很容易界定的，基本上就是盈利目标。非营利组织由于目标的不确定性使得组织难以说明它对绩效的期望。由此便引发了一系列后果。首先，组织的多目标性导致对组织绩效的界定很困难。其次，由于非营利组织中的紧迫感相对较弱，相对于一般企业而言，在非营利组织中使用激励手段，很难产生真正鼓舞人心的效果。非营利组织的雇员更偏好于稳定的工作、被委以重任、权力和赞赏等。另外，在非营利组织中将雇员的努力与奖励联系起来也是一件非常困难的事，要具体衡量每一方面对组织贡献的大小十分困难。战略管理必须考虑到公共组织对激励机制反应较为迟钝的特点，在制定激励机制时，要更富有创意，找出真正适合组织文化和打动雇员的激励机制。

第二节　非营利组织战略管理的过程

非营利组织战略管理的过程包括四个阶段，即战略分析、战略规划、战略实施和战略评估。这四个阶段既相对独立，又相辅相成，共同构成非营利组织战略管理系统。

一、战略分析阶段

（一）战略分析的内容

非营利组织在确定组织的宗旨和目标，决定要对组织实施战略管理之后，首先要对组织进行战略分析。战略分析即通过资料的收集和整理分析组织的内外部环境，包括组织分析和环境分析两个部分。

1. 组织分析

组织分析又叫组织诊断或评估，是把组织视为一个动态的有机系统，对组织整体及其各组成部分的目标、功能等进行系统分析。组织分析如图 2-4 所示。

组织分析的具体内容包括：

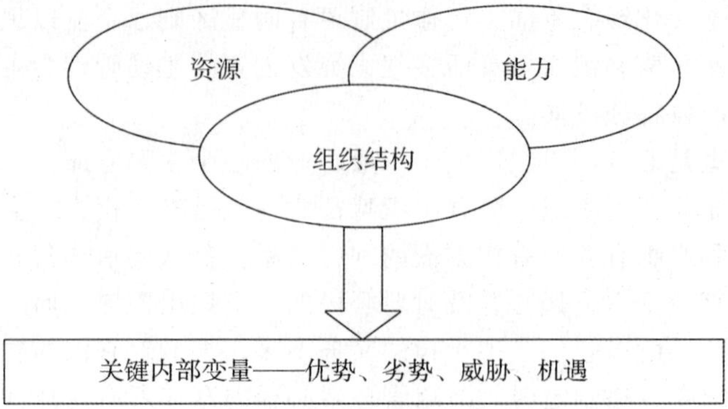

图 2-4 组织分析框架

（1）战略资源评价。它主要分析组织的资金和物质资源、人员资源、服务或项目等。

（2）管理与组织能力分析。它包括宗旨管理与组织文化、资金管理与筹款、资金运作能力、人事管理与组织能力、运作管理与能力、决策管理与能力、控制、外部关系管理与组织发展能力等。

（3）组织结构分析。它包括专业分工与责任划分、上下级、对信息流动和决策技巧实施的影响、权力分析等。

组织分析涉及的指标参数包括组织目标的有效性、绩效、共识与凝聚力、沟通和行动一致性、适应性、应变和把握环境、资源获取能力、责权匹配、制度化、满意度、稳定性、人的发展、组织健康等。

2. 环境分析

环境分析又叫趋势分析，是对组织所处的外部环境进行的动态分析，旨在把握各种主要外部因素的变化趋势，使组织能够顺应环境的变化并经常处于有利的地位以实现组织目标。环境分析如图 2-5 所示。

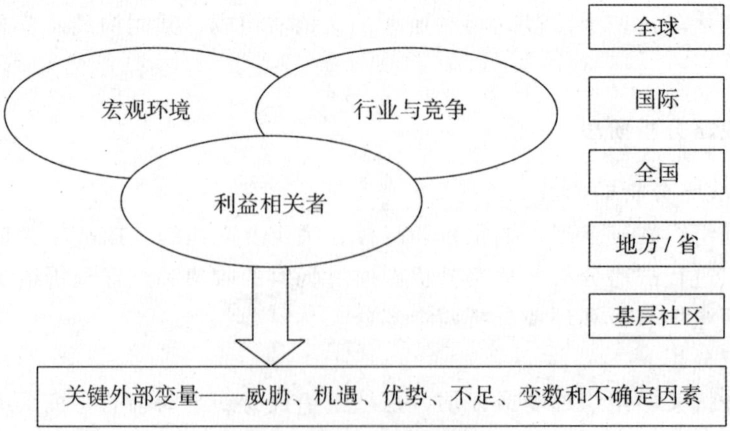

图 2-5 环境分析框架

非营利组织环境分析包括以下几方面内容：

（1）宏观环境分析。如图 2-6 所示，宏观环境分析包括非营利组织的法律政策环境、政治环境、经济环境、社会文化环境、技术环境、人口自然环境以及当代管理环境等。

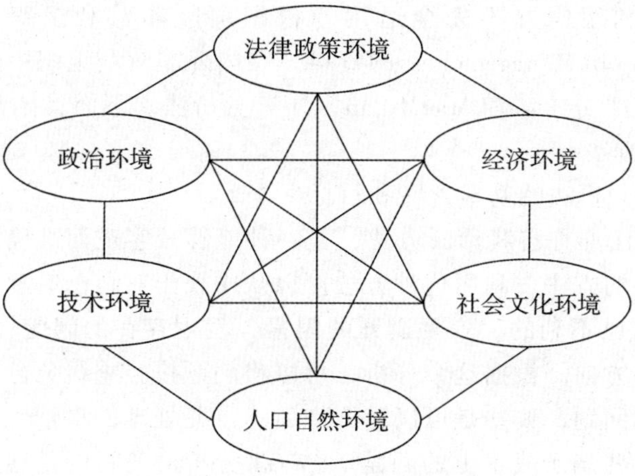

图 2-6　非营利组织宏观环境

（2）竞争环境分析。它包括现有竞争者研究、潜在竞争者研究、替代品分析等。

（3）利益相关者分析。它包括外部利益相关者与内部利益相关者、公益产权-社会责任等。

非营利组织环境分析参数包括：资源容量与匮乏程度、可替代性、集中与分散性、稳定性、复杂性、可获得性、关联性和不可预测性。总之，非营利组织的环境整体构成如图 2-7 所示。

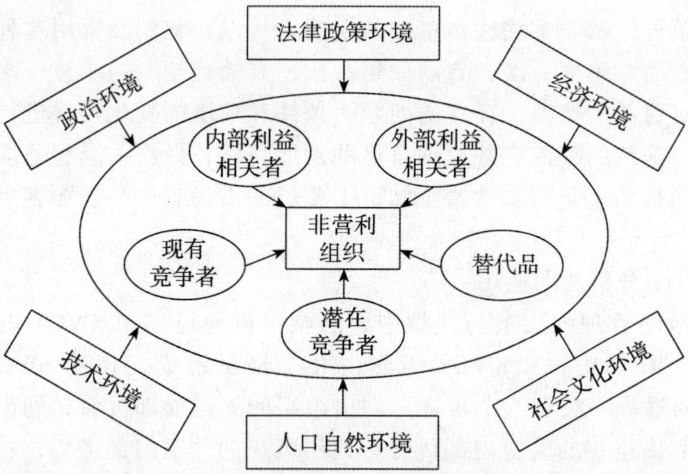

图 2-7　非营利组织环境构成

（二）战略分析的方法

战略分析的方法有多种，目前比较成熟的包括宏观环境的 PEST 分析、企业价值链分析、行业竞争的五种力量分析、企业内部实力与外部环境结合的 SWOT 分析、BCG 业务矩阵分析。这些方法在企业制定发展战略的时候起到很大作用，但对非营利组织并不完全适用。根据国际非营利组织管理联盟（The Alliance for Nonprofit Management）的资料，在国外非营利组织中运用的战略分析方法主要有 SWOT 分析法和 MacMillan's 矩阵分析法。下面具体介绍：

1.SWOT 分析法

（1）SWOT 分析法的基本含义和目标

SWOT 分析法亦称自我诊断方法，是一种能够较客观而准确地分析和研究一个单位现实情况的方法。利用这种方法可以从中找出对自己有利的、值得发挥的因素，以及对自己不利的、需要避开的因素，发现存在的问题，找出解决办法，明确以后的发展方向。根据这个分析，可以将问题按轻重缓急分类，明确哪些是目前亟待解决的问题，哪些是可以稍微拖后一点儿处理的事情，哪些属于战略目标上的障碍，哪些属于战术上的问题。SWOT 分析法的目的是通过给出一个有关组织内外环境问题的有效的信息，清晰地展示出在现有情况下组织的优势与劣势，并激励组织调动其优势，从而最大限度地利用机会、规避威胁。

SWOT 四个英文字母代表 strength，weakness，opportunity，threat。意思分别为：S，强项，优势；W，弱项，劣势；O，机会，机遇；T，威胁，竞争对手。从整体上看，SWOT 可以分为两部分：第一部分为 SW，主要用来分析内部条件；第二部分为 OT，主要用来分析外部条件。另外，每一个单项如 S 又可以分为外部因素和内部因素，这样就可以对它有一个较完整的概念了。

在发达国家，许多公司、医院、政府机构、工厂、学校，不管是营利单位，还是非营利单位，都非常关注本单位的发展。所以，它们经常用这种方法进行分析、研究，有的一季度一次，有的一年一次，有的甚至一两个月一次。因为它们已经习惯了对目前的情况、存在的问题、条件和环境的变化经常进行了解，以期得到较清晰、连续的跟踪，并根据自己的发展目标，做出一套相适应的计划和规范来保证达到目的。它们非常希望知道本单位的市场、产品、顾客、服务等的定位情况。

（2）SWOT 分析法的使用

在进行战略管理的决策与规划中，通常可以通过编制 SWOT 矩阵图来进行 SWOT 分析。具体来说，SWOT 矩阵由九个格子组成，构建 SWOT 矩阵进行 SWOT 分析的过程一般有八个步骤：列出组织的关键外部机会；列出组织的关键外部威胁；列出组织的关键内部优势；列出组织的关键内部劣势；将内部优势与外部机会相匹配，形成 SO 战略；将内部劣势与外部机会相匹配，形成 WO 战略；将内部优势与外部威胁相匹配，形成 ST 战略；将内部劣势与外部威胁相匹配，形成 WT 战略。由此形成的 SWOT 矩阵如图 2-8 所示。

	优势（S） （列出组织的各项优势） 1 2 3 4 ……	劣势（W） （列出组织的各项劣势） 1 2 3 4 ……
机会（O） （列出组织面临的各种机会） 1 2 3 4 ……	SO 战略 组织内部的优势与外部环境的机会相匹配的战略	WO 战略 利用外部机会来弥补内部劣势的战略
威胁（T） （列出组织面临的各种威胁） 1 2 3 4 ……	ST 战略 利用优势规避或减轻外部威胁影响的战略	WT 战略 减少内部劣势的同时规避外部环境威胁的战略

图 2-8　SWOT 矩阵图

经过 SWOT 分析，一个非营利组织可以有如下不同的战略匹配和选择：

①优势-机会（SO）战略。SO 战略是一种将组织内部的优势与外部环境的机会相匹配，发挥组织内部优势和利用外部机会以达到组织目标的战略。从制定战略来说，这是任何组织追求的目标。从进行战略管理的过程来看，任何一个组织及管理者都希望充分利用自己的优势并避免自己的劣势，抓住外部环境所提供的机遇以求得发展。但是，要充分发挥自己的优势实际上与其他因素的控制和转化有关，因而这一战略的采用往往需要以其他战略如 WO 战略、ST 战略或 WT 战略来奠定基础。

②劣势-机会（WO）战略。WO 战略是利用外部机会来弥补内部劣势的战略。通常是在这样一种环境下使用这一战略，即组织存在外部的机会，但内部却存在着劣势，妨碍着外部机会的实现。实际上，这是当外部环境中具有组织发展的机会时，以利用这一机会得到发展为目标指向和契机，来进行组织内部的

更新。

③优势-威胁（ST）战略。ST战略是利用优势来规避或减轻外部威胁影响的战略。

④劣势-威胁（WT）战略。WT战略是在减少内部劣势的同时规避外部环境威胁的战略。与上述三种战略相比，这是一种防御性战略。一个处于内部有许多弱点而外部又面临许多威胁境地的组织，往往对外部机会的利用效率是很低的。

在SWOT分析过程中，最重要的就是确定什么是关键的内部因素和外部因素，因为所谓内部优势和劣势、外部机会和威胁，是由关键问题构成的。对关键问题的确定，要求战略规划制定者具有良好的判断力。良好的判断不仅来自知识、经验，也要靠理性思维能力和非理性的直觉能力。因此，这也是整个SWOT分析过程中最为困难的部分。

上述对SWOT的分析，主要是从一般性的、技术的角度展开的，即是从非营利组织战略管理的一般性角度进行的。对于这一管理工具在非营利组织内的应用，目前人们大致有两种观点：一种观点认为，当非营利组织评价外部环境或者认为有必要进行SWOT分析时，与一般的营利性企业没有区别；另一种观点则认为，SWOT（优势、劣势、机会、威胁）的重要性因部门的不同而存在着显著差异。首先，企业具有严格的市场，政治联系淡化；与此相反的是，非营利组织则有其社会责任和使命。其次，企业寻求机遇，而非营利组织却在遭遇威胁的情况下才有所作为。这就是说，企业在运用SWOT分析法时，由于市场的明确化和较少受到政治的直接影响，因而更能单纯和直接地从利润出发，主动地寻找外部机会，而非营利组织由于不存在与企业一样的市场或其市场的特殊化，更由于受到非市场因素的直接影响和制约，且较之企业少有生存压力，因此，更可能是被动的而非主动的，更常见的是很容易对威胁有所反应。这种由于整个SWOT分析运用时的倾向不同，进而导致战略规划基本态势不同，决定了战略管理在非营利组织中的运用多产生与企业不同的结果。

[案例]

SWOT分析法实例

用SWOT分析法分析国内一个培训机构（为便于分析，暂不考虑人文、政治等因素）。

S：强项，优势

外部：在国内外有一定的知名度，是层次较高的培训机构之一，具有几项培训的资格。

内部：有一部分素质较好、积极肯干的员工；有一批国外赠送的设备（交通工具、计算机、教学设备等），这些设备质量较好；受训人员层次较高，有政府官员，也有企业管理者。

W：弱项，劣势

外部：顾客面较窄，仅限于政府官员和部分企业领导；在一些培训班的组织上受制约较多；没有形成自己的网络，信息反馈少；没有叫得响的、具有自己特色的产品；对外宣传力度不够，对外联络不够广泛、主动。

内部：少部分人员自身素质不高，达不到现代培训的要求，缺少自己的师资力量，没有能够承担高层次课程讲授的教师；单位的福利差了些，人员的数量与工作所需相比多了些。另外，行政后勤人员多于培训人员，大锅饭的意识较浓，管理还不够完善。

O：机会，机遇

外部：国内外有不少单位希望同该培训机构建立友好关系，进行资助并建立合作项目；国内的高层次培训需求量大，培训市场大。有不少单位希望接受高级管理强化培训，并到国外进行实地考察、研究。

内部：已有许多待开发的项目，包括和国外的合作项目；有能够开拓创新的人，有能力执行国内、外的项目；还可以进行多方位的开发，如编写教材、拍电视片、建立联合网络；有可开发的大市场，也可以创造出较好的产品。

T：威胁，竞争对手

外部：国家又成立了一家类似的培训机构，并给予较大的投入，如人员、资金等；许多省、市、自治区和各部委相继成立了自己的培训机构，在本系统内进行行业管理培训；这些机构都在扩大自己的市场，寻找自己的顾客；培训课程的内容雷同或相似。

内部：产品单一，质量和内容有待根据发展和现时需求而提高；较为自满，服务意识不到位；管理机制未进一步理顺，少部分人员由于福利较差而不稳定；工作量安排不合理；激励机制和奖励制度不健全；没有自己的CI（企业文化）和中期、远期目标。

分析：

从以上SWOT分析中可以看出，在目前的情况下，这个单位内部和外部情况从总体上来讲还是基本可以的，但是如果不抓紧对发展的研究、分析，则很快就会滑向劣势，因为它的优势是暂时的，随着市场的发展和需求的变化，如果不迅速扩大自己的市场范围，提高产品质量和服务意识，则势必会遇到强劲的挑战；如果不能适应，还会被淘汰。制约着市场和产品的重要因素之一就是管理，这样一来就给这个单位的管理层提出了一个刻不容缓的、需认真考虑的问题：怎样针对主要问题加强管理，改变观念，适应形势，完善发展？

从内部情况看，第一，这个单位应充分利用自己目前的优势，如声誉好、层次高、有资格认证等。第二，它应该抓紧时间，立即策划自己的CI（企业文化），尽快提高自身素质，改变观念，使单位和员工适应市场的变化和发展，用经济的观点和意识去考虑问题、分析问题、解决问题。同时，它应迅速建立一支高质量的师资队伍，开始研究市场需求，并能讲授市场上急需的课程。第三，加紧同外单位的联系，利用召开反馈会、通气会、研讨会和其他手段，持续、稳定地提高自己的知名度。这个单位的领导层应该针对SWOT反映出来的情况，清楚地意识到本单位在发展道路上所处的环境和可能遇到的威胁与挑战，这些竞争会威胁到单位的哪些领域，危及自己的哪些产品、顾客和市场。同时，还要认真分析、研究单位内部的具体问题，如为什么少部分人人心不稳，是单位的福利差，还是看不到单位的希望和前途，或是其他原因。人心问题非常重要，因为它可能引发许多意想不到的后果。

从外部情况来看，这个单位由于自己的优势较多，所以它生存和发展的机遇比较多。这些可以转化为发展的有利因素，有时也可以转化为不利因素，关键就是怎样看待、处理和把握这些优势，使它们向有利的方向发展。绝不能躺在这些优势和以前的成绩上，不再开发新的领域，不再拓展新的市场。对其他的竞争对手，应清楚地看到它们能在这里分得多少市场份额，形成什么威胁，能给本单位留下多少比例，并制定一个整体战略决策。面对众多竞争对手是个非常棘手的问题：第一，你不能取消这些培训机构；第二，你不能干涉这些培训机构的市场；第三，你本身没有下指令性文件要求别人接受培训的权力。这样，激烈的竞争就出现了。

总结：

从以上的分析可以看出，这个单位的面前是一条布满障碍的道路。但是，必须正视现实，研究内部、外部的情况，并针对目前的产品和发展力量进行深层次的研究。要从战略的高度和角度来看待整体性的开发问题，这个问题越早抓，对这个单位就越有利。应该采取以下措施来完成发展规划：

（1）设立单位的CI（企业文化）和整体发展理念。目标如何设定，要由全体职工讨论决定，由领导牵头实施，从点滴入手，建立、发展、完善企业自身的形象。

（2）认真进行市场调查，划分好自己的市场，找准自己的顾客群，加强联系和沟通。

（3）建立一支有效的课题队伍，针对目前市场所需，设置一套好的教材和案例。

（4）建立一支高素质的教师队伍，能胜任高层次的课程。

（5）利用自身的优势，迅速同国内外建立新的、有特色的合作项目。

（6）在创造社会效益的同时，注意较大幅度地提高经济效益，并将其中相当一部分作为再发展资金。

（7）建立有效的激励制度和管理制度。要调整机构，起用能人，并设重奖，激励员工为单位的发展做贡献。

2.MacMillan's 矩阵分析法

MacMillan's 矩阵是 Ian MacMillan 博士为非营利组织的战略管理和战略选择专门设计的一种矩阵分析方法。这一方法建立在以下三个假设之上：第一，在市场上，对资源的需求是完全竞争的，所有非营利组织必须在动态竞争的环境中生存；第二，给定非营利组织的资源是稀有的，对一个独立的团体来说，提供完全相同的服务将导致资源分散和利用率的低下；第三，试图为所有的人提供所有的服务将导致非营利组织服务质量的低下，增加组织的运作成本，相反，非营利组织为相对固定的人群则能提供更优质的服务。

MacMillan's 矩阵分析法旨在为非营利组织高效地运作和战略选择提供一个实用的操作方法。通过 MacMillan 矩阵分析图，非营利组织能够根据自身的愿景、使命和资源特点，更有效率地进行项目的运作，并为特定的群体提供更优质的服务。

MacMillan's 矩阵如图 2-9 所示。

		高吸引力（high program attractiveness）：易操作（easy program）		低吸引力（low program attractiveness）：难操作（difficult program）	
		替代性（alternative coverage）高（high）	替代性（alternative coverage）低（low）	替代性（alternative coverage）高（high）	替代性（alternative coverage）低（low）
合适性强（rich fit）	优势竞争地位（strong competitive position）	1. 积极竞争战略（aggressive competition）	2. 积极竞争战略（aggressive competition）	5. 建立最佳竞争者战略（build up the best competitor）	6. 灵魂战略（soul of the agency）
	劣势竞争地位（poor competitive position）	3. 主动撤退战略（aggressive divestment）	4. 积蓄力量战略或摆脱战略（build strength or get out）	7. 渐次撤退战略（orderly divestment）	8. 外援或合资战略（foreign aid or joint venture）
合适性弱（poor fit）		9. 主动撤退战略（aggressive divestment）		10. 渐次撤退战略（orderly divestment）	

图 2-9　MacMillan's 矩阵图

具体而言，MacMillan's 矩阵分析法帮助非营利组织思考和解决四个发展中的关键问题：我们是不是提供同类服务最好的组织；竞争是否有利于我们的服务群体；扩张是否使组织变得缺乏可持续的竞争能力；我们是否与其他组织合作以扩大服务范围。为此，Ian MacMillan 博士提出以下四个运用于非营利组织项目操作和评估中的判断标准：

（1）合适性（fit）。合适性指项目的属性与本组织内部性质的一致程度。合适性强的项目通常有三个特点：与组织的愿景和使命相一致；能够激活和充分利用组织内现有资源；组织能够共享与项目配套的各类资源。

（2）吸引力（program attractiveness）。吸引力指从经济的角度来评估项目对组织的吸引程度，特别是该项目能否成为组织利用现有的资源并吸引未来资源的一种投资。吸引力强的项目通常有九个特点：对能为组织的现在和将来提供支持的团体有很强的吸引力；稳定的基金；市场需求大；对志愿者有吸引力；项目结果具有可测量性和宣传性；有较强的前瞻性；退出成本低；服务对象的阻力较低；能够促进服务对象的自立和自给。

（3）替代性（alternative coverage）。替代性指提供相同服务的范围和程度。替代性低是指在同一区域内没有其他大的项目与其竞争；替代性高则相反。

（4）竞争地位（competitive position）。这是对组织在效率、质量、信用和市场份额等方面的综合能力大小的一种衡量，表明组织具有优势竞争地位的衡量标准是：优越的缺位和后勤保障体系；服务对象、社区、支持者持续不衰的忠诚度；合理使用基金的成功经验；在服务上的杰出表现和良好形象；目标客户的市场份额大；与竞争者相比能够获得动力和增长；比竞争者提供的服务更优质；募集资金的能力强，尤其是擅长这类项目；具有高超的宣传技巧；在项目所需的技术上具有领先地位；高超的组织技能；与当地良好的沟通；合适的项目监督机制；与不同利益主体沟通的强大能力；低成本、高效率的服务优势。

每个项目经过以上四个标准的评估，分别定位在十个相应的矩阵框内，形成不同的战略。根据 Ian MacMillan 博士的研究和一些非营利组织的成功实践，组合战略通常是非营利组织的选择，即一个非营利组织往往同时选择两个项目，实施不同的战略，以达到完成组织使命的目的。一般来说，容易吸引资源的项目是值得非营利组织青睐的项目。这些项目的成功操作有利于组织在竞争中取得优势，为组织积聚更多的资源和力量，同时通过对这类项目的运作，可提高非营利组织的运营质量和管理水平。

二、战略规划阶段

战略发展规划的制定是非营利组织战略管理过程中的重要一环。制定一个切实可行的规划有利于组织在瞬息万变的环境中把握机会，有步骤地实现组织的使命和目标。

（一）组织的使命与愿景

德鲁克基金会主席德鲁克根据 60 多年来为重要的组织进行顾问咨询的经验，把非营利组织的战略规划简化为五个令人深思的问题：我们的使命是什么？我们的客户是谁？客户的认知价值是什么？我们追求的结果是什么？我们的计划是什么？回答这五个问题的过程，也是领导者进行自我调整、自我组织、实现自我发现的过程。通过循序渐进地回答这五个问题，产生出由组织全体成员共同承诺的实施计划，并通过计划的实行和目标完成的情况对组织的使命和愿景进行不断的调整和修正，构成一个完整的循环。这一框架已经成为目前不少非营利组织实现使命与战略规划的自我评估工具。其中，最为关键的是组织的使命和愿景的确定（如图 2-10 所示）。

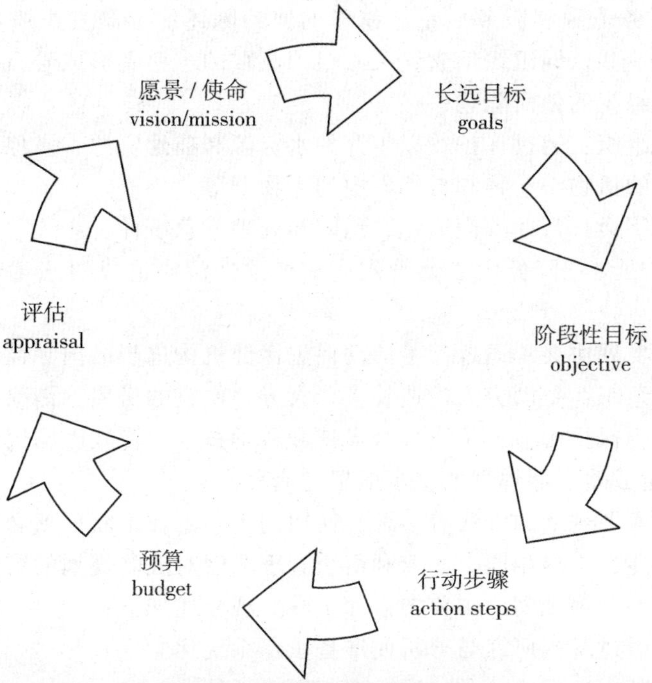

图 2-10　使命和愿景循环图

使命是解决组织为什么存在的问题，达成一个组织上下共同认可的使命是组织制定战略规划的重要前提。如果说商业机构第一要务是利润的话，对于非营利组织来说，其第一要义就是组织机构的使命。非营利组织是为其使命存在的，它们的存在是为了改善社会和我们每个人的生活。非营利组织管理的首要任务则是确保每个人能够看见使命、听见使命并使之体现在组织的日常经营活动中。随着环境的变化和组织的发展，使命的内涵和方向也需要不断地充实和调整。国内外非营利组织的成功经验告诉我们，具有明确界定的并且为多数成员认同和珍惜的使命是一个杰出的非营利组织的主要特征。

与使命密切相关的概念是组织的愿景。愿景是对未来组织发展蓝图的描述。它通过运用想象力勾画整个组织希望达到的目标，是以人的愿望为基础的构想，也是组织内每个员工的一种构想，它使人们对几年后或者若干年后的组织有一个美好的憧憬。愿景可以用来激发职工、志愿者、资金资助者和潜在的支持者等不同群体的热情。

对使命的确定和陈述不仅有着十分重要的意义，而且需要运用一定的专业方法和技巧。愿景陈述对正式的计划制订非常重要，一般为数百字到数千字，要求用积极和肯定的语气加以陈述。使命陈述则是由愿景陈述组成的短短数十字的具体说明。对使命的陈述必须遵循一个原则：文字简短。注意把握组织的关键性特征，能准确与客户沟通，像广告语一样，朗朗上口。此外，使命的内容不宜包括组织的市场服务范围和服务质量。精彩的使命陈述能够激发组织成员的奋发热情，也能够对一些认同组织信念、关心组织成败的志愿者形成号召力。以下是美国部分非营利组织的使命陈述：

自然保护组织：通过保护赖以生存的水资源和陆地资源，来保护能够代表地球生物多样性的植物、动物和自然界中的生物群落。

美国红十字会：帮助人们避免、预防和处理紧急事件。

美国心脏协会：降低由心血管疾病和突发性疾病造成的儿童夭折和先天性残疾。

国家医院发展协会：通过慈善活动促进保健机构进步的国际性组织。

国际人居组织：帮助穷人建造朴素、大方、便宜的房屋，消除住房贫困。

野生动植物保护协会：争取公众支持和科学技术，挽救濒临灭绝的物种。

（二）制定战略发展规划的基本框架与流程

制定战略发展规划的方法有多种，使用的工具也在不断更新和发展，各种书籍和资料的描述也不尽相同。非营利组织管理联盟对战略规划的制定提出了五步法，包含了战略发展规划的主要要素和步骤。现分述如下：

第一步：通过基本研究与分析使准备工作系统化。

（1）收集基本数据，分类成册，实行需求评估；

（2）明确对组织将来发展有积极意义的关键性议题或问题；

（3）阐明组织的作用和责任，确定组织的客户服务群体以及相关的利益主体；

（4）勾画组织基本轮廓，并采集和分析相关的环境信息。

第二步：阐述使命、愿景、目标和任务。

（1）明确组织的使命；

（2）阐明为实现组织使命在组织结构上必须进行的重要变化；

（3）定义组织的系统状态（愿景陈述）；

（4）确立达到愿景的项目任务：项目任务矩阵；细化任务。

第三步：环境评估分析。

（1）组织内部和外部环境的分析；

（2）判断趋势和需求：宏观层面的趋势和相关条件，微观层面的技术和应用研究等；

（3）规划内容的确定和描述。

第四步：制定战略并分析项目的可行性。

（1）确立组织发展战略；

（2）对如何发展、管理和执行项目的战略准备；

（3）对组织效率和影响有较大作用的战略项目给予重点支持和发展；

（4）明确和分析项目取得战略成效的可行性。

第五步：政策可行性和资源配套。

（1）将目标和任务转化为基本的政策与制度；

（2）制定明确的政策措施；

（3）提高效率和影响力的有效措施，建立财务等资源的分配指南。

以上五步法构成的关系如图 2-11 所示。这一战略规划模型将使命与目标有机地联系在一起，有时还辅之以政策措施，尤其是对细化的目标和任务做了周全的考虑，并强调组织的有效性和影响力。与其他一些传统的规划方法相比，这种规划框架和流程避免了使命与具体项目脱节的缺陷，使整个规划从整体到细节具有连续性，在制定目标和任务的过程中避免了只注重现存条件的弊病，对规划组织的未来有一定的实用价值。对非营利组织而言，其中一些规划因素显得特别重要，包括规划的范围、项目目标的重点、目标矩阵、制定政策、提高效率的措施等。

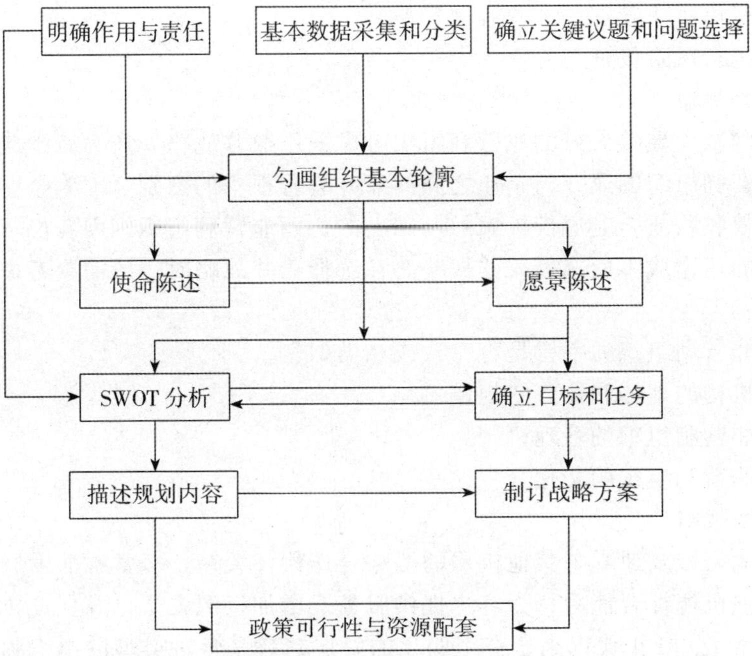

图 2-11　战略规划模型

（三）非营利组织常用的战略

由于组织的内部和外部环境是复杂多变的，所以非营利组织使用何种战略也往往难以确定，问题的关键在于每一个组织的实际情况。这里重点介绍三种常用的战略。

1. 借力发展战略

借力发展战略由 R.P. 尼尔森（R.P.Nielsen）先生首先创造性地应用于非营利组织。此战略最初用于非营利组织筹集资金，开发新的业务范围来补偿机构正常的收入与开支的不足。尽管借力发展战略能够帮助非营利组织摆脱资金方面的困境，保证与机构的宗旨一致，更有效地使用资源。但根据尼尔森的观点，应用借力发展战略也存在以下四方面潜在的风险：第一，投入资金的商业运作实际上有资金损失，特别是在短期内。第二，商业投资客观上会干扰甚至取代机构的宗旨。第三，公众或捐助人可能减少他们的捐助。第四，商业投机可能干扰非营利组织的内部管理。

为了避免以上风险，作为不同的非营利组织，首先要仔细地评估在采用这一战略之前组织的资源情况。一般来说，非营利组织在采用借力发展战略之前必须具备五个方面的基本条件：

（1）出售货物或服务。

（2）有一批专业管理人才。

（3）理事支持。

（4）应用商业管理。

（5）进行风险投资。

2. 兼并战略

资源的减少导致大量的非营利组织考虑采用兼并战略，作为减少成本的唯一方法。非营利组织的兼并与企业之间的兼并有着根本的区别。因为企业的兼并是建立在股权收购或企业规模扩大的基础上的，而非营利组织则因考虑资源减少或降低机构的运作成本而选择兼并战略。在选择兼并战略时一般需要考虑以下四方面的因素：

（1）非营利组织的宗旨是否一致或相类似。

（2）机构的地域和业务的规模。

（3）非营利组织的管理机制。

（4）非营利组织的文化。

3. 联盟战略

联盟战略涉及建立与其他机构的战略合作伙伴关系，经常被非营利组织所采用，以增强机构综合能力，为客户提供服务或增加资源渠道，并保证机构的原有特征。20 世纪 90 年代以来，一个明显的发展趋势是各种类型的组织和企业之间形成战略联盟和合作伙伴关系，即营利性组织和非营利性组织、公司之间的合作伙伴，公司网络和单一网络，而这种新型的合作伙伴体现出你中有我、我中有你的特征。例如，企业和公司开始进入非营利系统，建立企业和个人基金，承担起社会责任。而非营利组织内部也开始从事营利性业务，这种竞争和伙伴关系的不断升华，促使非营利组织的战略联盟成为现实。通常战略设计者选用战略联盟的工作程序如下：

（1）列出所有与机构有直接和非直接关系的利益各方。

（2）列出机构和利益各方包括关键竞争对手的主要活动。

（3）列出鉴定机构的相同和不同标准。

（4）考虑利益各方目前活动的业绩如何。

（5）考虑机构和利益各方在形成联盟之后是否存在共同的利益。

三、战略实施阶段

（一）战略实施的意义与过程

任何规划都要通过实施转变为实际的行动和成果，战略实施就是使战略思想转化为组织行动的动态过程。成功的战略规划并不意味着成功的战略实施，战略实施往往会遇到许多意想不到的困难和阻力。组织的内外部环境是动态的，在多变的因素中，构想和设计完美的战略方案也可能成为一张废纸，所以，战略实施是战略管理的关键步骤。战略制定与战略实施的不同之处见表 2-1。

表 2-1　**战略制定与实施的比较**

	战略制定	战略实施
性质	在行动前部署力量	在行动中管理和运用力量
注重点	效能（预期结果）	效率
核心过程	思维过程	行动过程
所需技能	直觉与分析	激励与领导
协调对象	少数人	众人

非营利组织在实施战略时要求将战略设计中选定的目标进行阶段性的实施和执行，这是一个将理论化的目标付诸实际行动的阶段。这一阶段的重点是强调其操作性、可行性和技巧性。操作性是确立战略设计之后行动纲领的具体体现，不论如何设计目标，怎样选择纲领，都将在实践中经受考验，不同的非营利组织在实施的阶段都将充分体现机构的管理水平和组织操作能力。技巧性是平衡理性模型和实际操作过程之间矛盾的方法，具体目标是将不同手段和不同技巧应用于机构战略管理的各个阶段之中。总之，战略实施过程的实质是从战略制定者到分部主管和功能部门主管的责任转移过程。

（二）战略实施的措施

1. 年度作业计划

年度作业计划包括以下几个方面的内容：

（1）年度战略规划目标；

（2）行动步骤及其负责人；

（3）资源及其获得。

2. 年度经费计划

年度经费计划是用收益和支出表示的战略实施计划。它包括年度受益目标、年度支出计划、阶段性指标。

3. 监测、评估目标实现及实现过程的指标和方法

4. 政策管理

（三）战略实施中的管理问题

战略实施中的管理包括对利益相关者、资源、市场营销、财会、计算机信息系统研发等诸多方面的管理。非营利组织的公益性使其资源和利益相关者的管理显得尤为重要。

1. 战略实施中的利益相关者管理

利益相关者是指组织外部环境中受组织决策和行动影响的任何相关者，既有内部利益相关者也有外部利益相关者。战略实施中的利益相关者包括：（1）反对者或潜在反对者；（2）拥护者或潜在拥护者；（3）未表决者；（4）不重要的人(一般公众)；（5）不同战略实施模式与阻力源；（6）变革阻力源。这些相关群体与组织息息相关，或者组织行为会对他们产生重大影响，或者这些群体也可能影响组织。

对于组织而言，利益相关者至关重要。重视利益相关者可以改善环境变化的可预测性并带来更成功的创新；提高利益相关者信任度能够影响组织绩效；利益相关者涉及组织的投入与产出，管理者必须要考虑他们的利益。在选择用何种方式管理利益相关者时，还需考虑环境的不确定性程度。按照利益相关者是否关键与不确定性程度的高低，可以得到四种组合，不同组合对应不同管理方式，具体如下：

（1）如果利益相关者是重要的但非关键的，且环境的不确定性很低，在这种情况下，管理者没有必要采取具体的行动来管理利益相关者，只要跟踪利益相关者的动向。

（2）如果利益相关者是重要的但非关键的，且环境的不确定性很高，管理者需要投入更多前摄性的努力来管理利益相关者关系，此时，管理者可采用跨域管理，即以更具体的方式和外部利益相关者开展互动合作。

（3）如果利益相关者是关键的，且环境的不确定性很低，管理者可以采用更直接的利益相关者管理，如开展营销调研、鼓励供应商之间的竞争等。

（4）如果利益相关者是关键的，且环境的不确定性很高，管理者应当采用利益相关者伙伴关系，即为追求共同目标而在组织和利益相关者之间达成非正式协议。

图 2-12 给出了利用模拟场景管理主要利益相关者的方法。

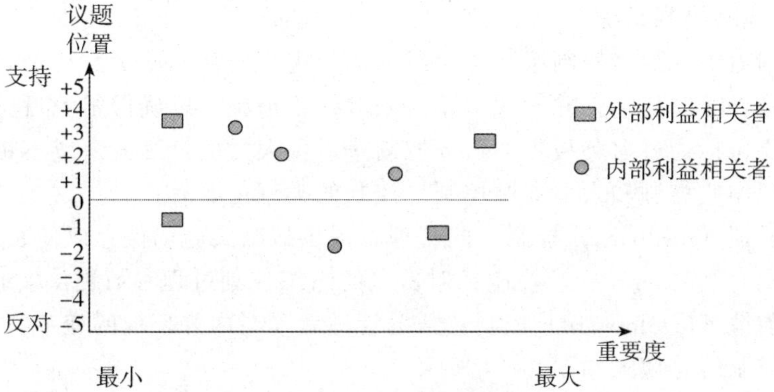

图 2-12　利益相关者管理

2. 战略实施中的资源管理

战略管理中的资源包括财力资源、物力资源、人力资源和技术资源。财力资源管理在非营利组织发展过程中是非常重要的。通常应制定出筹资工作条例和内部财务管理规定作为增加收入和减少支出的基本条件。物力资源的充分利用，实际上是提升物力资源的利用率和效率。人力资源是四种资源中的重中之重，人力资源管理者应成为机构业务工作人员的合作伙伴。机构应制定人力资源开发战略，全面系统地诊断、检查机构战略和人力资源之间的融合性，及时有效地改进人力资源制度。技术资源通常包括信息技术资源、运营技术资源和机构日常工作的常规技术资源。任何资源方案的真正价值应体现在机构目标的完成结果上。战略管理本身其实就是一个资源配置的过程。

资源管理的核心是把握“核心支持”与“要素匮乏”资源。所需的战略调整一般有：(1) 调整服务对象或用途，使辅助资源变为核心资源；(2) 内部资源再分配，放弃某些活动，重新制定预算；(3) 组织重要利益相关者筹资或进行资金转移。

图 2-13 给出了资源性质与管理方法。

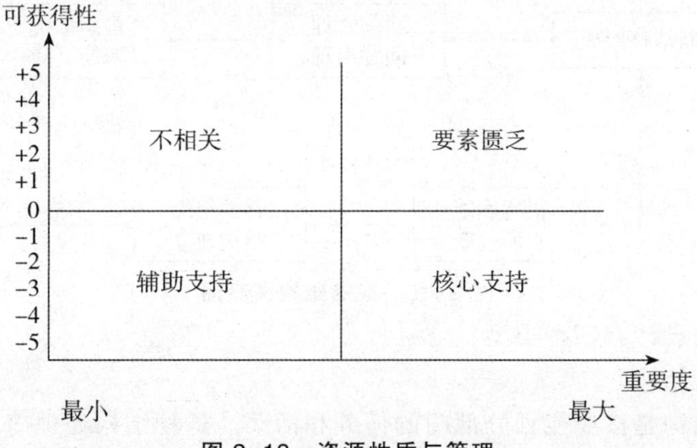

图 2-13　资源性质与管理

（四）战略控制系统

非营利组织的战略控制系统是对组织运行进行监督和衡量，帮助管理者评测组织战略是否通向目标，并发现偏差，采取纠正措施，以确保组织目标实现的过程。它主要包括通过财务报告的财务控制来避免大量的持续盈余或不足，通过项目报告实现作业控制和人力资源控制。控制的类型主要有：

（1）反馈（feedback）控制：向管理者提供战略实施的信息以便及时调整。

（2）实时（concurrent）控制：对常见的组织控制过程参数提供实时信息。

（3）前馈（feedforward）控制：帮助管理者参与内外环境的变革。

战略控制的总模式如图 2-14 所示。

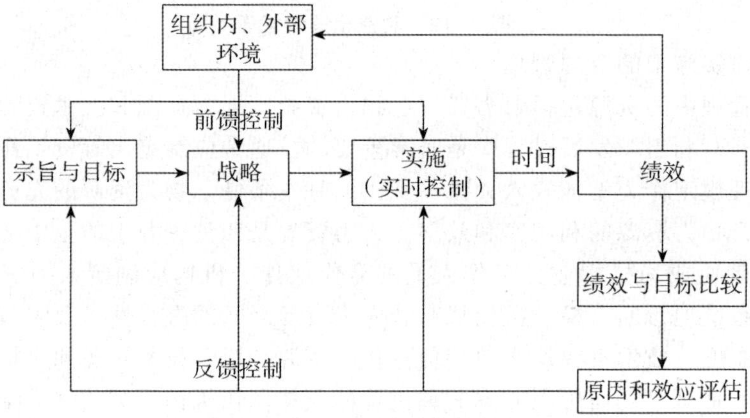

图 2-14 战略控制模式示意图

（五）组织结构设计

组织结构对战略的实施十分重要，战略管理的变化通常需要组织结构做出相应的调整。这首先是因为在大多数情况下组织结构要遵从已经建立起来的目标和政策，其次是因为资源配置的过程是需要以机构的名义进行的。组织结构与战略管理的关系如图 2-15 所示。

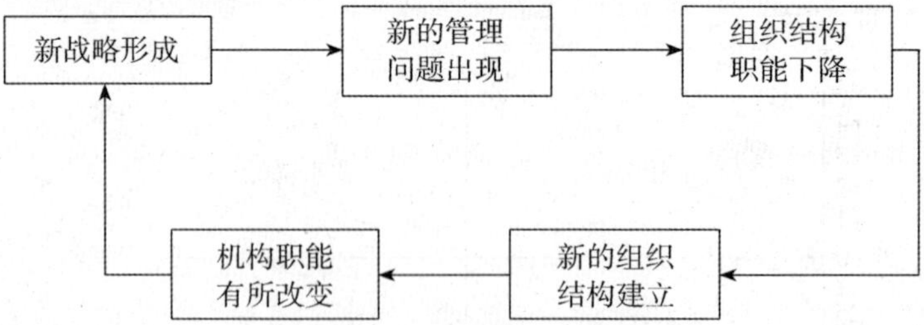

图 2-15 战略结构关系图

组织结构设计有四种类型：

1. 职能型结构

职能型结构是按职能划分部门的任务和活动。这种结构处理简单，所花费的成本较低，能推动管理专业化，提高效率，使复杂的控制系统简单化，从而加快决策速度。职能型结构的不足之处是，它的权力过于集中在上层，其他管理人员的事业发展机会相应减少，有时职员士气不高，决策者和参谋部门有冲突，很少的权力委托导致制定出不合适的计划和服务。

2. 分部型（分散）结构

随着一个组织规模的不断扩大，在不同的区域范围内的管理越来越困难，提供的服务类型也越来越不同。分部型结构可按四种方式组织：

（1）按区域划分；

（2）按服务划分；

（3）按顾客划分；

（4）按生产流程划分。

分部型结构职能明确，可以为管理者创造个人事业发展机会，根据不同的情况做出不同的决策，形成机构内部的相互竞争环境。这种结构也容易促使非营利组织朝着多样化的方向发展。此外，分部型结构的局限性还体现在成本高等方面。

3. 战略经营单位结构

随着一个组织在数量、规模和服务多样化方面的变化，战略设计者将相同的部门组合成战略经营单位，根据授权来承担相应的工作，并直接向首席执行官报告工作业绩。这种结构变化更有利于战略实施，改善相同部门之间的协调功能，并承担不同经营单位的责任。这种结构的不足是：一方面增加了非营利组织的管理层次，同时增加工作费用；另一方面使不同战略经营单位的责任变得模糊。

4. 矩阵结构

在所有的组织结构中矩阵结构是最复杂的一种，其原因是此结构同时依赖于来自横向和纵向的职权流和信息流，交叉组合成为矩阵，与之相反，职能型和分部型的结构主要取决于纵向的职权流和信息流。矩阵结构的特点是矩阵促成多重的复杂性，包括双份权力预算、双份的奖励和惩罚系统、共享权力、两条报告渠道等。

四、战略评估阶段

为了考察战略的内在基础，比较评估战略实施的效果及进度，及时有效地采取纠正措施以保证行动与计划一致，在非营利组织实施战略管理的过程中要进行战略评估。

（一）战略评估的分类

1. 按照评估进行的时间分类

（1）事前评估（预评估）：在战略规划开始实施之前进行的可行性分析。

（2）中期评估：在战略规划实施过程中对实施效果的评测，主要包括内外部环境的重大变更对战略的影响和调整、困难和问题的诊断与纠正两个方面的评估。

（3）事后评估：即系统评估，是在整套战略实施之后对战略实施全过程进行的系统性评估。

2. 按照战略评估主体分类

（1）自我评估：是过程的评估，在战略实施的过程中发现问题并及时调整。

（2）外部评估：经常是第三方评估，即由其他组织（可以是专门的评估机构、政府，也可以是公众）对非营利组织战略过程的评估。

（二）战略评估框架和内容

1. 审视潜在的战略基础

评审战略基础主要是对非营利组织内外部环境的评估。组织外部战略因素是否已发生重大变化？组织内部战略因素是否已发生重大变化？其中内部战略因素的评估主要包括以下几个方面：

（1）组织的优势是否依然是优势？

（2）组织是否增加了其他优势？如果是，有哪些？

（3）组织的不足是否依然是不足？

（4）组织是否有了新的不足？如果是，有哪些？

（5）组织机遇是否仍然是机遇？

（6）组织是否增加了其他机遇？如果是，是什么？

（7）组织以前的威胁是否仍然是威胁？

（8）组织其他威胁是否增加了？如果是，是什么？

（9）组织是否容易被竞争对手所兼并或接管？

非营利组织可以用建立修正的外部因素评价矩阵和内部因素评价矩阵的方法检查组织战略的潜在基础。修正的内部矩阵应侧重于组织在管理、组织机构、研究及计算机信息系统方面优势和弱点的变化。修正的外部矩阵则应表明组织战略如何对关键机会与威胁做出反应。

2. 度量绩效

度量绩效主要衡量组织是否令人满意地朝既定目标发展。它具体包括以下内容：

（1）战略规划是否依目标执行？

（2）哪些部分已经完成和尚未完成？

（3）核心战略的整体成就与实施状况如何？

（4）长、短期目标重点的整体成就与实施状况如何？

（5）没有完成规划的原因。

这一活动需要把预期结果与实际结果进行比较，研究实际进程对计划的偏离，评价个人绩效。战略评估的标准应当是可度量的和易于调整的，所以在这一过程中长期目标和年度目标都普遍地被采用。

3. 采取纠正措施

非营利组织在对组织内部因素进行评估之后，要决定是否有必要修改核心战略及长、短期重点目标，它包括重新审视长期目标（方案）、短期目标（作业/管理）、核心战略三个方面。一般来说，除非内外部环境均未变化或发展方向一如既往，否则均需采取纠正措施。

作为战略评估的最后一项行动，采取纠正措施要求通过变革使组织为了未来而重新进行更有竞争力的定位。其中可能需要进行的变革包括：调整组织结构，对某一个或多个关键人员进行调换，建立或修改目标，制定新政策，重新配置资源或采取新的绩效激励措施等。但是需要注意的是，采取纠正措施不一定意味着放弃现行战略或必须制定新战略。战略评估的基本框架如图 2-16 所示。

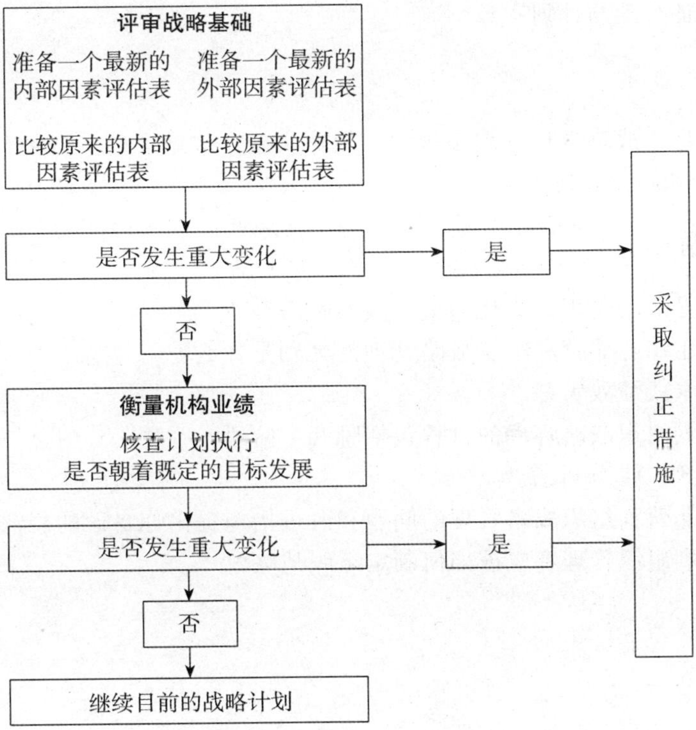

图 2-16　战略评估框架

本章小结

本章较为系统地阐述了非营利组织战略管理的基本知识。对于非营利组织来说，战略是组织管理的灵魂，是体现组织的宗旨、贯彻组织的使命、实现组织的理念最为重要的一个概念。战略管理则是这一概念的全部实践形式或过程，它表现为一个完整的系统活动过程，以战略规划和实施为核心，将组织的各项活动和决策有机地联系在一起。

本章重点对非营利组织的战略管理过程做了详细介绍。非营利组织的战略管理过程主要包括：

战略分析，任务是分析组织的内外部环境，以作为规划阶段的基础。战略分析方法主要有 SWOT 分析法、MacMillan's 矩阵分析法等。

战略规划，制定一个切实可行的规划能够使组织在瞬息万变的环境中把握机会，有步骤地实现组织的使命和目标。

战略实施，战略实施是战略管理的关键步骤。非营利组织在进行战略实施时将战略设计中选定的目标进行阶段性的实施和执行，这一阶段的重点是强调其操作性、可行性和技巧性。

战略评估，为了保证非营利组织战略实施的效果和进度，及时有效地采取纠正措施以保证行动与计划一致。

关键概念

战略管理　战略分析　战略规划　战略实施　战略评估　SWOT 分析　战略变革　MacMillan's 矩阵

复习思考题

1. 什么是战略管理？为什么进行战略管理？
2. 营利组织与非营利组织战略管理的区别是什么？
3. 简述卡式绩效管理。
4. 非营利组织战略管理的过程包括哪几个阶段？
5. 简述 SWOT 分析法。
6. 请就非营利组织战略管理的问题和改进措施提出你自己的想法。
7. 非营利组织管理者应该如何制定组织战略？

第三章　非营利组织人力资源管理

随着社会的发展与进步，人力资源成为最重要的社会生产资源。提出人力资源的概念，是将人作为一种资本性资源加以考察的结果，这不仅引发了经济学的革命，同时也引发了管理学上的一场革命。20世纪80年代以来，人力资源管理在各行各业日益盛行，公共组织包括非营利组织也不例外。非营利组织的人力资源管理要比企业的人力资源管理更困难。因为非营利组织的员工不仅是为了生计而工作，更是为了一种理想而工作。这是非营利组织人力资源管理的最大的特点，它使组织的管理任务格外沉重。

第一节　非营利组织人力资源管理概述

一、人力资源与人力资源管理

1. 人力资源的概念

人力资源是指能够推动国民经济和社会发展的、具有智力和体力的劳动能力的总和，它包括数量和质量两个方面。人力资源管理的对象是人力，人力是人的力量的缩写，人的力量是由智力和体力两种天生的因素所组成的。智力是人的一种内在的软性因素，它的弹性非常大，人力也随它的弹性大小而伸缩，所以，智力的力量是无限的。体力是人的一种外在的硬性因素，它的弹性不大，所以它的力量是有限的。两种力的结合产生了能量，能量通过运作转化为能力。有两种原始力加一个结合力，这样就成为人的力量，简称人力。人力又是一种资源。针对目标所需，一切可利用的、创造和再创造利益的物与物之间的关系，便是可用的资源。

2. 人力资源管理的概念

人力资源管理是为了实现组织的宗旨，利用现代人力资源理论，不断获得人力资源，并对所获得的人力资源进行整合、调控及开发，给予各种形式的报酬，从而有效地加以开发利用并使之可持续发展的过程。从根本上来说，人力资源管理是实现组织宗旨的一种手段，所以也可以说人力资源管理就是利用人力资源实现组织宗旨的过程。通俗一点讲，人力资源管理类似我们通常所说的人事管理。人事是人力的事务，概括说来就是人与事情有相互直接关系或相互间接联系的事务。针对组织的人事就是有关个人切身利益的事情，例如晋升、劳资、福利、档案等相关事务。管理就是控制和疏通。有效地控制，合理地疏通，是管理好坏的决定因素。将人力资源管理的核心与主流找到，加以控制和疏通，就是人力资源管理。由于人力资源的核心是人力的来源，主流是人力的发展方向，所以，人力资源管理的核心是人的思想，主流是人的情感。人力创造效益的公式程序都是由动力驱动加上自身能量的发挥产生结果，根据结果成就的大小，按照成果分配回报的比例，使人力产生第二次动力，发挥人力的更大作用。人力资源管理就是掌握和运用这样的公式：思想+情感=动力，知识+经验=能力，动力+能力=结果，结果+回报=第二次动力，这样才可以抓住人力的核心和主流。

需要注意的是，现代人力资源管理已从简单的事务性工作转为为实现组织的宗旨服务，从而建立起人力资源规划、开发、利用与管理的系统。在这样的系统中，人力资源主管出现在组织的高层领导中，参与组织的战略决策，突出“人”的核心地位，强调以刺激、激励和引导人的行为为主要任务，促使组织的人力资源发挥最大的效能。其内容涉及招人（人力资源规划、工作分析、招聘和选拔录用）、用人（培训、考核、职业生涯规划）、留人（组织宗旨、文化、激励、适当的薪酬）等重要方面。

二、非营利组织人力资源管理的特点

在非营利组织人力资源管理中，更多涉及的是志愿、爱心、公益等概念，这使得其人力资源管理更为复杂和具有特殊性。一般来说，非营利组织人力资源管理具有以下特点：

1. 素质要求的特殊性

由于非营利组织不是以获取利润为目的的，而是为社会公益服务的独立机构，因此，它具有较高的社会使命感，就像有人称“非营利组织是实现经济文化一体化的平台”一样。所以，对非营利组织的成员素质应该有特殊的要求，即非营利组织的人力资源，其政治觉悟和道德品质要高于社会整体人力资源的平均水平。非营利组织内的领导、计划、经营、管理等活动应该有很高的自愿参与成分，成员之间要有很强的团队合作精神，成员个人要有很高的道德自律水平。

2. 培训过程的特殊性

由于对非营利组织人力资源的素质要求不同于一般组织的人力资源，因此，在其获取、使用与管理中也必然有所区别。培训内容除了一般意义上的技能培训与岗位培训，更需要侧重于以下几项培训：（1）使命感培训；（2）责任感培训；（3）道德感培训。

3. 激励方式的特殊性

与营利组织相比，非营利组织的成员个人与组织之间缺乏责任相关性及直接的经济利益相关性，因此，在对成员的约束和激励过程中，目标激励、人本管理、文化建设及柔性管理显得更为重要。一方面，要通过倡导组织文化、设定组织目标将个体凝聚起来，以组织行为带动和约束个体行为，呼唤起个体成员的责任感和使命感，并用群众的认同感使其感到自身价值；另一方面，要贯彻人本管理理念，实行柔性管理。在非营利组织中，管理层应该提出目标、准则，去引导、说服、鼓励员工，激发起内在的积极性，而不是热衷于制度、结构和模式。

4. 绩效评价的特殊性

非营利组织的人力资源绩效评价与一般组织也有所不同，其绩效评价不一定与物质激励直接挂钩。在绩效评价过程中，定性的方法一般要多于定量的方法。对于员工贡献的评价，不看重短期收益，而是要看重长远贡献。

三、非营利组织人力资源管理的任务

根据组织发展战略的要求，通过有计划地对人力资源进行优化配置，激发员工的积极性和创造性，提高生产率和经济效益，推动组织发展，是人力资源管理的主要任务。哈佛大学商学院把人力资源管理的基本任务归纳为“吸引、录用、保持、发展、评价和调整”。与此类似，可将非营利组织人力资源管理的任务概括为以下几个方面：

1. 人力资源的计划与配置

通过计划、组织、吸引、招聘、选择、配置等方式，保证供给足够数量和质量的劳动力和专业人才，满足组织发展的需要。

2. 人力资源潜力的开发

通过教育与培训等方式，不断提高员工的劳动技能和专业技术水平，增加组织人力资源积累，提高组织经济效益和社会效益。

3. 职业发展生涯规划

组织与员工双方利益最大化，是实现组织目标的根本保证。为此，要通过对员工的选拔、任用、考核和奖惩，积极协助和引导每个员工制定切合实际的职业发展规划，并尽可能地得到实施，促进全体员工尽快成长。

4. 业绩评估和激励

通过工作分析，制定明确的工作说明书和严格的工作规范，作为业绩评估的依据，并根据评估的结果，运用合理的报酬、福利、提升及其他激励形式，鼓励员工的积极性和创造性。

5. 协调劳动关系

运用各种手段，对管理者与被管理者、员工与雇主、员工与员工之间的关系进行协调，避免不必要的矛盾和纠纷，按照国家法律规定，维护员工合法权益不受侵犯，保证《劳动法》的实施。

6. 人力资源研究

注意研究有关劳动法律、法规和政策的出台和实施的结果，了解劳资关系的新变化，调查人力资源市场和人力资源管理的新趋势和新经验，跟踪国际人力资源管理学科的新趋势。

7. 人力资源信息管理

为组织的各项人力资源活动及时准确地提供相关信息，提高管理决策的及时性及科学性，一般说来我们可以通过架构企业人力资源管理信息系统的方式来实现。

8. 人力资源管理成本效益核算

我们必须注意对各项人力资源管理活动进行成本效益核算。非营利组织的人力资源管理内容与企业的人力资源管理的内容相似，可以借鉴其做法。

第二节 员工录用与职业生涯规划

一、员工录用

员工的录用包括四个主要环节：人力资源规划、工作分析、招聘、录用。

1. 人力资源规划

自 20 世纪 70 年代起，人力资源规划已成为人力资源管理的重要职能，并且与组织的人事政策融为一体。人力资源规划实质上就是在预测未来的组织任务和环境对组织要求，以及为完成这些任务和满足这些要求而提供人员的管理过程。不同的人力资源规划体现了不同的人事政策：一种是仅考虑组织利益的观点，认为人力资源规划就是把必要数量和质量的劳动力，安排到组织的各级工作岗位上；另一种是组织与员工利益兼顾的观点，认为人力资源规划就是在保持组织利益与员工个人利益相平衡的条件下，使组织拥有与工作任务相称的人力。不管从哪种观点看，为实现组织的目标与任务，人力资源的数量、质量、结构必须符合组织特定的物质技术基础，至于采取什么方针政策，则取决于组织的经营指导思想。有些时候，组织中有可能会出现一些空缺职位无法从组织内部挑选到合适的人来填补。在这种情况下，做一些适当的人员预测和计划就是十分必要的了。

像任何好的计划一样，人员计划也应当是建立在某种基本前提之下的，这种前提就是对未来的一种基本假设。人员预测的目的即在于确定这种基本前提或基本假设。如果组织正在制订人员需求计划，那么通常需要做出三套预测：第一套是人员需求预测；第二套是外部候选人供给预测；第三套是内部候选人供给预测。

制定人力资源规划需要经过信息搜集、人力资源需求预测（见表 3-1），人力资源供应预测、制定单项业务规划等步骤。信息搜集是为进一步的规划做准备，包括本领域内的人才情况、劳动力市场、竞争环境等外部环境信息，以及本组织发展战略、项目活动、人力资源现状、离职率、员工流动状况等内部环境信息。根据这些信息做出人力资源需求的短期和长期预测及人力资源的内部供给、外部供给预测。在本期员工录用完毕时，相关信息必须反馈给人力资源规划部门，研究人力资源规划是否精确，实施的计划是不是达到了目标，以备下一次制定规划时做出调整。具体而言，人力资源规划主要包括以下内容：

表 3-1　　人力资源规划客户需求表

内部	现状 • 目标 • 重点			
	客户			
	客户需求	指标	2010 年现状	2011 年目标
	发展/成长	• 后备干部储备 • 员工的要求 • 高层干部个性化培训落实率 • 末端淘汰率	• 没有后备储备计划 • 无明确要求 • ×% • ×%	• ×% GM 有后备 5；50% 总监有后备 • 30% 的员工与上级就下一步达成共识 • 保持不变 • 保持不变
	激励/激情	• 员工奉献度	• 10%	• 提高一倍 ×%(全球均值为×%)
	保留/归属	• 工作环境质量 • 绩优员工流失率 • CV 认同率	• 总体× • ×% • ×%	• 达到全球公司均值× • <×% • 保持不变

（1）晋升规划

晋升规划实质上是组织晋升政策的一种表达方式。对企业来说，有计划地提升有能力的人员，以满足职务对人的要求，是组织的一种重要职能。从员工个人角度看，有计划地提升会满足员工自我实现的需求。晋升规划一般用指标来表达，例如，晋升到上一级职务的平均年限和晋升比例。

（2）补充规划

补充规划也是人事政策的具体体现，目的是合理填补组织在中、长期内可能产生的职位空缺。补充规划与晋升规划是密切相关的。由于晋升规划的影响，组织内的职位空缺逐级向下移动，最终积累在较低层次的人员需求上。同时，这也说明，低层次人员的吸收录用，必须考虑若干年后的使用问题。

（3）培训开发规划

培训开发规划的目的是为企业中、长期需要弥补的职位空缺事先准备人员。在缺乏有目的、有计划的培训开发规划情况下，员工自己也会培养自己，但是效果未必理想，也未必符合组织中职务的要求。当我们把培训开发规划与晋升规划、补充规划联系在一起的时候，培训的目的性就明确了，培训的效果也就明显提高了（见表 3-2）。

表 3-2 **人力资源规划内部计划表**

现状 • 目标 • 重点

竞争力	指标	2010 年现状	2011 年目标	
招聘效率能力	• 高级人才供给及效率	• 无标准	• 候选人：录用=× • 面试到录用 1.5 个月	
发展工具/手段	• 专业序列推进率 • 主管 HR 目标实现率 • 人均学时 • 干部当讲师学时	• 能力标准覆盖培训普及到×× • 无标准	• 能力标准覆盖全员×%相应能力培训覆盖 • 10 个序列有职业发展路径 • ×%主管实现个人设定的 HR 目标 • 40 小时 • 高层不低于 6 小时	内部
激励手段	• 薪酬水平与市场的对比	• 处于市场水平	• 达到市场中分位水平	
				客户

（4）调配规划

组织内的人员在未来职位上的分配是通过有计划的内部人员流动来实现的，这种内部的流动计划就是调配规划。

（5）工资规划

为了确保未来的人工成本不超过合理的支付限度，工资规划也是必要的。未来的工资总额取决于组织内的员工是如何分布的，不同的分布状况的成本是不同的。

2. 工作分析

工作分析是有关人员依据组织发展的目标，通过观察和研究，全面收集组织的某项工作的基本活动信息，明确每一工作在组织中的位置及相互关系，然后确定组织最必要的工作职位及其责权和任职条件的过程。通过这一过程，我们可以确定某一工作的任务和性质是什么，以及哪些类型的人适合被雇用来做这项工作。换言之，工作分析的任务是：确定公司的组织机构及其职数，认定每个职位的责任与权力，以及提出每个职位的任职人员必须具备的条件。最终把分析的结果进行科学、系统的描述，做出规范化的书面记录。

不同的企业和组织都有各自特点和亟待解决的问题。有的是为设计培训方案，提高员工的技术素质；有的是为制定更切合实际的奖励制度，调动员工的积极性；还有的是为根据工作要求改善工作环境，提高安全性。因此，这些企业和组织所要进行的工作分析的侧重点就不一样。但一般来说，工作分析主要包括两方面的内容：

（1）工作描述

工作描述就是确定工作的具体特征。它包括以下几个方面的内容：

①工作名称，即是什么工作。

②工作活动和程序，包括所要完成的工作任务、工作职责、完成工作所需要的资料、机器设备与材料、工作流程、工作中与其他工作人员的正式联系以及上下级关系。

③工作条件和物理环境。

④社会环境，包括工作团体的情况、社会心理气氛、同事的特征及相互关系、各部门之间的关系等，此外，应该说明组织内以及附近的文化和生活设施。

⑤职业条件，由于人们常常根据职业条件来判断和解释职务描述中的其他内容，因而这部分内容特别重要。职业条件说明了工作的各方面特点：工资报酬、奖金制度、工作时间、工作季节性、晋级机会、进修和提高的机会、该工作在本组织中的地位以及与其他工作的关系等。

（2）工作要求

工作要求说明了从事某项工作的人所必须具备的知识、技能、能力、兴趣、体格和行为特点等心理及生理要求。制定工作要求的目的是决定重要的个体特征，以此作为人员筛选、任用和调配的基础。工作要求的主要内容包括：有关工作程序和技术的要求、工作技能、独立判断与思考能力、记忆力、注意力、知觉能力、警觉性、操作能力（速度、准确性和协调性）、工作态度和各种特殊能力要求。职务要求还包括文化程度、工作经验、生活经历和健康状况等。工作要求可以用经验判断的方法获得，也可以通过统计分析方式来确定。工作分析最后形成工作描述和工作要求两个文件，具体说明工作的物质特点和环境特点、工作内容与特征、工作职责与权力、工作目的与结果、工作标准与要求、工作时间与地点、工作岗位与条件、工作流程与规范以及任职所需的条件等。

一般来说，我们采取以下方法搜集工作信息：

（1）观察法

观察法指有关人员直接到现场，亲自对一个或多个工作人员的操作进行观察、了解，并记录有关工作的内容、工作间的相互关系、人与工作的作用，以及工作环境、条件等信息。为了及时准确地获取所需要的信息，这种观察应具有结构性，事先应做好充分的准备，并取得工作者的支持与配合。观察法的操作原则表现为：

①观察的工作应相对静止。观察法在实施的时候以能够观察到的行为为基础，因此，要求在一段时间内，工作内容、工作程序、对工作人员的要求不应发生明显的变化。

②适用于大量的、标准化的、周期短的、以体力为主的工作。

③注意工作行为样本的代表性，避免对被观察者产生影响。

④观察前要有详细的观察提纲和行为标准。

⑤观察者需具备相关的能力。从事观察的人应该是直接主管，通常观察是在平时进行的，而不是等到进行工作分析时才去观察。

使用观察法搜集工作信息时还要编制观察提纲，详细和准确的观察提纲是进行观察工作所必需的，表 3–3 列举了工作分析的观察提纲。

表 3–3 工作分析观察提纲

观察者姓名：____________ 日期：____________

被观察者姓名：____________ 观察时间：____________

工作类型：____________ 工作部门：____________

观察内容：

1. 什么时候开始工作？____________。

2. 工作之前的准备时间有多长？____________。

3. 上午工作多少小时？____________。

4. 上午休息几次？____________。

5. 每一次休息的时间分别是从____________到____________。

6. 上午一共完成产品多少件？____________。

7. 在工作中平均多少时间完成一件产品？____________。

8. 出了多少次品？____________。

9. 去洗手间的次数以及每一次所用的时间？____________。

10. 喝了几次水且每一次喝水所用的时间？____________。

11. 室内的温度是多少度？____________。

12. 室内的噪音是多少分贝？____________。

13. 室内的光照情况怎么样？____________。

14. 工作中与同事交谈了几次？____________。

15. 每次交谈时间约____________分钟。

（2）访谈法

访谈法指调查者通过与被调查者面对面交流的方式搜集工作岗位分析资料的方法。访谈法是使用最广泛的数据搜集方法，一般是在离开工作地点的地方进行的，面对面的访谈可以最大限度地获取工作信息。访谈的主要方法有三种：一是个人访问法；二是集体访问法，即与同一种职业的员工集体讨论；三是管理人员访问法，即与一个或几个通晓工作分析的管理人员座谈讨论。

访谈提出的问题大致包括：做的是什么工作？你的岗位的主要内容是什么？这项工作需要什么样的教育程度、经历、技能以及证书、许可证？该项工作的任务和责任是什么？你的基本责任或工作任务标准是什么？你的责任是什么？完成任务的环境条件是什么？这项工作有什么身体要求、情绪要求和精神要求？这项工作的卫生安全条件有哪些？

访谈法调查往往是将问题按逻辑关系排列在一起，一个个往下问，或者最重要的问题先提问，次要的或不重要的问题后提问。面谈的结果一般要经过监督者的确认和说明才算有效。

（3）问卷法

问卷法指将事先设计好的问卷提供给被调查者，要求被调查者按照要求填写以获取有关其工作信息的一种快速而有效的方法。一般要求被调查者对各种行为、工作特征和工作人员特征及其重要性或频率评定等级。调查问卷的基本格式见表3-4。

表3-4　调查问卷的基本格式

公司名称：　　问卷编号：

被调查者姓名：　　性别：　　年龄：　　职务：

在本公司供职时间（年）：　　所在部门：　　部门职数：

管理人姓名：　　管理人职务：

1.主要任务：

2.专业证书：列出与完成工作任务相关的登记证、许可证、资格证等。

3.设备：列出与完成工作任务相关的机器、设备或工具,如打字机、计算机、汽车、机床、叉车、钻压设备等。

4.固定任务：每月必须完成的任务及其占总工时的比例。

5.合同：列出有必要与其他部门及其个人、公司或代理人签订合同的任务和要求。

6.监督：所任职务有无监督责任,是直接监督还是间接监督。

7.决策：完成固定任务时拥有的决策权。

8.登记责任：列出需要准备或保存的报告、文件。

9.监督检查时间：经常检查、偶尔检查、很少检查、从不检查。

10.工作条件：

11.职业要求：列出圆满完成工作任务必需的最低要求。

（1）教育：最低学历、学习年限、专业或方向。

（2）经历：类型、年限。

（3）专门训练：类型、年限。

（4）专业技能：打字（每分钟多少字）、速记（每分钟多少字）、其他。

12.其他情况：以上各项未包括有助于说明工作职位重要性的情况。

被调查者签名：　　日期：

以下我们以职位问卷分析法为例说明问卷法的应用。

职位问卷分析法（position analysis questionnaire，PAQ）是美国普渡大学（Purdue University）的研究人员提出的一套数量化工作说明，由熟悉分析对象的专门分析人员填写。问卷包括若干个项目，每一项都是一个基本因子，代表组织的一个职位。组织的全部工作可以归纳为决策活动、技能活动、体力劳动、设备操作和信息加工等，它的基本思路是，每一职位都会从不同角度对组织的工作产生影响，并获得相应的分值。该分值表明某项工作对于组织全部工作的重要程度，进而对组织内部不同职位作用进行横向比较，达到提高人力资本运营效率和整体生产效率的目的。

职位分析问卷在设计中充分体现了工作流程分析在工作分析中的运用，是一种包括194个问项的标准化工作分析问卷。这些问项代表了从各种不同的工作中概括出来的各种工作行为、工作条件及工作本身的特点，共分为六块，即信息投入、脑力过程、工作产出、同他人的关系、工作环境和其他特点。

在对某一工作进行分析的时候，工作人员首先要确定上述的每一个问题是否都适用于被分析的工作，在此基础上，工作分析者要根据六个维度来对这些问题加以评价。这六个维度是：应用范围、时间长短、对工作的重要性、发生的可能性、实用性以及特种代码（在某一特定问项中所运用的评价尺度）。

我们可以对12个维度（见表3-5）用5个基本尺度进行评价。这些基本尺度是：①决策、沟通和社交能力；②执行技术性工作的能力；③身体灵活度；④操作设备与器具的技能；⑤处理资料的能力。

表3-5 **职位分析问卷的12个维度**

1.沟通、决策及一般责任
2.事务性活动及其相关活动
3.技术性活动及其相关活动
4.服务性活动及其相关活动
5.常规性工作时间表及其他工作时间表
6.例行的、重复性的工作活动
7.环境知觉性
8.一般身体活动
9.监督、协调或其他人事活动
10.公共关系、顾客关系以及其他接触活动
11.令人不悦的、伤害性的、高强度要求的环境
12.非典型工作时间表

只要我们知道了某种工作在工作维度上的分数，我们就能够为确定此种工作所需要的能力类型提供一些指导。

3. 招聘

招聘又称为人力资源的获取与准备，即人员吸收与配置。招聘是指招聘者通过各种媒体、渠道发布有关招聘信息，经过一定的程序和各种科学的选拔、测试评价方法，把符合组织发展目标和文化价值以及业务需要的具有一定素质、能力和其他特殊性的潜在雇员（应聘者）吸引并选拔到组织空缺职位上的持续不断的过程。招聘在人力资源管理工作中具有重要地位。招聘又可分为以下类型：①内部招聘和外部招聘。②委托招聘和自行招聘。其中，委托招聘是指委托各类学校毕业分配部门推荐人才；委托各类职业介绍所招聘；委托各类人才市场、劳务市场上的中介机构招聘；委托猎头公司招聘；委托专业招聘网站招聘。自行招聘则通过以下途径进行：利用雇员推荐、人际关系网络招聘；个别聘用或建立人才库；利用大众传媒进行广告招聘；利用组织自己的网站开创特色招聘；利用人才招聘会或进行校园招聘。

招聘的工作流程是：

（1）提交需求

各部门根据用人需求情况，由部门负责人填写招聘申请表，报主管批准后，交人力资源部，由人力资源部统一组织招聘。

（2）材料准备

人力资源部根据招聘需求，准备以下材料：

①招聘广告。招聘广告包括本企业的基本情况、招聘岗位、应聘人员的基本条件、报名方式、报名时间、地点、报名需带的证件、材料以及其他注意事项。

②公司宣传资料。将其发给通过初试的人员。

（3）选择招聘渠道

参加人才交流会、人才交流中心介绍、刊登报纸广告。

（4）填写登记表

应聘人员带本人简历及各种证件复印件来公司填写应聘人员登记表。应聘人员登记表和应聘人员资料由人力资源部保管。

（5）初步筛选

人力资源部对应聘人员资料进行整理、分类，定期交给各主管。主管根据资料对应聘人员进行初步筛选，确定面试人选，填写面试通知。主管将应聘人员资料及面试通知送交人力资源部，人力资源部通知面试人员。

（6）初试

初试一般由主管部门主持，主管经理也可委托他人主持。人力资源部负责面试场所的布置，在面试前将面试人员资料送交主持人；面试时，人力资源部负责应聘人员的引导工作。主持人在面试前要填写面试人员测评表，特别注意填写测评内容的具体项目。主持人应将通过面试人员介绍至人力资源部，由人力资源部人员讲解待遇问题、赠送组织宣传资料。面试结束后，主持人将面试人员测评表及应聘人员资料交至人力资源部。

（7）复试

通过初试的人员是否需要参加复试，由主管部门决定，复试的程序与初试的程序相同。

4. 录用

一旦接到录取通知，即被确认为该组织的员工。录用程序一般包括：

①签订合同。

②上岗培训。

③试用。

④正式任用。

二、职业生涯规划

1. 职业生涯与职业生涯规划的概念

职业生涯是一个人在其生活中所经历的一系列职位、职务或职业的集合或总称。个人发展是企业发展和社会发展的基础，只有充分发挥人的主观能动性，在组织内建立以人为本的职业生涯开发与管理的目标体系，帮助每个职员实现自我价值，通过做好职员的职业生涯开发与管理，把组织的人力资源最大限度地变成人力资本，企业才能最终实现未来的远景。员工的职业生涯规划与管理正是组织人才战略的核心内容。

职业生涯规划是指组织或者个人把个人发展与组织发展相结合，对决定个人职业生涯的个人因素、组织因素和社会因素等进行分析，制定有关对个人一生中在事业发展上的战略设想与计划安排。根据定义，职业生涯规划首先要对个人特点进行分析，再对所在组织环境和社会环境进行分析，然后根据分析结果制定一个人的事业奋斗目标，选择实现这一事业目标的职业，编制相应的工作、教育和培训的行动计划，并对每一步骤的时间、顺序和方向做出合理的安排。

2. 职业生涯规划的制定

根据职业生涯的长短可以将职业生涯规划分为人生规划、长期规划、中期规划、短期规划（见表 3-6）。

表 3-6 **职业生涯规划分类**

人生规划	整个职业生涯的规划，时间长至40年左右，设定整个人生的发展目标。如规划成为一个有数亿资产的公司董事
长期规划	5~10年的规划，主要设定较长远的目标。如规划30岁时成为一家中型公司的部门经理，规划40岁时成为一家大型公司副总经理等
中期规划	一般为2~5年的目标与任务。如规划到不同业务部门做经理，规划从大型公司部门经理到小公司做总经理等
短期规划	2年以内的规划，主要是确定近期目标，规划近期完成的任务。如对专业知识的学习，2年内掌握哪些业务知识等

图 3-1 给出了制定职业生涯规划的步骤。

（1）自我评估。自我评估是对自己做出全面的分析，主要包括对个人的需求、能力、兴趣、性格、气质等的分析，以确定什么样的职业比较适合自己以及自己所具备的能力。

（2）组织与社会环境分析。组织与社会环境分析是对自己所处的环境的分析，以确定自己是否适应组织环境或者社会环境的变化以及怎样来调整自己以适

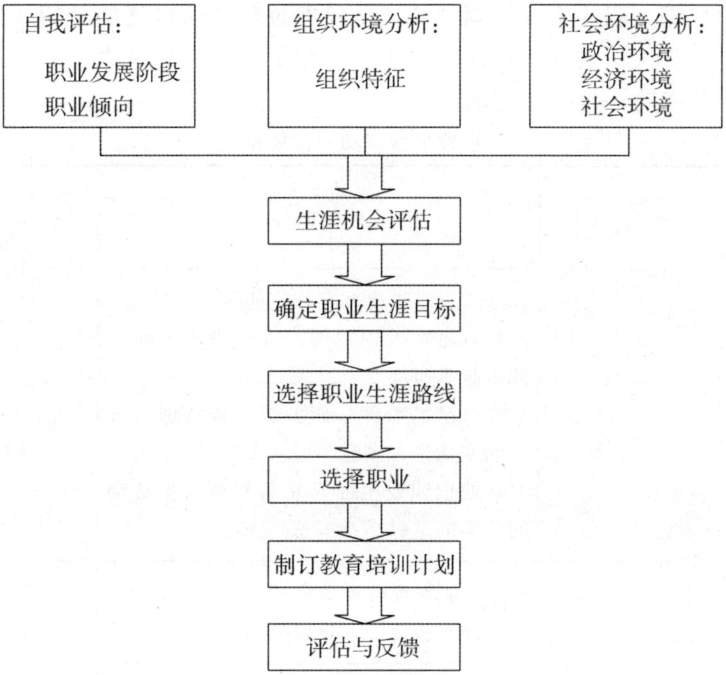

图 3-1　职业生涯规划的步骤

应组织和社会的需要。短期的规划比较注重组织环境的分析，长期的规划要更多地注重社会环境的分析。

（3）生涯机会的评估。生涯机会的评估包括对长期的机会和短期的机会的评估。通过对社会环境的分析，结合本人的具体情况，评估有哪些长期的发展机会；通过对组织环境的分析，评估组织内有哪些短期的发展机会。通过职业生涯机会的评估可以确定职业和职业发展目标。

（4）职业生涯目标的确定。职业生涯目标的确定包括人生目标、长期目标、中期目标与短期目标的确定，它们分别与人生规划、长期规划、中期规划和短期规划相对应。一般我们首先要根据个人的专业、性格、气质和价值观以及社会的发展趋势确定自己的人生目标和长期目标，然后再把人生目标和长期目标进行分化，根据个人的经历和所处的组织环境制定相应的中期目标和短期目标。

（5）制订行动方案。在确定以上各种类型的职业生涯目标后，就要制订相应的行动方案来实现它们，把目标转化成具体的方案和措施。这一过程中比较重要的行动方案有职业生涯发展路线的选择、职业的选择、相应的教育和培训计划的制订。

（6）不同发展阶段的评估与反馈。由于社会环境的巨大变化和一些不确定因素的存在，会使我们的处境与原来制定的职业生涯目标与规划有所偏差，这时需要对职业生涯目标与规划进行评估和做出适当的调整，以更好地符合自身发展和社会发展的需要。职业生涯规划的评估与反馈过程是对自己的不断认识过程，也是对社会的不断认识过程，是使职业生涯规划更加有效的有力手段。

职业生涯成功评价体系见表3-7。

表3-7 **职业生涯成功评价体系**

评价方式	评价者	评价内容	评价标准
自我评价	本人	1.自己的才能是否充分施展 2.对自己在组织发展、社会进步中所做的贡献是否满意 3.对自己的职称、职务、工资待遇等方面的变化是否满意 4.对处理职业生涯发展与其他人生活动的关系的结果是否满意	个人的价值观念及个人的知识、水平、能力
家庭评价	父母、配偶、子女等家庭成员	1.是否能够理解和肯定 2.是否能够给予支持和帮助	家庭文化
企业评价	上级、平级、下级	1.是否有下级、平级同事的赞赏 2.是否有上级的肯定和表彰 3.是否有职称、职务的晋升或相同职务责权利范围的扩大 4.是否有工资待遇的提高	组织文化及其总体经营结果
社会评价	社会舆论、社会组织	1.是否有社会舆论的支持和好评 2.是否有社会组织的承认和奖励	社会文明程度、社会历史进程

第三节 培训

一、培训的含义

1.培训的概念

培训是非营利组织适应环境变化、提升员工素质、开展能力建设的重要环节，也是人力资源管理的核心内容之一。非营利组织的员工培训是指通过教育、培养和训练，提高员工的知识技能并改善员工的价值观、工作态度与行为方式，使他们能在自己现在的或未来的工作岗位上胜任或称职，从而实现组织预期目的和员工个人发展目标，有计划的、有组织的、连续的工作过程或管理手段。

2. 培训的意义

非营利组织的员工培训是为实现组织的发展目标服务的，因而不是可有可无或赶时髦的事情，为培训而培训不会收到良好效果，必须将培训作为组织的一项重要功能，围绕组织发展目标开展培训活动，才可能收到成本低、收益大的效果。真正有效的员工培训活动有利于促进员工努力实现自身价值，增强员工的工作满意度和对组织的归属感与责任感，能够提高员工的职业能力和拓展职业发展空间，提升其适应环境变化的能力，从而提高组织的工作效率和人力资源的学习能力及工作能力，实现组织人力资源增值。

3. 培训的内容

员工培训的内容必须与组织的战略目标、员工的职位特点相适应，同时考虑适应内、外部环境的变化。一般来说，培训的内容包括员工在知识、技能和态度三方面的学习与进步。

（1）知识的学习

知识学习是员工培训的主要方面，包括事实知识与程序知识学习。员工应通过培训掌握完成本职工作所需要的基本知识，组织应根据经营发展战略要求和对技术变化的预测，以及将来对人力资源的数量、质量、结构的要求与需要，有计划、有组织地培训员工，使员工了解组织的发展目标、经营方针、经营状况、规章制度、文化基础等。培训其掌握计划、组织、领导和控制等管理知识，还要他们掌握心理学、激励理论等有关人的心理与精神层面的知识，以及外部环境如社会、政治、文化、伦理等方面的知识。

（2）技能的提高

知识的运用必须具备一定的技能。培训首先对不同层次的员工进行岗位所需的技术性能力培训。认知能力包括语言理解能力、定量分析能力和推理能力三方面。有研究表明，员工的认知能力与其工作的成功有相关关系。随着工作变得越来越复杂，认知能力对完成工作显得越来越重要。阅读能力不强会阻碍员工良好业绩的取得。随着信息技术的发展，不仅要开发员工的书面文字阅读能力，而且要培养员工的电子阅读能力。此外，企业还要培养员工的人际交往能力。对于管理者，还应注重判断与决策能力、改革创新能力、灵活应变能力、人际交往能力等的培训。

（3）态度的转变

态度是影响能力与工作绩效的重要因素。员工的态度与其培训效果和工作表现是直接相关的。管理者重视员工态度的转变使培训成功的可能性增加。受训员工的工作态度怎样？如何形成？怎样受影响？这是复杂的理论问题，又是实践技巧。通过培训可以改变员工的工作态度，但不是绝对的，关键是管理者工作本身。管理者要在员工中树立并保持积极的态度，同时善于利用员工态度好的机会来达到所要求的工作标准。管理者根据不同的特点找到适合每个人的最有效的影响与控制方式，规范员工的行为，促进员工态度的转变。

二、培训的程序与类型

1.培训的程序

培训程序主要有四个步骤：培训需求分析、制订培训目标及计划、设计培训课程、评价培训效果。

(1) 培训需求分析

培训需求分析所要解决的问题是：是否需要培训？需要什么时候进行培训？需要在哪些方面对员工进行培训？培训需求分析可以在以下三个层次上进行：员工层次、组织层次、战略层次。

①员工层次。主要分析员工个体现时状态与应有状态的差距，在此基础上确定谁需要接受培训以及接受什么样的培训。这是分析员工从事现任职位的要求与实际工作能力之间的差距，通过分析可确定“谁要接受培训？”“需要那种培训？”使存在差距的员工通过培训得以补足。在分析时可通过下面的公式来进行：

培训需求=需要达到的工作绩效－实际工作绩效

需要达到的工作绩效可由组织提出的绩效标准来确定，个人的工作绩效可通过员工个人提供的实习工作绩效数据，以及对员工的考核评价来反映。

②组织层次。主要通过对组织的目标、资源、环境因素的分析，准确找出组织存在的问题，确定培训是不是解决这类问题的最有效的方法。

组织现状分析：一是组织目前的经营活动和手段、组织结构和组织行为等现状，维持当前生产经营活动所需要的人力资源数量、类别及素质；二是企业当前的人力资源状况与现实组织目标的差距。

③战略层次。主要集中在组织未来有效运作所需的知识和技能，为了满足企业未来的发展，应开发哪些培训项目。培训要与组织的发展目标和远景规划相吻合，不然，培训就失去了重点和方向。

组织未来的状况预测：组织在将来一段时间的发展目标、采用的发展方式与手段，实现这些发展目标所需的人力资源数量、类别和素质，以及未来组织将面临的外部环境状况等。

通过这些分析，组织的人力资源部门便可以找出实现组织目标和组织人力资源状况两者之间的差距，进而确定哪些差距可以通过培训来解决，以及制定培训的项目和内容。

(2) 制订培训目标及计划

培训的目标应着眼于提高技能、传授知识和强化宗旨、在培训需求分析的基础上，拟订培训计划。培训计划包括长期培训计划、年度培训计划和单位培训计划。培训计划中要确定所采取的培训手段和方法，每个组织可以结合自身的条件选用多种不同的方法，如讲授、演示、研讨、视听技术、角色扮演（亲身实践)、案例分析、远距离培训、程序化教学等。

(3) 设计培训课程

所谓培训课程设计，就是根据培训的根本目的，对目标、内容、教材、模式、策略、评价、组织、时间、空间这些要素采取不同的方式，做出不同的处理。通过对这些要素的不同选择和处理，就可以设计出不同的课程来。

除了考虑这些要素之外，还要注意以下几点：

①培训课程的效益回报。培训是需要投资的，而这种投资要列入成本。因此，最有效的培训课程应该始终把受训者当成资本的一种形式来看待，把培训作为这种资本保值和增值的一个环节。

②培训对象的特点。员工培训对象是成人，因此，培训课程的设计要充分考虑到成人这一特点，课程的设计要符合成人的认知规律，以充分利用他们的优势。

③培训课程的岗位相关性。企业中参加培训的员工都有自己的岗位，因此，他们的学习能力很强，"学以致用"非常明确，因此，在课程设计时要把这种目的性充分考虑到位。

④最新科学技术手段的发挥。现代培训课程设计的另一个重要特色就是教学媒体的先进性和多样性，如何结合成人的心理特点和生理特点，运用好各种教学媒体，也是培训课程设计必须考虑的一大问题。

(4) 评价培训效果

对培训效果的评价，可以采用以下几个评价指标：

①反应，即测定受训者对培训项目的反应，主要了解培训对象对整个培训项日和项目的某些方面的意见和看法。这个指标带有一定的主观性和片面性，只能作为参考，不能作为评价的结果。

②学习，即测试受训者对所学的原理、技能、态度的理解和掌握程度。这项指标可以用培训后的考试、实际操作测试来考察。

③行为，即测定受训者经过培训后在实际岗位工作中行为的改变，以判断所学知识技能对实际工作的影响。这是考察培训效果最重要的指标。

④成果，即测定受训者对组织的发展具有何种具体而直接的贡献。可以用统计方法、成本效益分析法来测定。

2. 培训的主要类型

非营利组织的培训大体上分为四种类型：新员工的上岗培训、在职员工的组织内培训、外派培训、员工终生教育。

(1) 新员工的上岗培训

上岗培训是指为使新员工熟悉组织、适应环境、进入角色，掌握基本知识和要领而进行的一系列培训活动，一般在新员工报道后进行。通过新员工上岗培训，有助于新员工融入群体，消除现实冲击造成的不确定感和焦虑，有助于培养员工对组织的归属感。

上岗培训的主要内容包括：①介绍组织的整体状况和宗旨，进行相关知识教育（组织的宗旨、理念、历史、特点等，组织的行政程序及内外环境关系等，组织对员工的要求和员工应对组织持有的期望等）；②新员工所在部门介绍（部门职能、工作职责、地点、安全规定、绩效标准、介绍同事等）；③举行座谈会，展开思考和讨论（围绕组织宗旨、个人抱负、工作兴趣等）；④引荐介绍相关人员，参观组织；⑤指出具体的工作环境和特点；⑥提出问题。

最后，要对本次活动进行评估：培训内容是否容易理解？形式是否有趣、灵活？是否具有激励效果？成本是否合理？

（2）在职员工的组织内培训

组织内培训主要指组织内部定期或不定期举办的培训，具体包括：落实工作轮换制度，使员工熟悉不同的工作内容、学习方法等；外聘专家到组织，安排集中训练或项目咨询等。

（3）外派培训

外派培训主要分为两种：一是到正规的大学申请取得学位；二是参加单一学科或讲座的培训班。外派培训较为系统和规范，但费用较高，且一般要离职学习。

（4）员工终身教育

终身教育是时代发展的需要，对非营利组织来说尤其重要。要求员工以多元方式开展，包括自学、绩效学习等，请经验丰富的员工为年轻员工授课也是一种有效形式。

管理人员开发和培训无论在形式上还是内容上都很相似，只在目的上有所差异。管理人员开发是指一切通过传授知识、转变观念或提高技能来改善目前或未来工作绩效的活动，目的是向管理人员提供胜任其工作的领导技能，最终提高组织的工作绩效。管理人员开发是相当重要的。内部提升是管理人才的主要来源，于是需要对这些人进行某种开发或能力建设活动，以使其具备承担新工作或未来可能工作的能力；通过帮助现有人员胜任更高的职务，可保证组织的连续性；帮助管理人员高度认同组织宗旨，树立正确的价值观和态度。

第四节　薪酬与激励机制

一、薪酬

1. 薪酬的含义

非营利组织的薪酬与企业的薪酬概念大致相同，包括工资、福利和其他报酬。工资与福利是雇主用以吸引、奖励及挽留雇员的一种基本手段。对雇员而言，工资与福利是非常重要的工作动力，因为这不仅意味着雇员经济生活的改善，而且还是评判雇员个人价值的一个相对客观的经济尺度，即组织的雇员既可以通过与组织内其他雇员的比较来衡量自身的价值，也可以通过人才市场与其他职业工资进行比较，得出自己的价值评价。组织内外的这两种比较均十分重要，因为它们直接影响到雇员的满意度、工作绩效以及工作更替的频繁度。如此看来，工资与福利政策对雇员和雇主的工作情绪都起着某种影响作用。为了吸引和留住拥有宝贵知识、技术、能力与个性的雇员，雇主必须提供足够的工作报酬。要想有效地激励雇员，工作报酬机制就必须具有竞争性、公平性、灵活性，并且易于管理和实施。

2. 非营利组织薪酬模式设计的宗旨

(1) 以社会公益性为使命。实现自我价值是个人发展的最高层次，也是组织吸引人才的潜在保证。组织的发展与个人价值的实现紧密相关，不以营利为目的，致力于慈善等公益事业，奉献社会，服务大众，是非营利组织的使命。员工和组织是一体的，工作的使命同个人价值的实现是相辅相成的，要从发展的最高层次上让员工充分认识到二者之间的关系，进一步促进组织和员工共同的发展，最终达到推动社会发展的目的。

(2) 以员工发展为动力。人才是组织持续发展的原动力，任何企业都把员工发展作为自身发展的目标之一。由于非营利组织的非营利性，参加组织的成员都是根据自己的信仰和责任来从事社会公益工作的，而且所有员工都具有群体性的价值观念，所以员工的素质高低直接决定着组织目标的顺利实现，挖掘每一个员工的发展潜力，可以使其成为整个组织发展的最高保障。

(3) 以公众认可度为目标。公众认可度是非营利组织所追求的目标。非营利组织的生存和发展必然要求有极高的公众认可度，整个组织和成员要以无私奉献的使命感和责任意识去完成既定的目标和任务。对于组织而言，制定具有社会认同程度高的组织目标是提高公众认可度的前提条件。对于员工个人而言，在组织目标的指导下，提高自身的素质和能力是公众认可的强大动力。

二、激励机制的建立

1. 建立自我激励的薪酬分配机制

按照按劳分配的原则与生产要素参与分配的要求，必须使技术、管理、资本等生产要素参与分配，这就要求实行岗薪工资制，以岗定薪，同工同酬，岗变薪变，逐步减少工资中的“固定”部分，加大“活”的部分。按照职工的实际贡献，确定职工收入，做到奖勤罚懒，奖优罚劣。同时，建立适合专业技术人员特点的激励和分配机制。通过调整工资收入结构，充分发挥工资的自我激励功能。

2. 实行人才动态管理，激活组织用人机制

首先，在组织内部引入竞争机制。坚持以人为本、用人唯贤，建立能者上、

庸者下的用人机制，使上岗者产生强烈的成就感和责任感，平庸者产生危机感，激励更多的职工树立进取目标。其次，实行末位淘汰制。建立劳动用工置换机制，通过竞争上岗、下岗培训、二次竞岗，形成螺旋式提高职工素质的培训、用工方式。不称职者下岗培训，再上岗后仍不能胜任者，易岗易薪，从而促进干部职工学习业务、提高素质的积极性。

3. 实行精神激励

人的需求多种多样，既有物质方面的，又有精神方面的。在社会主义建设事业中涌现出的无数先进人物所表现出的巨大精神力量，以及他们在精神力量的基础上创造出的辉煌业绩，绝对不是金钱所能买到的，这就是精神激励效应。所以说，在满足职工的物质利益的同时，还应大力提倡社会主义思想道德建设，形成比贡献、讲风格的良好氛围，引导和升华职工的劳动行为，充实职工的思想和生活，使其有强大的精神力量，使之有目标可奔、有方向可寻。

4. 运用环境激励

好的人文环境能吸引人，留住人。良好的组织风气、科学规范的管理制度、有序整洁的工作场所、环境绿化美化、生产设施和办公条件现代化等，都是环境留人的必要条件。反之，一个脏乱差的企业，一个风气不正的企业，一个不重视职工利益的企业，是不会留住人的，企业更不会长久。重视环境建设，为广大职工创造一个优良的物质和人文环境，广大职工就会心情舒畅，企业的凝聚力就会大大增强。

5. 对员工进行必要的负激励

给予荣誉、提高待遇、创造好的工作环境等正面激励，是激励的主要方式，应该大力采用，但也不可忽视问题的另一方面，对违规违纪职工也应该按规定给予惩处，要坚持依法办事，按规章制度处理违规违纪职工，达到既教育职工又维护组织利益的目的。

第五节　员工绩效考评

一、绩效考评的概念与内容

1. 绩效考评的概念

所谓绩效，是在特定的时间里，由特定的工作职能或活动产生的产出记录。绩效分为组织绩效和员工个体绩效两个层面。这里侧重讨论的是员工个体层面的绩效。绩效考评是一种管理手段，是组织的一项长期管理工作，它通过提高员工的个体绩效来促进组织绩效，从而确保企业总体战略和目标的实现。企业绩效管理方法基本上适用于非营利组织管理。

非营利组织的绩效评估一般包括员工的绩效评估、项目主管和部门主管的绩效评估、秘书长和组织运作的绩效评估三个层面。绩效评估的考核者包括：

（1）上级领导，如员工的绩效评估由主管来主持，主管的绩效评估由秘书长来执行，而秘书长的绩效评估以及整个组织运作的绩效评估则由理事会来负责。

（2）同级（同事）。

（3）下级。

（4）自我评估。

（5）受益者，即组织提供服务的消费者。

（6）专设的绩效评估小组等。

2. 绩效考评的基本内容

（1）设立目标。设立目标是为了统一目标，目标统一了，大家都知道自己该做什么事了，员工就会跟随组织一起朝着正确的目标前进。

（2）表现反馈。表现反馈是为了提高员工的表现水准，假如今年的得分很低，明年就知道该怎么做才会更好，这样可以提高部门甚至是整个组织的绩效。反馈包括和员工的交流、对员工进行鼓励等。

（3）技能评估。技能评估是为了体现以人为本的理念，是为了找出员工成功和失败的原因，而不是要把得分低的员工开除，因为成绩不好并不完全是员工个人的问题，组织自身也需要明确该怎样帮助员工。

（4）员工发展。绩效管理的过程应该是一个留人的过程。促进员工发展有利于使员工和公司一同成长。

二、绩效考评的步骤与方法

1. 绩效考评的步骤

（1）计划。确定目的、对象、内容、时间与方法。

（2）技术准备。拟定审核考核标准、选择考核工具与方法、培训考核人员。

（3）资料准备。搜集评估资料信息。

（4）分析评估。对考核对象做出全面评价，能够定量的，尽量定量化。

（5）结果运用。改进绩效，反馈给员工个人，作为人力资源管理的基础，检查管理工作。

2. 绩效考评的方法

一般来说，绩效考评的方法有两种类型：一种是传统方法，如我国常用的个人鉴定、小组评议、组织考核、实践考验、考试法、领导考核等，还有图表评估法、排序评估法、对比评估法等；另一种是现代方法，即目标管理法。绩效考评的方法可分为以下几种具体方法：

（1）图表评估法

图表评估法是在绩效评估中普遍采用的方法。评价工作绩效、评定职称，甚至评价一篇文章的质量等级，都可以采用这种方法。绩效评估依据设定的表格进行，该表是有等第尺度的，因此，这种方法又称为评级量表法，常用五点量表。评估人员只需根据评估对象的情况在表上对号入座，然后，把各项得分加总起来，就可以得出被评估者的等第（见表 3-8）。

表 3-8 **图表评估样本**

评估对象姓名：________ 职务：________ 评估日期： 年 月 日

工作单位： 评估人： （签名）

考核项目	考核要素	说明	评定
基本能力	知识	是否充分具备现任职务所要求的基础理论知识和实际业务知识	A B C D E 10 8 6 4 2
业务能力	理解力	是否充分理解上级指示，干净利落地完成本职工作，不需上级反复提示和指导	A B C D E 10 8 6 4 2
	判断力	是否能充分理解上级指示，正确把握现状，随机应变，恰当处理	A B C D E 10 8 6 4 2
	表达力	是否有现任职务所要求的表达能力，能否进行一般的联络、说明工作	A B C D E 10 8 6 4 2
	交涉力	在和企业内外的对手交涉时，是否具有使双方诚服接受或达成协议的表达能力	A B C D E 10 8 6 4 2
工作态度	纪律性	是否严格遵守工作纪律和规定，对人是否有礼貌，严格遵守工作汇报制度，按时提出工作报告	A B C D E 10 8 6 4 2
	协调性	在工作中是否能充分考虑别人的处境，是否主动协助上级、同级或企业外人员	A B C D E 10 8 6 4 2
	积极性 责任感	对分配的任务是否不讲条件，积极主动，尽量多做工作，主动进行改良、改进，向困难挑战	A B C D E 10 8 6 4 2

评定标准：

A——非常优秀，理想状态

B——优秀，满足要求

C——略有不足

E——不合格

分数换算：

A——48 分以上

B——24~47 分

C——23 分以下

组织在进行绩效评估时，往往不只停留在对一般性工作绩效因素的评价上，还需要将作为评价标准的工作职责进一步进行分解。比如，一个秘书要做的工作可能有打字、接待、计划安排、文件与资料管理、办公杂务等，但所有这些工作并不是同等重要的。在对她的工作进行评估时，应该根据每项工作的重要性确定其权重，这样做，评价结果才能有更高的信度与效度。

（2）雇员比较排序法

从字面意义上可以看出，排序法就是把部门的员工按照先进与落后排列名次（见表 3-9）。排序法的特点是，其结果在很大程度上取决于部门经理对员工的看法，所以，有时会有一些误区。此法操作简单，一般适合正在起步的企业采用。

表 3-9　**雇员比较排序**

部门：销售科	
员工总数：10 人	
排序说明：1 为最好，10 为最差	
姓名	排序
李　涛	10（最差）
赵　汇	7
孙　明	4
王小研	8
陈　淑	6
马　龙	1（最好）
刘　嘉	9
王　化	3
张　瑞	5
吴　军	2

（3）平行比较法

平行比较是指员工和员工的平行比较（见表 3-10）。

表 3-10　**员工平行比较**

比较对象 / 考察对象	A	B	C	D
甲	+	+	−	−
乙	−	−	−	−
丙	−	+	+	−
丁	+	+	−	−

注：+，即好于；-，即差于。

以表 3-10 为例，根据每一个特定指标空格内所得的“+、-”个数之和排序，结果是员工乙成绩最差。由此可见，这种方法的长处就是结果的优劣简明扼要、一目了然。缺点是只比较其中的一项因素，具有片面性。

（4）硬性分布法

硬性分布法就是强行对员工做出等级分布。调查表明，正常的组织员工表现的分布呈正态分布，也就是说，优秀员工总数不超过 10%，同时一定有一些人，由于种种原因，表现比较差，不能达标，这一部分比例绝对不可能是零，一般在 5%~10%，另外有一半的人表现平平，只能是达标（见表 3-11）。这种方法成本低，容易掌握，但判定绩效的评分标准模糊，主观性较大。

表 3-11 **员工比较硬性分布**

等级	比率
优秀	5%
良好	20%
中	50%
中下	20%
差	5%

（5）尺度评价表法

这种方法首先要设计评定的原则，然后根据员工的行为表现，把员工的每一考评点定在某一个尺度上。这种方法的优点是实用，成本低，适用于组织中的全部或大部分工作。缺点是判定绩效的准确性不够，不能有效地指导行为，未说明员工需要做什么才能得到好的评价，不利于负面反馈（见表 3-12）。

表 3-12 **尺度评价表**

<table>
<tr><th colspan="2">考评点</th><th>评分标准</th><th>评分</th><th>考评结果</th></tr>
<tr><td>A.衣着和仪表</td><td></td><td rowspan="6">5——优秀（最好的员工）
4——良好（超出所有标准）
3——中等（满足所有标准）
2——需要改进（某些地方不足）
1——不令人满意（不可接受）</td><td></td><td></td></tr>
<tr><td>B.自信心</td><td></td><td></td><td></td></tr>
<tr><td>C.可靠程度</td><td></td><td></td><td></td></tr>
<tr><td>D.态度</td><td></td><td></td><td></td></tr>
<tr><td>E.合作</td><td></td><td></td><td></td></tr>
<tr><td>F.知识</td><td></td><td></td><td></td></tr>
</table>

（6）行为定位等级评价法

行为定位等级评价法（BARS 法）通过一张行为定位等级评价的表格将各种水平的绩效加以量化，用反映不同绩效水平的具体工作行为来描述每一个特征。这种方法分为五个步骤：首先获取关键事件，其次建立绩效评价等级，然后对关键事件重新分配，再对关键要素进行评定，最后建立工作绩效考评体系。

这种方法的优点是能有效指导雇员行为，有利于雇员的反馈。等级的标准很具体、很明确。各种工作要素比较独立，不互相依赖，具有较好的连贯性和可靠性。缺点是要花大量的时间和精力，成本高，被评估者的行为可能处于量表的两端（见表 3-13)。

表 3-13 **考评销售代表处理客户关系的等级评定**

BARS法例子：销售代理处理客户关系	
行为	打分（1~6）
经常替客户打电话，给他做额外的查询	6
经常耐心地帮助客户解决很复杂的问题	5
当遇到情绪激动的客户时会保持冷静	4
如果没查到客户需要的信息，会告诉客户并道歉	3
忙于工作时，经常忽略等待中的客户，长达数分钟	2
一遇到事儿，就推卸责任	1

（7）关键事件法

关键事件法（STAR 法）如图 3-2 所示。由于 STAR 是“星星”的意思，所以此法又叫“星星法”。

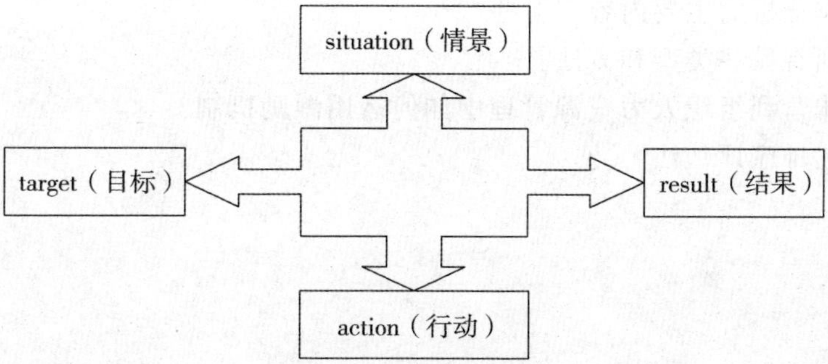

图 3-2 关键事件记录

关键事件是在观察的基础上书面记录员工有关工作成败的“关键性”事实。这一方法通常包括三个重点：一是观察；二是书面记录员工所做的事情；三是描述工作成败的关键性事实。关键事件考评方法一般不会单独使用，因为它记录的只是一些好的或不好的事情，比较单一和不全面，所以这种考评方法主要是为以后的考核提供依据。

本章小结

本章对非营利组织的人力资源管理做了较为详细的介绍。非营利组织自身的特点，使其在人力资源的素质要求、培训过程、激励方式、绩效评价等方面都具有特殊性。实现非营利组织有效的人力资源管理是非营利组织可持续发展的重要因素，本章多角度地就非营利组织人力资源管理的内容做了具体阐述。人力资源管理很重要的一个方面就是要进行员工的录用工作，本章从人力资源规划、工作分析、招聘及录用四个主要环节进行了详细的分析，并且提出了一些录用过程中的具体方法。一旦员工进入组织，自己或者组织对其进行职业生涯设计无论对员工还是组织而言都是很重要的，本章对职业生涯的不同类型和具体规划方式等方面进行了介绍。非营利组织所处的环境是不断发展的，因此它面临的一个重要问题就是如何留住人。除了对员工进行各类必要的培训，提高员工素质，增强对组织的认同感之外，有效运用各种激励手段也非常重要。本章从员工绩效评估的内容、作用、步骤、方法等方面对绩效管理进行了详细分析。

关键概念

人力资源管理　人力资源规划　工作分析　职位问卷分析法　招聘　职业生涯规划　培训　绩效管理

复习思考题

1. 非营利组织人力资源管理的目标和内容是什么？
2. 如何进行职业生涯规划？
3. 工作分析的主要内容有哪些？
4. 培训有哪些类型和方法？
5. 在非营利组织人力资源管理中如何运用激励机制？
6. 简述排序评估法。

第四章　非营利组织财务管理

无论在发达国家还是在发展中国家，社会普遍存在着非营利组织不需要财务管理的错觉，因而在实践中普遍存在着非营利组织财务管理不善的问题。事实上，财务管理是非营利组织实现宗旨的要求，也是其能力建设的需要。要想很好地完成自己的使命，就要有一定的经济基础支持，那就必须要有盈利，同时还必须有健全的财务管理。一个好的非营利组织的财务管理，不仅有助于这个组织内部效率的提高和运作成本的降低，而且有助于它形成良好的对外形象，提高组织的公信度。

第一节　财务预算概述

一、基本概念

1. 预算及其准备

预算是一种战略思考的过程，它具有帮助管理者规划未来、制定经营目标和策略的职能，同时，预算又是一项财务工程，它将企业的策略数字化，分解成为一个个具体的、可以衡量的作业目标和计划，用数量的形式集中而系统地反映企业在未来一定期间的全部经济活动及其成果。预算又是一种动态管理工具，利用它可以对公司在计划实施过程中出现的偏差随时予以修正和调整。预算在本质上是一个计划，而任何计划都涉及预测。财务预算是以货币形式表现的组织的计划，它决定了资源的分配，并由此反映出与预算相关的需求者对预算项目的偏好。为制定一个全面的、高瞻远瞩的预算体系，必须做好以下准备工作：

（1）制定和维护适当的计划体系。其中包括适当信息的沟通，计划完成的时间表、子单位和整个组织是否坚持经济和财务指导原则及组织目标的检查。

（2）制定和检查模型的运用。这些模型检验内部和外部力量对于组织完成其既定目标的影响。例如，一家跨国的非营利组织在20世纪90年代初由于未料到的利率下滑，而不得不又将其总部的营业计划削减20%。

（3）确保业绩资料的搜集。从财务报告系统和资金管理部门搜集必要文件，主要的资料包括：①战略计划和长期财务计划；②以往财务活动报表；③资产负债表；④现金流量表；⑤抵押及其他借款资料；⑥捐款及其他延期给付资料等。

2. 预算规模

预算规模主要指收入和支出的预算规模。

（1）收入。从会计学角度讲，收入可以定义为资产增值，是组织通过其主要经营项目活动所获得的支付即交易所得，也可以是现金捐赠、其他资产和法人的服务。但是，在制订营业计划时一定要注意，在正常业务活动之外，一些“非常交易”也会导致组织净资产的增加，这种所得被认为是“利得”，而不是收入。然而，在评估预算资金来源用以抵消支出时，要将收入和可预见的利得或损失计算在内。

（2）支出。从技术角度讲，只触及实体组织在日常经营活动中，由于获得产品、接受劳务或进行其他活动而造成的资产流出或其他形式的耗费或承担负债的行为。在确定支出的预算规模时，要注意下列事项：通货膨胀率是否升高；可预见的环境要素的改变；预计到的项目变动；需要的其他资源和人工成本的增长。

3. 预算的内容

（1）收入预算。收入预算是组织经营计划的基础，预算制定前，应对目标市场的客户需求、存在的机会与风险进行认真的分析、调研，特别是影响行业竞争的五种基本力量，即潜在的进入者、替代品、供应商讨价还价的能力、客户讨价还价的能力和主要竞争对手的情况，要充分考虑各种可能的情况及其发生的概率，依据市场的需求量而不是往年的销售量，做出一份尽量准确的销售收入预测。

（2）成本费用预算。成本费用预算要对成本结构（如物料、人工、管理等费用）进行分解、剖析。

（3）资本预算。应从投资方向和投资规模两方面来控制资本预算。首先，所投资的产业和地区应符合母公司的整体与长远战略规划；其次，要对投资规模进行审核，包括投资方案是否可行，净现值计算是否准确，投资回报率是否有保证等。应根据其资金缺口，编制筹资预算。公司需认真审查贷款的数额和期限，确保按期还本付息，从而降低企业的财务风险。

（4）现金流量预算。现金是组织正常运转的血液，衡量一个企业的财务状况是否健康，现金流量是一个重要指标。

4. 预算的基本策略和技术

（1）尊重过去。这种策略常用于维持或增加一个正在进行之中的项目的预算。当上一年的支出规模成为当年实施项目的最低限度时，就要考虑当年相对上一年的增加量。通常没有太多时间仔细考虑，因此尽量采用有选择性的零基预算法。

（2）调查研究。项目的发起人应尽量在行动之前对行动的可能影响做出深入研究。如果调查结果证实了最初的怀疑，就要毫不迟疑地削减预算。

（3）使用“专家”术语。预算的制定者对项目的了解可能比其上司更加深刻，因此，应坚持用“专家”术语分析其推理，以防止被上级削减预算。

预算技术可以使预算更为有效，这些技术包括弹性预算、项目预算和零基预算。

（1）弹性预算。弹性预算是为克服固定预算的缺点而设计的，所以它又被称为变动预算或滑动预算。如果组织在一个不确定的环境下运营，那么，弹性预算尤为重要。此种方法在成本分析的基础上，以业务量、成本和利润之间的依存关系为依据，按照预算期可预见的各种业务量水平，编制能够适应多种情况的预算。

（2）项目预算。项目预算是财务预算的子预算，一个项目要对应一个子预算。这样整个预算就可以借助子预算向每一个项目预算分配适当规模的财物和人力资源。在控制和协调管理中将项目预算与生产活动结合起来。

（3）零基预算。零基预算的方法全称为“以零为基础编制计划和预算”。它是指在编制成本费用预算时，不考虑以往会计期间所发生的费用项目或费用数额，而是以零为出发点考虑预算的增减，一切从实际需要与可能出发，逐项审议预算期内各项费用的内容及开支标准是否合理，在综合平衡的基础上编制费用预算。

二、弹性成本预算示例

在这里举一个简单的例子（服务对象以 1 000 人为基础）。

表 4-1　**1 000 个顾客服务支出预算表**　单位：元

支出因素	项目	金额
可变成本	顾客服务设备	10 000
半可变成本	劳动力支出	210 000
固定成本	工资支出	50 000
	设备	6 000
	保险	2 000
	抵押支出	10 000
总支出		288 000

要制定弹性预算，必须确定不同业务量水平下按一种计算方法计算的可变成本和半可变成本的值。本例的预算是建立在对 1 000 位顾客服务约定之上的，这就意味着为顾客提供的设备平均成本为：

单位可变成本=总可变成本÷单位人数

设备平均成本=10 000÷1 000=10（元）

用公式表示，我们就得到：

顾客设备支出=10×顾客人数

半可变成本中兼有可变成分和不可变的固定成分。要找出其中的固定成分，那么必须确定最低限度的服务所需的必要成本是多少。对于人工费来讲，组织在1 000位顾客的基础上规划了210 000元的费用。员工主管认为，即使组织只剩下50位顾客，也需要支付20 000元的人工费用，剩下的950位顾客需要支付190 000元的劳动力支出，这意味着其中的可变成本是：

单位可变成本=190 000÷950=200（元）

根据上面的计算可以知道任何水平的顾客服务所需要的半可变成本。在50位顾客20 000元人工费用的基础上，每增加一位顾客，就增加200元的人工费用。则：

人工费用=20 000+200×顾客人数

总固定成本=工资支出+设备+保险+抵押支出

=50 000+6 000+2 000+10 000=68 000（元）

所以：

总成本=总固定成本+人工费用+顾客设备支出

=68 000+20 000+200×顾客人数+10×顾客人数

=88 000+210×顾客人数

用这个公式就可以计算出组织在任何服务水平上的支出预算了。举例来说，如果顾客达到3 000人，那么总成本就是：

总成本=88 000+210×3 000=718 000（元）

三、零基预算示例

1. 确定决策单位

从理论上来说，零基预算编制要求尽可能小的决策单位，因为需要独立考察单个计划，如果决策单位过大，包含多种活动和较大预算项目将达不到这一目的。下面以中国某一城市的社区服务中心为例，说明如何确定决策单位。

假定社区服务中心具有以下各项职能：

（1）承办本社区待业人员登记，办理求职证。

（2）举办多种技能培训班，广开就业门路，安置下岗职工。

（3）负责本社区老龄人员管理，办理敬老优待证。

（4）开展群众性文体活动。

（5）协助区文体局管理辖区内文化市场。

由于社区服务中心具有这五项职能，而这五项职能的具体内容又不相同，因此如果把社区服务中心作为一个决策单位就太大了，为了确保对社区服务中心的预算能够按照零基预算的方法进行编制，最好把社区服务中心按这五项职能分成五个决策单位。

2. 制定“一揽子”决策

制定“一揽子”决策是实行零基预算编制方法的第二个步骤，也是关键的一步。在制定“一揽子”决策时应注意遵循以下要求：

(1) 选择完成本部门任务的方案。

(2) 预测不同的结果。一旦管理者从各种方案中选择了最好的方案，就应该预测具体实施这一方案的不同方法及所产生的结果和所需要的资金量。

(3) 对每一个服务水平进行分析，并将分析结果写入“一揽子”决策中。

下面是美国某个城市公共部门制定的关于城市垃圾处理的“一揽子”决策的实例。

城市垃圾清理是城市管理者的职责，如何保证及时将城市垃圾清理干净，而又尽可能节省资金，是城市管理者面临的难题。为了解决这个难题，美国某城市公用部门管理者按照零基预算的方法，进行了典型的“两步分析”：确认完成这项工作的不同方法；预测不同的努力水平所产生的结果。

(1) 完成这项工作的不同方法

第一，建议采用的方法。由市政府负责收集全部垃圾，同时要求居民将全部垃圾都装入塑料袋，塑料袋由居民自己购买。仅在污染严重的地区使用垃圾列车。前装式垃圾车用于将垃圾列车内的垃圾运到垃圾处理地，其他类型的卡车负责装运污染不严重的城区和郊区的垃圾。按上述办法完成这项工作，全年需要开支 80 万美元。

第二，其他供选择的方法。①不使用塑料袋。如果要求居民不使用塑料袋而使用垃圾桶，需要额外增加清理垃圾桶的工人，增加成本开支 10 万美元。②使用垃圾列车集中垃圾。在各个地区——无论是污染严重地区还是污染不严重的地区——均使用垃圾列车，同时还要增加 9 名工作人员，共增加费用 15 万美元。③市政府将处理垃圾的工作转交给私人部门去做。一星期清理两次需要 10.88 万美元，一星期清理一次需要 9 万美元。

显然，其他供选择的方法并没有比建议采取的方法有更突出的优点，而且成本开支增加，因此公共部门的管理者采用了建议的方法。在确定了方法以后，公共部门的管理者开始分析按照这一方法但采取不同的努力水平所产生的不同结果。在分析中，管理者首先确定了最低努力水平。管理者确认的最低努力水平是：可以将一星期清理两次垃圾减为一星期清理一次而不会影响环境卫生。在这个基础之上，管理者对已经采用的方法提出了不同的努力水平。

(2) 不同的努力水平所产生的结果

第一，按最低努力水平清理垃圾，一般性的垃圾每星期清理一次，大型垃圾每星期清理两次，成本开支 60.7 万美元。

第二，按中等程度的努力水平清理垃圾（这也是目前实际的工作水平），对各类垃圾每星期一律清理两次，成本开支比最低努力水平增加 14.28 万美元，达到 74.98 万美元。

第三，按最高程度的努力水平清理垃圾（即高于目前实际工作水平），除对各类垃圾每星期清理两次以外，对大型垃圾和白色垃圾每星期再增加清理两次。成本开支比中等努力程度增加 4.05 万美元，达到 79.03 万美元。

这个城市的公共部门管理者为此一共准备了三个“一揽子”决策。

（3）排序

排序实际包括了零基预算编制法中的两个过程：一是对每个“一揽子”决策按照轻重缓急顺序进行排列；二是确定截止线，即决定哪些“一揽子”决策可以分配到资金。对于排序，如同实行零基预算的其他步骤一样，并没有规定严格的程序，然而也有一些约定俗成的做法。一般有这样几个步骤：第一步是设计排序表格并填写表格；第二步是确定可分配资金的总额；第三步是最高管理层进行审议并做出分配资金的决定。

第二节 财务管理

一、非营利组织财务管理的目标

一个组织的财务管理目标取决于组织本身的目标。企业的目标可以概括为生存、发展、获利。企业只有生存才可能获利，只有发展才能求得生存，只有获利才有生存的价值。与此相适应，企业财务管理目标与获利紧密相连，尽管具体表述有利润最大化、每股盈余最大化、股东财富最大化等不同观点。非营利组织的财务管理目标同样取决于非营利组织本身的目标。在当今市场经济社会，非营利组织为完成某一具体的社会使命需要有足够的资金支持，资金的获得和有效使用需要有科学的财务管理。与非营利组织的社会使命相适应，非营利组织财务管理目标可以描述为：获取并有效使用资金，以最大限度地实现组织的社会使命。

二、非营利组织的财务特征

不同的组织具有不同的特征，了解组织的特征是做好组织管理的基础，为了有效地进行财务管理，应当了解非营利组织的财务特征。

联合国的国民经济核算体系将经济活动划分为五大类：金融机构、非金融企业、政府、非营利组织和家庭。非营利组织与其他四类社会组织的区别在于，非营利组织的大部分收入不是来自以市场价格出售的商品和劳务，而是来自其成员缴纳的会费和支持者的捐赠。如果一个组织的一半以上收入来自以市场价格销售的收入，就是营利部门，而一个组织的资金主要依靠政府的资助则是政府部门。

美国财务会计准则委员会在《财务会计概念公告》中将非营利组织财务的主要特征归纳为：

（1）大部分资源来源于资财的供给者，他们不期望收回或据以取得经济上的利益；

（2）业务运营的目的主要不是获取利润或利润同等物而提供产品或劳务；

（3）没有明确界定的所有者权益及其出售、转让或赎回，以及凭借所有权在组织清算解散时分享一定份额的剩余资财。

中国台湾的会计界将非营利组织称为非营利事业，他们认为，非营利事业具有三个重要财务特点：

（1）该事业不以营利为目的；

（2）事业的一切资财和权益均为事业所有，对于任何特定的个人，不能以任何方式给予特殊利益；

（3）不进行损益计算和利润的分配。

综上所述，可以概括出非营利组织的如下财务特征：

1. 顾客不是主要的资金来源

企业主要的资金来源是通过销售产品和服务从顾客那里获取的收入，如果产品不适销，不能满足市场需要，那么企业会出现入不敷出的状况，严重的将导致企业破产。而非营利组织则不完全依靠从顾客那里获取的服务收入来维持生存和发展。有些非营利组织资金的主要来源是服务收入，如民办学校的主要收入是学生缴纳的学费，医院通过向病人收取医疗费和药费来维持经营，这些非营利组织通常被称为顾客支持型组织，其他非营利组织则被称为公众支持型组织。在这种情况下，顾客所接受的服务与其向组织提供资源的多少之间没有直接的联系，如慈善组织。

2. 不存在利润指标

在企业财务中，利润指标能为衡量企业绩效提供标准，为企业提供量化分析的方法，使企业的分权管理成为可能，也便于在不同企业之间比较。然而，非营利组织是不以获取利润为目的的社会公益性组织。在非营利组织财务中通常缺少利润这一指标，这使得管理的系统性受到损害，即管理人员经常难以就各种目标的相对重要程度达成一致；对于一定的投入能在多大程度上帮助组织实现目标也难以确定；分权管理的操作难度加大，许多决策不宜下放给中下层管理人员；不同非营利组织之间也无法进行绩效的对比。

3. 责权利不十分明确

对企业而言，内部管理通常可划分为许多责任中心，对每一责任中心都明确其职责，并赋予相应的权力，在对其职责履行进行考核评价的基础上，给予其相应的利益。非营利组织由于不存在利润指标，对各部门的职责履行的情况难于考核评价，因而对于各部门的责权利也就无法十分明确。

4. 所有权形式特殊

对于企业而言，企业的股东投资创办了企业，成为企业的所有者，拥有企业资财的权益。而对于非营利组织而言，资财的权益属于组织本身所有而不是个人。这就使非营利组织不能对其资财权益进行转让、出售，并且在某些情况下还必须按照资财提供者的要求来运作、管理和处置资财。资财的提供者不期望收回或据以取得经济上的利益，因而非营利组织通常不进行损益的计算，也不进行净收入的分配。

三、非营利组织财务管理的主要内容

任何非营利组织，不论其规模大小、性质如何，都需要保持精确的账簿和记录。非营利组织的负责人，即使是配有内部财务人员和外部审计人员，也应对会计工作的内容有所了解。非营利组织的执行层有责任确定预备管理和运作相关的事项，并意识到不同组织有不同的需要。

1. 会计工作

会计工作就是对影响组织的财务状况变动的交易做记录和形成报告。无论组织的规模大小，领导者都希望过程和程序要有利于编制有用的财务报表，并确保组织资产运营处于良好状况。信息搜集、记录、审计、总结和报告的整个过程就叫做“会计”。会计系统最终目标是编制准确、及时的财务报表，为读者提供有用的财务数据。在这里读者可能是组织的领导人员、执行董事、捐赠者、债权人以及公众。会计是一个连续的、以月为单位循环的工作，它包括现金收入和支出、权责发生制会计记录、其他日记账分录、结账程序、财务报表的编制、审计和分析。下面介绍一下会计工作中的一些主要步骤。

（1）开立银行账户

如果组织尚未开立银行账户，就必须到银行开办一个，以便于存储资金和付款。假设所有的银行在表面都是一样的，那么寻找一家有稳定的经济状况，能提供多种服务，且和社区保持密切联系的银行是比较适合的。非营利组织可设立的账户有以下几种：活期储蓄账户、有息账户、货币市场账户、储蓄账户。

（2）会计配备人员

为非营利组织配备合适的会计人员是一项具有挑战性的任务，在决定是否需要专门记账人员时应考虑组织的业务规模。规模较小的组织通常可以将工作交给志愿者、兼职员工或负责其他工作的全职行政助理，还可以将这项工作交给一个会计师事务所或管理公司，这样可以降低成本、提高效率。预算规模较大的组织所需要的会计人员一般包括：一位有非营利组织从业经验的总会计师来负责监督工作，一两位簿记员分别负责应收账款和应付账款，协助总会计师工作。

（3）设立会计科目表

会计科目表就是组织将用于记录和分析所发生交易行为的账户编号。会计科目表要简单易用，不必过于详细。在建立会计科目表时必须注意的是，非营利组织在报告财务状况时，应该既使用汇总性项目，又使用明细项目。汇总性项目以

主要的项目活动或职能来反映收入和支出，这类活动或职能包括研究工作、社区服务、成员服务、公共关系活动。明细项目针对具体的账户，既包括像捐献、会费等收入类账户，也包括像会议支出、工资、福利和印刷、租金、电话费等支出类账户。设置会计科目时，要首先指向汇总性项目的编号或编码系统。项目性活动的编号通常占两三位数字，表 4-2 是一个实例。

表 4-2　**汇总性表类**

汇总编号	汇总种类
001	资产负债表
100	调查研究工作
110	社区服务
120	成员服务
130	公共关系
200	一般性和行政性活动
210	基金募集活动

明细账户编号通常占三四位数字，可用于整个会计科目表中合适的汇总性项目中，但在汇总性项目中一定要使用同样的明细账户编号。表 4-3 是明细账户编号的一个实例。

表 4-3　**明细账户编号**

明细账户编号	财务报表科目
1000—1999	资产
2000—2999	负债
3000—3999	支出
4000—4999	收入

会计科目表提供了在总分类账中编排所有交易的方法。例如，某组织可以将给一位会员邮寄发生的邮费支出记录为 120—3100，将收到现金记录为 001—4400，将募集基金收入记录为 210—4500（见表 4-2、表 4-3）。在业务编号时，既适用业务职能也适用账户编号。

（4）权责发生制和收付实现制的会计方法

大多数非营利组织一般使用权责发生制。在权责发生制会计方法中，收入的确认是在赚取之时，而不是在收讫之时，支出、费用的确认是在发生之时，而不是在实际支付之时。这样就会产生预付费用（当商品和服务预先付款时）和预收或延迟收入（商品或服务未兑现而款已收时）。此外，当年发生但第二年才能收回的欠款的收入在财务报表中记为应收账款，而在活动的说明中就表现为收入；当年发生但第二年才支付的费用在财务状况表中记为应付账款，而在活动说明中就表现为费用。

（5）收入与支出的管理

非营利组织获取并有效使用资金以最大限度地实现组织的社会使命的财务目标，决定了非营利组织财务管理的主要内容是收入与支出的管理。

非营利组织收入是指非营利组织开展业务活动及其他活动依法取得的非偿还性资金，它是非营利组织为实现其社会使命而获取资金的主要来源。企业的收入来源主要是以市场价格出售的商品和劳务，而非营利组织的收入来源广泛，其收入管理应当按收入来源区分为非自创收入与自创收入进行管理。非自创收入是指非营利组织接受的政府拨款和社会捐赠。这是非营利组织收入的重要来源，非自创收入的管理需要做好与政府合作、寻找企业合作伙伴、面向社会公众募捐等工作。自创收入是指非营利组织通过提供产品或劳务而向消费者直接收取的收入以及通过投资而从受资方取得的收益。扩大自创收入并加强其管理，应当是我国非营利组织发展的方向。自创收入主要包括业务收入、经营收入和投资收益。业务收入是指非营利组织为实现其社会使命而开展业务活动取得的收入，这是自创收入的基本形式。需要注意的是，非营利组织是为实现其社会使命而运作，因此，对于为实现其社会使命所提供的服务，其收费应当是低水平甚至是免费的，而不能按照市场经济的价值规律来收费。经营收入是指非营利组织在其实现社会使命的业务活动之外开展经营活动取得的收入。非营利组织从事合法的经营来支持其非营利性的活动，需要符合下列条件：一是利润或收入不可分配给其创立人、会员、干部、董事或员工；二是其主要目的并非单纯从事经济活动，而是实现其非营利宗旨。投资收益是非营利组织投资运营所获取的资金，在运用于实现其社会使命的具体项目之前，通过资本运作方式进行投资，获取投资收益，以实现资金的保值与增值。非营利组织进行投资时，必须认真研究投资项目的收益及其风险，优化投资组合，在不提高风险的条件下使收益最高，或者在一定的收益条件下使风险降至最低。

非营利组织支出是指非营利组织为组织自身的生存发展和开展业务活动以实现其社会使命而发生的各种资金耗费。这里的支出与企业的投资不同，企业的投资是为了获得经济上的利益，投资的管理必须从经济效益出发，而非营利组织支出所注重的是社会效益。对于非营利组织的支出管理，应当按支出的用途分为项目及活动支出与行政支出分别进行管理。项目及活动支出是非营利组织为了实现其社会使命而发生的支出。项目及活动支出的管理应当从社会效益出发，通过规划与监督，保证最大限度地实现组织的社会使命。行政支出是非营利组织为了自身的生存与发展而发生的支出。行政支出的管理应当厉行节约，尽可能控制行政支出占总支出的比重，当然，也并非行政支出所占的比重越低越好，这是因为，任何一个组织开展活动都会有一定的行政开支，并且非营利组织也应当注重自身的能力建设，包括对员工的培训。只有非营利组织的管理能力得到提高，资金才能得以更为有效的利用。

（6）编制财务报表

财务报表包括资产负债表、利润表和现金流量表。资产负债表揭示了组织在某个时点的资产负债状况，通常包括三个部分：资产、负债和净资产。资产部分包括支票、存款、投资、组织的固定资产以及应收账款和组织其他有价值的东西；负债部分包括应付账款以及该组织所负有的其他债务；净资产部分为组织的资产总额在抵偿了一切现存义务以后的差额部分，即总资产减去总负债后的余额。利润表记录了所发生的收入和费用，并显示出从某一年度到下一年度之间净资产的变化情况。现金流量表从经营活动、投资活动和筹资活动三个方面来反映现金流量，在通常情况下，小型的非营利组织都不编制此表。

（7）审查和分析

组织的领导者有责任审查每月的财务报表以找出错误、异常记录并判断发展趋势。一些需要特别注意的项目有：检查现金余额，以确保支票活期账户中余额充足，但又不过量，如果有投资项目要注意其余额，并注意月与月之间的显著变化；要参照该组织经营活动时间的编排，审查预付费和预收收入的余额，确保其增加或减少的合理性；要审查固定资产账户的余额，保证不存在在未经批准的情况下发生的增加或减少；要保证应付账款与预期值是一致的；要检查应付工资账户，看是否有异常增长；审查主要的收入来源，看实际情况是否与预期情况一致，并找出明显变化的原因；审查超出预算的所有费用，找出导致明显变动的原因；审查用于项目性活动的经费，并找出导致明显变动的原因。

（8）内部审计

内部审计，是指由被审计单位内部机构或人员，对其内部控制的有效性、财务信息的真实性和完整性以及经营活动的效率和效果等开展的一种评价活动。内部审计是和政府审计、注册会计师审计并列的三种审计类型之一。内部审计的本质是一种控制，旨在帮助组织管理风险，促进有效治理，实现组织目标。内部审计能为组织提供的服务包括实施财务审计、业绩审计、遵循性审计、系统安全和审慎性调查，为新任管理人员提供有关内部控制的课程培训等。有效的内部审计通常有助于注册会计师确定或修改审计程序的性质和时间，并缩小实施审计程序的范围。

2. 成本分析

成本分析是非营利组织全部活动的基础。只有在明确的成本分析的前提下，组织才能设计筹款计划、营销策略、项目受益面等重要管理内容，成本分析使组织运作的各项成本一目了然，使成本控制有章可循，有助于降低成本，提高效率。

非营利组织所提供的服务经常难以量化，使得成本分析很困难。选择成本的计量单位是一个先决条件。下面是四种常用的服务计量单位：

（1）受益者数量。计算所提供服务的受益者人数。

（2）服务种类。计算工作人员所提供的服务种类，如巡回医疗、家访、特殊治疗、电话咨询、中介服务等。

（3）服务数量。计算工作人员所完成的服务数量，如在一周时间内进行了3次巡回医疗等。

（4）服务时间。计算受益者所获得的服务总时间。比如，一个由7个人组成的小组为社区居民开展了1个小时的团体劳动，即可折算成7个小时的服务时间。

此外，行政和管理费一般按项目所占的费用比率分摊到各个项目的成本之中，计算为间接成本，其中包括房屋租赁费、邮资、清洁费、电话、人事费、公关费等。

3. 投资管理

为使组织稳定和可持续发展，非营利组织也要有投资活动。所谓投资管理是指运用营运资金、固定资产及年度结余去投资并使资产增值的活动。

非营利组织投资管理有三个基本原则：一是安全、低风险；二是有一定的投资回报率；三是保证基金的增值。根据这三个基本原则确定投资策略时，要考虑下列参数：投资目标、投资期、风险极限、要求的回报率、要求的流动性、支出的原则、须签订的契约、法规的限制等。世界上许多国家，为体现非营利组织投资管理的上述三个原则，一般通过立法给予特别的规定。比如美国允许基金会投资于股票和债券，但必须遵循《一般谨慎投资者法》（Uniform Prudent Investor Act）。按照这项法令，基金会的投资不是出于营利目的的“投机”，而是在确保操作稳健、风险合理基础上的“投资”，为此要求基金会的理事承担投资的责任。为减少风险，美国许多大的基金会通常将其资金的60%投资于股市，30%投资于债券，10%作为存款。此外，美国税法规定，禁止基金会的“内部交易（self-dealing）”。内部交易指基金会与其“圈内人”发生的各种交易行为，包括买卖、租赁、借贷、资产及收益的使用或转移等，“圈内人”包括主要捐助人或企业、基金会理事以及他们的家庭成员等。因为内部交易违反社会公益事业的责信（accountability）原则，会带来各种利益冲突。

4. 财务分析

和企业相比，非营利组织更容易受到经济不景气、捐赠骤降、突然得到大笔捐赠等情况的影响，组织需要根据形势的变化，快速做出反应。经常进行财务分析，运用财务分析方法解读财务报表，是非营利组织的理事、秘书长、高层管理人员的必修课，唯有如此才能随时掌握组织的财务状况，进行科学的管理和决策。

组织的财务状况和取得的成果可以用财务报表来反映，但是要对此做出评价，仅有报表上的数据是不够的。例如，募款规模为 10 万元所耗费的 2 万元成本和募款规模为 50 万元所耗费的 2 万元成本显然是不一样的。为了满足不同的需要，还要对报表上的数据进一步加工，通过分析、比较，求出新的数据，而这些新数据往往能说明某些方面的具体问题，如评价组织财务状况健全与否、组织的运作是否高效、组织的前景是否乐观等。通常，年度财务报表要经过注册会计师的审计证明，因此在分析的时候，可以参阅注册会计师对该表的审核意见，以确定数据的可靠程度。

纵向分析和横向分析是财务分析的两种基本方法。纵向分析又称动态分析或趋势分析，它根据连续几期的财务报告，比较前后期各项目的增减方向和幅度，来揭示财务和经营上的变化和趋势。横向分析又称静态分析，是将同一期财务报表上的相关数据进行比较，以说明财务报表上所列项目之间的相互关系。

财务分析有四种常用的指标：

（1）比率指标，即两组数据之间的比较，表现为一定的百分比或数值比。

（2）动态趋势，表现为以时间为横轴的波形图。

（3）百分比，即部分占全部的百分比，表现为圆形饼图等形式。

（4）差异指标，用来比较实际费用与预期费用之间的差异等。

第三节　基金运营

一、基金概述

1. 基金类型

（1）契约型基金和公司型基金

按基金的组织形式和法律地位不同，投资基金可分为契约型基金和公司型基金两种类型。契约型基金又称为单位信托基金，是指把受益人（投资者）、管理人、托管人三者作为基金的当事人，由管理人与托管人通过签订信托契约的形式发行受益凭证而设立的一种基金。契约型基金是基于基金契约原理而组织起来的代理投资行为，通过信托契约来规范三方当事人的行为。基金管理人负责基金的管理操作，基金托管人作为基金资产的名义持有人，负责基金资产的保管和处置，对基金管理人的运作实行监督。

公司型基金是按照公司法以公司形态组成的，它以发行股份的方式募集资金，一般投资者购买该公司的股份即为认购基金，也就成为该公司的股东，凭其持有的基金份额依法享有投资收益。公司型基金的特点是：

①基金公司的设立程序类似于一般股份公司，基金公司本身是依法注册的法人，但不同于一般股份公司的是，它是委托专业的基金管理公司来经营与管理。

②基金公司的组织结构与一般股份公司类似，设有董事会和持有人大会，基金资产由公司所有，投资者则是这家公司的股东，承担风险并通过持有人大会行使权力。

契约型基金与公司型基金的不同点有以下几个方面：

①资金的性质不同。契约型基金的资金是信托财产，公司型基金的资金为公司法人的资本。

②投资者的地位不同。契约型基金的投资者购买受益凭证后成为基金契约的当事人之一，即受益人；公司型基金的投资者购买基金公司的股票后成为该公司的股东，以股息或红利形式取得收益。因此，契约型基金的投资者没有管理基金资产的权力，而公司型基金的股东通过股东大会和董事会享有管理基金公司的权力。

③基金的运营依据不同。契约型基金依据基金契约运营基金，公司型基金依据基金公司章程运营基金。

（2）封闭式基金和开放式基金

根据变现方式的不同，可分为封闭式基金和开放式基金。封闭式基金是指基金的发起人在设立基金时，限定了基金单位的发行总额，筹集到这个总额后，基金即宣告成立，并进行封闭，在一定时期内不再接受新的投资。基金单位的流通采取在交易所上市的办法，投资者以后要买卖基金单位都必须经过证券经纪商，在二级市场上进行竞价交易。封闭式基金的期限是指基金的存续期，即基金从成立之日起到结束之日止的整个时间。

开放式基金是指基金发起人在设立基金时，基金单位的总数是不固定的，可视经营策略和发展需要追加发行。投资者也可根据市场状况和各自的投资决策，或者要求发行机构按现期净资产值扣除手续费后赎回股份或受益凭证，或者再买入股份或受益凭证，增加基金单位份额的持有比例。

封闭式基金与开放式基金的区别表现在：

①期限不同。封闭式基金通常有固定的封闭期，而开放式基金没有固定期限，投资者可随时向基金管理人赎回。

②基金单位的发行规模要求不同。封闭式基金在招募说明书中列明其基金规模，开放式基金没有发行规模限制。

③基金单位转让方式不同。封闭式基金的基金单位在封闭期限内不能要求基金公司赎回，只能寻求在证券交易场所或柜台市场上出售给第三者。开放式基金的投资者则可以在首次发行结束一段时间（多为三个月）后，随时向基金管理人或中介机构提出购买或赎回申请。

④基金单位的交易价格计算标准不同。封闭式基金的买卖价格受市场供求关系的影响，并不必然反映公司的净资产值。开放式基金的交易价格则取决于基金的每单位资产净值的大小，其卖出价一般是基金单位资产净值加5%左右的首次

购买费，买入价即赎回价是基金券所代表的资产净值减去一定的赎回费，基本不受市场供求影响。

⑤投资策略不同。封闭式基金的基金单位数不变，资本不会减少，因此基金可进行长期投资，基金资产的投资组合能有效地在预定计划内进行。开放式基金因基金单位可随时赎回，为应付投资者随时赎回兑现，基金资产不能全部用来投资，更不能把全部资本用来进行长线投资，必须保持基金资产的流动性，在投资组合上必须保留一部分现金和可随时兑现的金融商品。

（3）股票基金、债券基金、货币基金、黄金基金、衍生证券基金

以投资标的为标准，基金可分为股票基金、债券基金、货币基金、黄金基金、衍生证券基金等。股票基金是指将基金资产投资于普通股股票的基金，是最原始、最基本的基金品种之一。债券基金是指将基金资产投资于收益较稳定的各类债券的一种收益性基金。货币基金是以全球的货币市场为投资对象的一种基金，其投资工具包括银行短期存款、国库券、政府公债、公司债券、银行承兑票据及商业票据等。黄金基金指以投资于黄金或其他金属生产及其相关产业的证券为主要目的的基金。衍生证券基金指以衍生证券为投资对象的基金。

（4）成长型基金、收入型基金、平衡型基金

依据投资目标分类，可分为成长型基金、收入型基金、平衡型基金。成长型基金是基金中最常见的一种，它追求的是基金资产的长期增值。收入型基金主要是以投资于可带来收入的有价证券为主，以获取当期的最大收入为目的。平衡型基金其投资目标是既要获得当期收入，又要追求组成部分的长期增值。

2. 基金投资限制

基金的投资决策和投资方案等都是由基金管理人做出的，为了保护基金持有人的利益，各国的基金监管部门对基金投资活动规定了很多限制，包括对基金的投资对象、投资数量以及基金的运作方法等的限制。

（1）投资数量的限制

分散投资能够降低风险，为了避免基金的投资过于集中，要求基金在投资时遵循分散化投资的原则。在投资数量上基金监管部门给出了两个方面的限制：一是对投资某一种股票的数量限制，即规定基金投资于任何一家公司股票的股份总额不得超过该公司已发行股份总额的一定比例。二是对某一种股票的投资总额在基金资产净值中所占比例的限制，即规定基金对于某一种证券的投资额不得超过该基金资产净值的一定比例。

（2）投资方法的限制

它包括禁止基金与基金关系人交易、限制同一基金管理人管理的多个基金之间的相互交易以及禁止信用交易等。

3. 证券投资需要考虑的基本要素

如同其他金融投资业务一样，证券投资要考虑收益性、安全性与流动性三个

基本要素。

证券投资要获得一定的收益，这就是收益性。证券投资的收益主要由当前的收入（如利息、股利）和资本利得（即由证券价格上涨所带来的资产溢价）两部分组成。衡量证券投资收益性的指标主要是证券投资收益率，即证券投资收益与投资总额的对比关系。

证券投资的安全性是指证券投资按期实现收益的可靠性。这种可靠性越高，安全性就越高，反之，安全性就越低。

证券投资的流动性是指证券在不受损失的情况下转化为现金的能力，这种变现的能力就是流动性。

证券投资的安全性与流动性正相关，与收益性负相关；流动性与收益性负相关。在多数情况下，证券的安全性越高，其流动性越强。而由于证券收益与风险的正向关系，证券的风险越高，收益性越强，证券投资的安全性也就相应降低；反之，证券的安全性越高、流动性越强，收益性就越低。

4. 基金投资的模式——组合投资

马克威茨的现代投资组合理论是证券投资基金进行投资的理论基础。马克威茨认为，可以通过组合投资把投资分散到几种证券上。

证券投资的风险可以分为系统性风险和非系统性风险。前者是指某些因素对所有的证券市价都会带来损失的可能性，如自然灾害、市场因素、政策与政治等；后者是指某些因素对单个证券市价造成损失的可能性，如经营管理不善造成单个企业效益下降，市场变化导致某种产品需求减少等。非系统风险可以通过证券投资的分散化，即组合投资来降低。组合投资是指将各类证券按一定条件组成一个投资集合，从概率论的角度看，分散可以降低风险产生的概率。

在分散和集合双重条件下的组合投资，分散是组合的前提，分散是经验性、定性、低层次的简单投资；组合是在分散条件下，对分散进行科学性、定量、高层次的提炼。分散固然能够降低风险，但并不是越分散越好，分散也有一定限度，过度分散不仅无益于降低风险，管理成本也会进一步上升。分散的适度与科学的分散在定量上的体现就是组合。

二、基金投资管理过程

1. 确定投资目标

基金的投资目标是基金成立的宗旨。投资目标表明该基金投资所具有的风险与收益状况，因此在募集基金时，必须在基金招募说明书中对投资目标加以明确，以供投资者选择。基金的投资目标大致为三类：第一类是追求长期的资本增值，该类基金亦被称为成长型基金；第二类是追求当期的高收入，也称为收入型基金；第三类是兼顾长期资本增值和当期收入，也叫平衡型基金。投资目标不同，主要投资工具不同，基金获取收益的方式也不同。收入型基金有较高的当期收入，平衡型基金在分配得到利息和股利的同时也能够实现一定的资本利得，成长型基金只注重长期的资本利得，对当期的股利和利息收入并不注重。

2. 制定投资战略

制定投资战略首先要做的是根据投资目标确定大致的投资方向，进行战略性资产配置决策。战略性资产配置决策决定基金在投资的主要资产类型之间的分配比例，这些主要的资产类型通常包括股票、债券、不动产以及外国证券。战略性资产配置突出体现了基金在风险和收益之间的权衡结果，即按一定的方式将资产配置在一起，以满足基金投资在一定风险水平上的回报率最大的目标。

战略性资产配置过程包括四个基本要素：

第一，确定投资范围；

第二，确定这些合适的资产在基金的计划持有期内的预期回报率和风险水平；

第三，在估计了各种资产的预期回报率和风险之后，利用投资组合理论和资产配置优化模型及相关软件，找出在每一个风险水平上能提供最高回报率的投资组合；

第四，在可容忍的风险水平上选择能提供最高回报率的投资组合，作为基金的战略性资产配置。

战略性资产配置根据其对风险与收益的权衡取舍可以分成三大类型：

（1）高收益与高风险型

采用这种配置战略的基金，其投资目标是注重资本增值，使投资者的资金能在一定时间内获得较大的增长幅度。这种基金主要是一些具有进取性的成长基金，多投资于股票、新型产业以及设立初期企业的股票。这种基金收益率高，但风险也很大。

（2）长期成长与低风险型

采用这种配置战略的基金，其投资目标是注重长期投资，使投资者获得较稳定的投资报酬，避免投资风险。这类基金主要是平衡性基金和各种债券基金，主要投资于有较高收益的债券和优先股，以保证投资者本金安全并获得经常性收入，实现本金和收入的长期成长。

（3）一般风险与收益平衡型

采用这种配置战略的基金，其投资目标是根据市场变化，适时调整投资组合，实现收益与风险平衡，使投资者能定期得到合理的收益，并将部分收益转化为基金的再投资。这类基金主要是灵活性组合基金，其投资对象并不固定，比较灵活，常在一段时期内集中投资于某种有价证券。对于基金投资来讲，主要的投资方向是股票和债券，还可以包括其他有价证券，如期货、期权、认股权证等衍生金融工具、贵金属和房地产等。一般而言，股票的回报率和风险水平都要高于企业债券，而企业债券的回报率和风险水平又要高于国债。短期票据的流动性最高，收益率和风险都比较低。就我国的资本市场来说，国债的收益率较高，往往高于期限相同的银行存款，因此对于国债的持有量应该尽量多一些。

3. 选择投资组合策略

基金管理人在确定了战略性资产配置之后，就要对投资组合策略进行选择。投资者把资金按一定比例分别投资于不同类型的有价证券或同一类型有价证券的多个品种，这种分散的投资方式就是投资组合。通过投资组合可以分散风险，符合“不能把鸡蛋放在一个篮子里”的原则。

基金投资组合可以分为两个层次：第一层次是在股票、债券和现金等各类资产之间的组合，即如何在不同的资产当中进行比例分配；第二个层次是债券的组合或股票的组合，即在同一个资产等级中选择哪几个品种的债券或哪几个品种的股票以及各自的权重是多少。为了保障广大投资者的利益，基金投资都必须遵守组合投资的原则，即使是单一市场基金也不能只购买一两种证券。有些基金的条款就明文规定，投资组合不得少于 20 个品种，而且买入每一种证券，都有一定的比例限制。投资基金积少成多，因而有力量分散投资于数十种甚至数百种有价证券中，正因为如此，才使得基金风险大大降低。

4. 选择具体的资产品种，并确定资产品种在投资组合中的权重

在一定的资产配置和投资组合策略下，还要进行具体的资产品种的选择，这就需要对每个被选资产品种进行投资价值评估。在对单个资产品种进行评估的基础上，要分析资产品种之间的关联性，这实际上是要完成投资组合的构建过程，这一过程还包括利用马克威茨的理论和相关的电脑软件进行最优化分析，以最终确定投资组合内各资产的权重。

5. 分析和评估基金的投资业绩

业绩分析和评估的目的是为投资者提供一种反馈机制，以便在以后的投资决策过程中起作用。

三、基金收益率

相对于股票等投资工具，投资者对投资基金的选择，很大程度上依赖于基金的收益。由于大多数投资者在评价收益这一业绩指标时，经常用到的是收益率指标，因此可以说，基金收益率在某种程度上是投资者选择投资基金的准绳之一。

1. 封闭式基金的收益率

对于封闭式基金而言，由于其自设立直至终止整个运营期间中途没有资金的投入和退出，对基金资产能进行精确估值，每年在确认其收益时，只需以期末基金资产的净值减去期初基金净值，即可得到收益，相应地，收益率可由收益除以期初基金净值来确定。

2. 开放式基金的收益率

开放式基金推出后，在基金业务经营运作期间，投资者可能在中途进行基金

的赎回和申购。此外，整个基金在经营过程中的收益将是经常变化的，投资收益或亏损也会随业务的不断发生而产生，且各次资金变动的收益随发生时间的不同都会有所不同。由于现金流动的频繁性，在收益的确认及收益率的计算方面，开放式基金有其特殊的一面。

这里以一个简单的数字例子来说明开放式基金收益率确定的复杂性。为叙述简便，我们假设不存在交易费用，在基金设立时每基金单位的发行价格为 1 元，考虑如下两种情形：

情形 1：假设某基金设立时间为 2013 年 1 月 1 日，在设立时，基金资产为 10 亿元，其中 A 机构拥有 1 亿元的份额，在 2013 年上半年该基金的资产增值到 11 亿元（收益率为 10%）。到了 2013 年 7 月 1 日，A 机构再对该基金注入资金 1.1 亿元，而下半年该基金的资产增值到 14.52 亿元（收益率为 20%）。

收益=14.52−10−1.1=3.42（亿元）

基金的收益率=3.42÷（10+11.1）÷2×100%=32.42%

情形 2：假设某基金设立时间为 2013 年 1 月 1 日，在设立时，基金资产为 11 亿元，其中 A 机构拥有 2 亿元的份额，在 2013 年上半年该基金的资产增值到 12.1 亿元（收益率为 10%），而下半年该基金的资产增值到 14.52 亿元（收益率为 20%）。

收益=14.52−11=3.52（亿元）

基金的收益率=3.52÷11×100%=32%

在上述两种情形下，到 2013 年年底时，基金的总规模（基金单位总份额）、基金资产净值、基金单位净值完全一致。如果仅仅从投资者（比如 A 机构）所持有基金单位净值的变化计算收益率，则两种情形下所计算的收益率是完全相同的（都是 32%）。

然而，应当看到的是，基金资产达到这两种完全相同状态所经过的途径却是完全不同的。在情形 1 之下，基金资产的增值除了其投资对象的增值所带来之外，其中一部分（1.32 亿元）是由于投资人（A 机构）投入本金的增加所导致的；而在情形 2 之下，基金资产的增值则完全靠投资对象的增值所带来。

那么，在两种不同情形下，究竟哪些算收益，哪些不算收益呢？收益率又如何确定呢？在这里所举的简单例子中，从公允的角度来讲，情形 1 的收益是 3.42 亿元；情形 2 的收益是 3.52 亿元，因此，从理论上说，在考虑货币时间价值后，处在情形 1 之下基金的收益率应该是 32.42%，而在情形 2 之下基金的收益率应当是 32%。

不过，在现实中，由于基金的认购和赎回可能时时刻刻都在发生，要确认哪些算基金收益，哪些不算基金收益，进而确定基金收益率，将需要整个基金存续期间基金投资者的申购日期、申购金额、申购日基金单位净值、赎回日期、赎回金额、赎回日基金单位净值等数据，在申购与赎回频繁发生的情况下，其计算的工作量将是非常巨大的。

四、投资风险及防范

1. 投资风险的种类

投资风险是指证券投资遭受损失的可能性。这种可能性表现为预期投资收益未能实现或未能全部实现以及投资本金遭受损失等。投资风险的种类主要有以下几种：

（1）市场风险，是指由于政策发生变动、供求关系发生较大变化等原因引起证券市场波动从而导致投资损失的风险。

（2）利率风险，是指市场利率变化给证券投资收益带来的不利影响。

（3）购买力风险，就是通货膨胀风险，是指因通货膨胀、货币贬值而使投资者的本金收益的名义价值没有发生变化的条件下，实际购买力却因物价上升而降低。

（4）公司风险，也称质量风险，是指发行证券的公司经营质量低劣而导致盈利能力下降，造成投资收益或本金的减少。

（5）财务风险，是指公司采用的融资方式带来的风险，假如公司资本结构中的债务融资比重较大，其财务风险较大。

2. 投资风险的防范

防范投资风险可采用种类分散化、到期日分散化、部门或行业分散化、公司分散化、国别分散化和时间分散化等方法。

（1）种类分散化。这是最普遍的分散方式，是指在债券、股票等各类证券之间进行适当的比例分配。

（2）到期日分散化。这种方法是在到期日不同的债券之间进行分散。

（3）部门或行业分散化。国民经济各部门或行业的发展常因科学技术、生活习惯等方面的原因而受到正负不同的影响，因而在不同的部门或行业之间分散投资有利于分散投资风险。

（4）公司分散化。这种方法是分别投资于不同的公司发行的证券，以分散投资风险。

（5）国别分散化。这种方法是在不同国家之间进行投资，以分散投资风险。

（6）时间分散化。这种方法是在不同时间点投资，以分散投资风险。

[案例]

基金投资管理——麦哲伦基金

进入20世纪60年代，共同基金成了美国股市的主力军。在林林总总、多如牛毛的基金经理当中，彼德·林奇创造的传奇般业绩至今仍是令人仰视的一座高山——上任几年间他便将公司资产由2 000万美元增长至90亿美元，他主持的麦哲伦基金在13年里的平均年收益率为29.2%。《时代周刊》称他为"第一理财家"，《幸福杂志》则赞誉他为"股票投资领域的最成功者"。

一、初窥门径

林奇出生于1944年，11岁时受雇于一家高尔夫球场做一名捡球的球童，也许正是这捡球的经历引领了他今后努力和成功的方向。这家高尔夫球俱乐部的成员都是各大公司的董事长，他们经常谈论的话题是股票，时间长了，林奇便对"股票"这两个字由陌生到好奇以至产生了浓厚的兴趣。

在波士顿大学完成了大学教育后，林奇又于1968年毕业于沃顿商学院，获得了MBA学位。单就学历看，林奇似乎与其他基金从业人员并无二致，但他本人在波士顿大学上学时，却学习了大量诸如历史、心理学、政治学乃至玄学等知识。按他的理解，"股票投资是一门艺术，而不是一门科学，我们做股票投资所需要的全部数学知识，在上小学四年级时就已经学会了。"而且，在他大学二年级第一次购买股票后，不到2年时间盈利将近5倍。这使他坚信：股市是有赚钱机会的，而且"有更多的赚钱机会会涌现出来"。

当时流行的"有效市场假说"和"随机漫步假说"，告诉人们完全相反的论点。前者认为，股票市场的一切信息都是可知的，并且股票的定价也都是合理的；后者则宣称，市场的涨跌是不符合理性的，也是完全不可预测的。而这两种假说也总能在市场上挑选出符合自己理论的范例，所以，虽然似是而非，当时却充斥在商学院的教育舞台上。

然而，当你在现实中发现有人在一只股票上挣了几十倍，而且事先就解释了该股票上涨的原因，你又怎能相信那些盛行于商学院的理论家的话是正确的呢？富达公司当时在管理共同基金方面的工作是非常出色的，其成就远远超过了大部分竞争对手。这些发生在自己亲自参与工作的企业里的事实，只能使林奇认为，那些所谓理论只是失败者和外行人的胡言乱语。

林奇在富达公司的工作是以股票分析员的身份正式开始的，对目标企业进行实地考察，加上对其他成功者的研究，使他很快发现，所谓华尔街专家的意见其实不过是受到很多文化、法律规定以及社会的束缚后才做出来的。只有摆脱这些束缚，不做随大溜的投资者，才有可能取得良好的投资回报。

二、奇迹的诞生

1977年，已经成为富达公司研究室主任的林奇接管了富达麦哲伦基金，开始了其基金经理生涯。林奇终于有了把其多年研究总结出的投资策略用于实战的机会，他开始按照自己的理念和习惯运作资金，从事股票投资。富达公司的总裁曾建议减少投资组合里的股票种类，而林奇却难以拒绝按他自己的原则判断为是好的股票交易，结果，他的持股种类不但没有从接手时的60种下降，反而成倍地增长。好在总裁思想开明，非但没有干涉，反而在林奇的策略奏效时很快接受了林奇的投资策略。

当时的麦哲伦基金的规模只有2 000万美元，在众多基金中默默无闻，而林奇的名气也同样无声无息。由于当时股市正处于熊市，尽管业绩很好，在林奇开始管理的头3年，依然有近1/3的份额被投资人赎回了。是金子总会发光的，随着20世纪80年代牛市的到来，业绩优异的麦哲伦基金开始越来越吸引投资者和媒体的注意力，而林奇也不负众望，连续13年保持了非凡的盈利能力。在这13年里，麦哲伦基金的累积收益率达到了2 700%，也就是说，平均年收益率为29.2%，超出同期市场平均收益13个百分点。当他在1990年离职退休时，麦哲伦基金的资产已经由当初的2 000万美元增长到了140亿美元，规模扩大了400倍，基金投资人超过100万人，不仅成为富达公司的旗舰基金，也成为当时全球管理资产额最大、投资业绩最佳的基金。林奇的影响之大，以至于因其推崇长期投资，而使不少只做过几次短线交易的基金经理人对外都宣称自己是长期投资者，“宁可承认自己是瘾君子，也不愿承认自己是短线客”。

三、站在巨人的肩头

这位投资大师在投资理念上有着自己独到的见解，也许能给投资者一些启发：

第一，不要相信各种理论。多少世纪以来，人们听到公鸡打鸣后看见太阳升起，于是认为太阳之所以升起是由于公鸡打鸣。今天，鸡叫如故，但是每天为解释股市上涨的原因及影响的新论点，却总让人困惑不已。我是长期投资的崇拜者，持股时间一般都在3年以上，所以我的建议也是以长期投资为基础的。那些定量的技术分析和稀奇古怪的理论，纯粹是认为鸡叫导致了日出。

第二，不要相信专家意见。专家不能预测到任何事情，虽然利率和股市之间确实存在着微妙的相互联系，我却不信谁能用金融理论来提前说明利率的变化方向。要相信自己的研究和判断，只要控制好自己的盲目情绪，加上足够的耐心，一样能够成功，相信成功得来不易，而且从小培养下一代成功致富的观念的人，才是掌握命运、掌握财富、信奉智慧的人。

第三，不要相信数学分析。“股票投资是一门艺术，而不是一门科学”。对于那些受到呆板的数量分析训练的人，处处都会遇到不利因素，如果可以通过数学分析来确定选择什么样的股票的话，还不如用电脑算命。选择股票的决策不是通过数学做出的，你在股市上需要的全部数学知识是你上小学四年级就学会了的。

第四，不要相信投资天赋。在股票选择方面，没有世袭的技巧，尽管许多人认为别人生来就是股票投资人，而把自己的失利归咎为天生愚笨。我的成长历程说明，事实并非如此。在我的摇篮上并没有吊着股票行情收录机，我长乳牙时也没有咬过股市交易记录单，这与人们所传贝利婴儿时期就会反弹足球的早慧截然相反。

本章小结

实现有效的财务管理是非营利组织存在和发展的基础，本章从财务预算、财务管理、基金运营等三个方面对非营利组织的财务管理进行了分析。编制预算是财务管理中一个很重要的工作，制定适当的计划体系、搜集各种业绩资料等是做好预算的必要前期准备，在进入具体编制过程时，如何确定收入和支出的预算规模、如何进行预算决策就成为关键的问题；在确定预算规模时要尽可能多地考虑各方面的因素，使其更加合理可行；在进行预算决策时要运用各种预算策略、预算技术，以期达到最优决策。非营利组织的财务管理目标是获取并有效使用资金，以最大限度地实现组织的社会使命。这就决定了它与众不同的财务特征：主要资金来源不是顾客；不存在利润指标；责权利不明确；特殊的所有权形式等。另外，本章还对非营利组织财务管理的内容做了具体的阐述。非营利组织虽然不以营利为目标，但并不是说非营利组织不可以获得收益，它可以进行投资，不过对其基金投资运营有严格的规定。本章对基金的基本问题做了概述，并对非营利组织基金投资的战略、策略、风险防范等各个方面都进行了论述。

关键概念

收入　零基预算　财务管理　开放式基金　支出　投资管理　契约型基金　购买力风险

复习思考题

1. 制定预算体系前应做好哪些准备工作？
2. 简述零基预算。
3. 非营利组织与企业组织财务管理的区别是什么？
4. 非营利组织财务管理包括哪些内容？
5. 基金投资过程中存在哪些风险？应如何防范这些风险？

第五章　非营利组织品质管理

一个组织最为重要的东西是其产品或服务，对于产品或服务而言最重要的则是品质，它是组织发展的基础和命脉。在管理学界，品质的含义不只局限于有形产品，社会服务、生活环境等也具有品质，也应该得到提高。对于企业而言，产品的品质不好，产品就没有市场，产品没有市场，企业就失去了利润来源。非营利组织也同样，只有不断提高其产品或服务的品质，才能更好地实现组织宗旨，才能实现组织的可持续发展。

第一节　品质管理概述

一、品质与品质管理

1. 品质的概念

国外学者对品质的内涵做过一些界定。鸠仁（Juran）将品质定义为“适合于使用”，是“由顾客来衡量的”。克劳士比（Crosby）认为品质是“合乎需求的”，即按照顾客的需求来制定一组定义产品的规格，按照这个规格生产出产品后就会真正地符合顾客需求，从而也就达到“零缺陷”。罗斯（Ross）说“品质是产品或服务之满足顾客需要的能力”。中国学者戴朋综合以上几种说法后将品质定义为：品质是在第一次就要做到或达到最好且能符合顾客需求与期望的能力。国际《质量管理和质量保证术语》（ISO 8402：1994）给出的定义是：质量是反映实体，满足明确和隐含需要的能力的特性总和。这个定义里虽说是质量，但实际上它的范围很广，已经涵盖了品质的内容。另外，需要说明的是，定义中的“需要”包括性能、合用性、可信性（可用性、可靠性、维修性）、安全性、环境、经济性和美学要求等等，并且，“需要”会随着时间的变化而变化，因此要对品质进行定期的评审以便使之符合需要。国际《质量管理体系基础和术语》（ISO 9000：2000）中把质量的定义表述为：质量是一组固有特性满足要求的程度。其中，“固有”是指在某事或某物中本来就有的，尤其是那种永久的特性。前后这两个定义把质量都定义为是特性并且强调要满足顾客需要，不同的是，后一个定义指明了质量用程度来表示，即用好坏、优劣等来形容。其实，事物的特性并非都是固有的，很多都是人创造的，也并非如戴朋所说的“第一次就做到最好”或“没有缺憾”，品质是有好有坏的，好坏的程度应不同，品质也需要不断改进。

综上所述，我们认为，狭义的品质是产品、服务等具有的不同程度满足顾客需求的一系列特性。好的品质不仅给予顾客生理、物质上的满足，而且要给予心理、精神上的满足，如优美的外观所带来的美感，名牌和豪华所给予人的身份和地位。广义的品质包括五个方面的内容：（1）产品的品质：产品本身是否经久耐用、美观、符合需求等。（2）服务的品质：包括礼貌待客、妥善地处理顾客投诉等。（3）人员的品质：包括职员的品德是否诚实、守信，工作态度是否认真、负责，专业技术的掌握等。（4）环境品质：包括工作的环境是否舒适，接待顾客的场所是否优雅等。（5）管理品质：包括组织结构是否合理，人员安排是否恰当，员工之间是否团结一致等。

2. 品质管理的概念

品质管理在《质量管理体系基础和术语》（ISO 9000：2000）中指的是致力于满足质量要求的一些活动。基于这种理解，我们认为，品质管理是指在品质方面指挥和控制组织的协调活动，它包括制定质量方针和质量目标，以及质量策划、质量控制、质量保证和质量改进，也就是说，品质管理涉及整个组织的方方面面，包括了生产什么、如何生产以及如何安排人员进行生产、事后对产品的检验等等。品质管理不同于品质控制，品质控制是通过一系列方法在事前、事中、事后对产品、服务等进行控制以达到事先设定的标准；品质控制只是看产品、服务等是否与事先设立的标准相一致，不一致则重新进行生产，但并不涉及改进过程。当顾客的需求变化之后，品质也要求变化，这时的改进就属于品质管理的范围了。从品质管理方法的演进中也可以看出它们的区别：在前两个阶段——传统品质控制阶段和抽样检验控制阶段只涉及品质的控制；而后两个阶段——全面质量管理阶段和 6σ 法管理阶段就属于品质管理了。

二、品质管理理论的演化

1. 传统质量管理阶段

泰勒首先将质量检验独立出来成立专业的工种，从而开创了质量管理的先河。这种管理以检验为基本内容，对最终产品是否符合规定要求做出判定，但是单一的事后检验只能保证从企业流向市场的产品质量，这种质量管理方法成本高，而且难以找到质量问题所在的原因，更难以起到有效的预防、控制作用。这些缺陷随着生产规模的扩大和产品复杂度的提高，变得越来越明显。

2. 统计质量管理阶段

研制成功世界上第一只晶体管的美国贝尔电话研究所于 1948 年 6 月 30 日正式成立。贝尔电话研究所的休哈特（W.A.Shewhart）首先提出用数理统计的方法来解决大规模产品质量管理的问题，并进一步提出了质量预防的观念，首创了质量控制图和质量控制的统计方法，当时应用在贝尔系统的西电公司生产现场，该方法又被叫做控制质量的 6σ 法。另外，同在一个研究所的道奇（H.F.Dodge）和罗米格（H.G.Romig）一起提出了在破坏性检验情况下采用抽样检验表和最早的抽样检验方案。这三人成为统计质量管理理论的奠基人，将质量管理理论带入了统计质量控制阶段，但是这套理论仅仅局限在产品检验和质量预测领域，而忽视了产品品质和企业组织管理之间的关系，从而将产品生产和支持产品生产的各流程环节割裂开来，这种局部性的质量管理方式能够保证适合标准的产品，却不一定能够保证适合需要的产品。

3. 全面质量管理阶段

到了 20 世纪六七十年代，世界著名的品质管理大师戴明博士（W.Edwards Deming）将品质经营的理念和其重要性带到了经济快速发展的日本，改变了日本产品劣质、廉价的形象，使得日本在后来的几十年中凭借出色的品质称雄全世界。戴明的主要贡献是提出了 PDCA 循环（plan→do→check→action）以及 SPC（statistical process control）理论和方法，并在 20 世纪 80 年代总结出了戴明质量管理十四法。同一时期，另一著名的品质管理大师朱兰（Joseph M.Juran）也从系统的角度出发考虑管理问题，提出了管理就是不断地改进工作。他建立了质量三元论（质量计划、质量控制和质量改进），并且提出了质量是一种合用性的观点。所谓合用性是指使产品在使用期间能满足使用者的需求。这个观点第一次将用户的需求而不是工业标准作为了产品质量衡量的依据，而且朱兰博士指出产品质量是在市场调查、开发、设计、计划、采购、生产、控制、检验、销售、服务、反馈等全过程中形成的，同时又在这个全过程的不断循环中螺旋式提高，所以也被称为质量进展螺旋。因此质量管理需要从全面企业经营过程入手，从而提出了全面质量管理（TQM）学说。

另外值得一提的是品质管理大师克劳士比，他首次提出了“零缺陷”概念，认为质量管理重在预防，质量问题是管理问题而不是技术问题，要从所有流程的开始做起，每个人都要努力做到“第一次把事情做对”，从而将质量管理的思想从靠别人转向了靠自己。

但是全面质量管理依然存在缺陷：一是没有就企业质量管理的组织进行规范；二是全面质量管理虽然顾及到了客户的需求，但是仍然以产品为中心进行管理；三是在全面质量管理理论下产生的 ISO 9000 系列质量保证和质量管理认证容易产生一堆文档体系，但是缺乏系统的工具和方法，难以真正提高企业产品和服务质量。

4.6σ 质量管理阶段

6σ 管理法最早由摩托罗拉的通信部门负责人费希尔提出，并在该公司推广。6σ 管理法实施仅两年就使摩托罗拉获得了马可姆·玻里奇国家质量奖，而且在以后的十年里销售额增长了 5 倍，利润每年增加 20%，节约的费用累计达到 140 亿美元，从而使一个在 20 世纪 80 年代不被看好的公司受到了世界的瞩目。之后 6σ 管理法被通用电气公司（GE）的杰克·韦尔奇发扬光大，他本人从而成为一代传奇人物。

不过，6σ 管理法并非一种全新的方法，因为它有很多原则和工具可以在 TQM 里找得到，因此把这种方法看做 TQM 的衍生物也不为过。不过，6σ 管理法更多强调了对客户满意的关注和保障质量管理全面展开的组织建设，将质量管理的工具和方法放置到了更为合理的技术层面，而将满足客户的品质和创新作为企业追求融入企业文化之中，为员工创造人性化的生产服务条件，使客户对企业信誉、产品和服务产生最佳的感觉，从而全面提升企业作为一种生命体的价值。

“σ”（sigma）在统计学中叫做“标准差”，用来表示任意一组数据或流程中的离散或差异程度。当 σ=1 时，DPMO 值即“每百万次缺陷次数”为 690 000 次，正品率为 30.9%；当 σ=2 时，DPMO 为 308 000 次，正品率为 69.2%；当 σ=6 时，DPMO 为 3.4 次，正品率为 99.9997%。6σ 管理法的目的就是使 σ 值达到 6，要缩小差异程度直到满足顾客的要求。该方法的核心思想有：高度地关注顾客，一切以顾客的需要为出发点；高度关注业务流程，从产品设计到销售、评估绩效及提高顾客满意度，6σ 管理法都把业务流程作为成功的关键之处；主动管理，即注重预防而非失火了再进行抢救，确定远大目标并经常加以检验等；消除部门及各级别之间的界限，真正做到整个组织融为一体，朝着共同的方向努力；追求完美，但是又不怕失败。

需要注意的是，以上四个发展阶段都是针对生产有形产品的企业的，所以用的是“质量”，当我们把这些管理理论应用于非营利组织时，“质量”也就具有了“品质”的含义。

三、品质文化

1. 品质管理与教育

要提高组织的品质，不仅仅要靠奖励或者惩罚这些硬性的措施来鼓励员工应该怎么做或告诉员工不应该怎么做，还要通过向员工灌输提高品质的理念，使他们认识到优秀的品质对于他们自身以及组织甚至对于整个社会的影响，使他们认识到提高品质的必要性。这种理念一旦形成，就会体现在他们的日常行动中，成为他们的习惯，不再需要外部的鞭策，就会自然而然地去改进品质。这已经上升为品质文化的范畴，是一种内在的动力，它将把组织上下凝聚在一起，推动组织不断前进，当然，品质文化的形成不是一朝一夕的事，要经过培训教育，并要支付高昂的费用。

2. 品质文化

优秀的品质文化是指组织全体人员所具有的不断追求高品质以满足顾客需求

的思想观念。具有了这样的观念就会自觉进行品质的改进和提高。品质文化最常见的标志就是组织的工作方针和目标，如“质量第一”、“顾客就是上帝”。组织文化搞得好的单位的员工工作积极性高，热情饱满，遇到问题首先想到的是组织，通常会主动地解决问题，同时员工思维活跃，勇于创新，想尽办法对产品或服务进行改进；组织内部的团结性也很强，人与人关系融洽。而与优秀的品质文化相对应的恶劣的品质文化也是有的，但理论界并没有这样的说法，一提到企业文化或是品质文化都是指优秀的能提升企业品质、竞争力等的文化，其实恶劣的品质文化就是没有文化，也就是说，在组织中没有形成统一的理念去改进产品或服务等的品质，员工思想涣散，工作没有积极性，如果出现质量问题首先想到的不是顾客而是自己的工资。在服务性行业主要表现为对顾客态度冷淡甚至是厌烦。有些单位的员工有时则表现出一副“官架子”模样，好像他们不是在为别人提供服务，而是别人有求于他们。

3. 品质文化教育的步骤

首先，品质文化教育是由组织的高层领导开始的，不仅仅是因为他们有提高自身工作的必要，而且还担负着对下属进行品质教育的责任。另外，领导的表率作用是不容忽视的，只有处在高位的人言出必行，说到做到，下边的人才会心悦诚服地听从指挥，才会上下一条心。

其次，品质文化教育是对基层领导以及职员进行的教育，是由高层领导在日常事务或者定期、不定期的会议中进行的即时教育，这种方式是针对日常出现的问题进行的，因此给员工留下的印象深刻，影响深远。还有一种方式就是参加组织的培训班，不仅要学习有关的专业知识，还要学习改善服务态度、搞好同事关系等有关改善品质的知识。

另外，推行 TQM、6σ 管理法或其他方法的组织还要学习这些方法的有关内容，并树立坚持下去的坚定信念。

第二节　品质管理的方法

一、柏拉图法

柏拉图法是根据搜集的数据，从中找出导致结果的原因，并统计其次数将其加总，最后将其画成找出主要原因的图形。下面举例说明柏拉图的制作步骤：

第一步：确定资料的分类项目。先将资料分为两个项目，一为结果的分类项目，一为原因的分类项目。结果的分类项目包括不合格的内容、发生场所、时期等。原因的分类项目包括原材料、方式、人、设备（本例附后）。

第二步：决定期限、搜集资料。搜集资料时，应划分项目，并仔细记下各项目的条件。

第三步：按项目类别统计数据。将资料分门别类处理后，记在资料表中，并算出各项的不合格数、比率，再求其总和（如图 5-1 所示）。

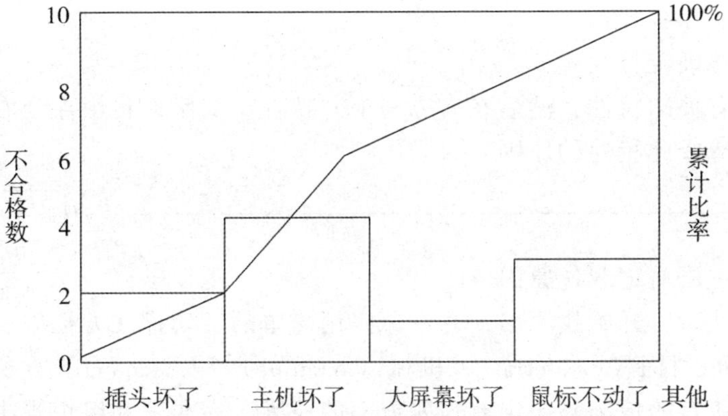

图 5-1　柏拉图

第四步：根据第三步提供的资料画坐标轴。横轴表示原因，纵轴表示不合格数，左边长度是不合格的合计，右边则表示累计的比率，在最上方为 100%，原因项目由左至右，按照所占比率的大小写下，“其他”一项一律记在最右边（如图 5-1 所示）。

第五步：用曲线将各原因所占的比率表示出来。不合格数用直线表示，累计比率则用曲线表示。

第六步：记下资料及图的条件。将资料的条件、时间、制作者等各项资料一一记下。

举例说明：某学校多媒体教室放映设备不好用，查找原因（见表 5-1）。

表 5-1　**查找原因表**

项目	不合格数	累计不合格数	比率	累计比率
插头坏了	2	2	20%	20%
主机坏了	4	6	40%	60%
大屏幕坏了	1	7	10%	70%
鼠标不动了	3	10	30%	100%
合计	10	25	100%	

结论：通过分析，发现放映设备的问题多是由于主机坏了。

二、鱼刺图法

鱼刺图也叫特性要因图，就是将造成某项结果的众多原因，以系统的方式图解之，即以图表来表达结果（特性）与原因之间的关系，因为形状像鱼刺，所以称为鱼刺图。

该图的制作步骤如下：

第一步：确定特性。

先确定有关的特性，然后在右方写上“特性”二字，再由左至右画出一相对箭头，代表造成此特性的原因。

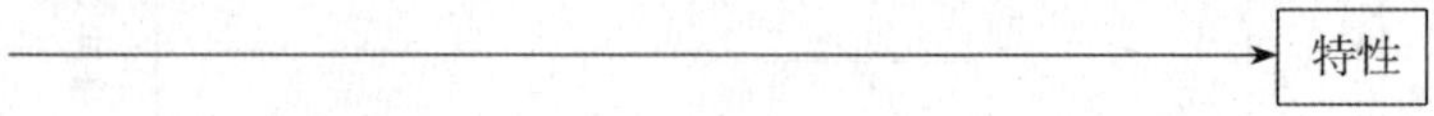

第二步：概略记载各原因。

确定特性后，开始找原因，并将原因用简单的字句记在方框中。各原因记载的重点是 4M：材料（material）、机械（machine）、人（man）、方法（method）。当然，并非所有的情况都一定有这四方面的原因，在非营利组织当中，可以有所增减。

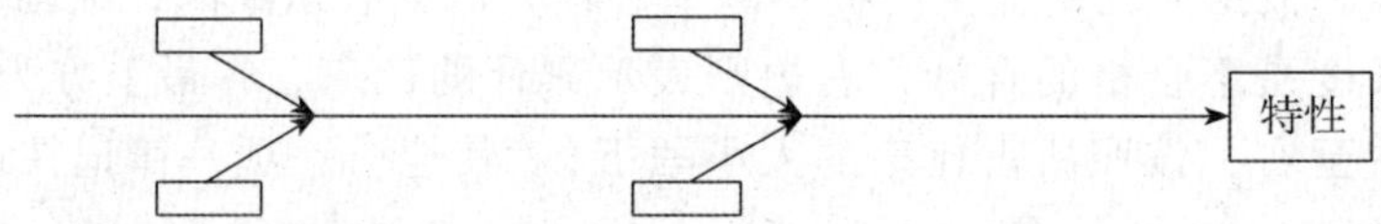

第三步：说明各原因的形成。

在方框中列出各原因的要点后，再用小箭头引出各原因的形成。

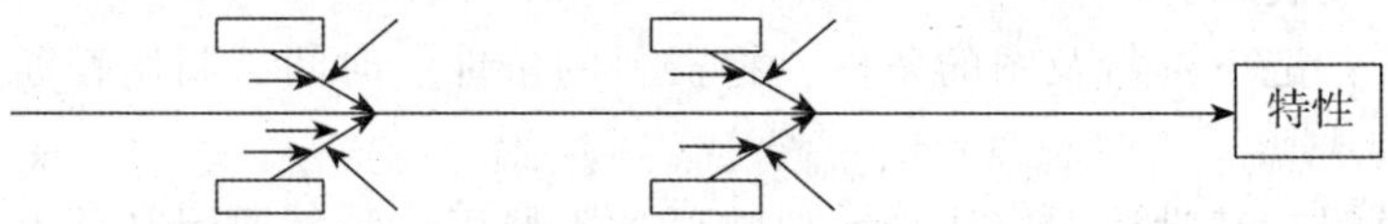

第四步：更详细地解释。

若觉得第三步的解释还不够完整的话，再画出更小的箭头，更进一步说明。

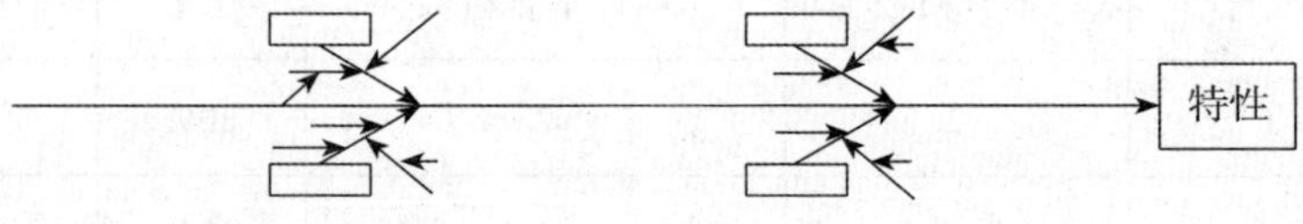

第五步：圈出最重要的原因。

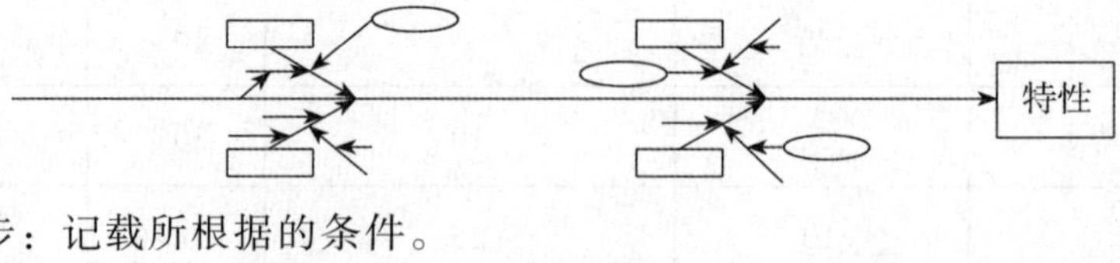

第六步：记载所根据的条件。

当图完成时，在图的空白处，别忘了填上四个要件：目的、问题、制作日期、制作者。

举例说明：多媒体教室放映设备不好用的特性要因分析（如图 5-2 所示）。

结论：原因同上法。

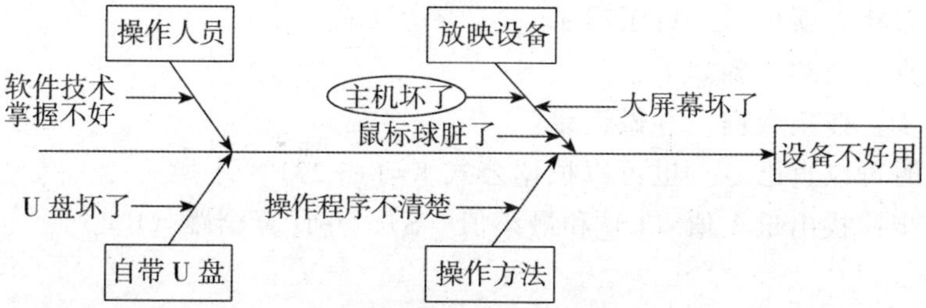

图 5-2　鱼刺图

三、查核表法

简单的查核表是备忘录，将要提醒自己的事项一件件地按顺序记下，可以随时拿出来提醒自己做了没有。其特点为：登记简单；一目了然，需要查核的事项必须清楚陈述；资料不会遗漏，有备忘的功能。

制作查核表的步骤如下：

第一步：先确定目的所在。

第二步：决定记录的项目。

第三步：决定记录的格式。

第四步：在项目栏中记录资料的条件、查核的场所、项目、时间或日期、记录者等。

第五步：在栏外将检查的方法、注意事项记下。

举例说明：某班学生逃课原因查核表（见表 5-2）。

表 5-2　原因查核表

项目 / 时间	9月	10月	11月	12月	合计
迟到	一	丅	丅	一	6
老师讲得不好	丅	丅	丅	一	7
不喜欢这门课	丅	丅	丅	丅	8
会见影视明星	下	丅	一		7
纯粹不爱学习	丅	丅	丅	一	7
合计	11	10	9	5	35

结论：各种原因都有，没有哪一种原因成为主要原因。

四、直方图法

直方图又称柱状图，可将杂乱无章的资料解析出规则性，通过它，资料的中心值或分布状态就可以一目了然了。

制作直方图的步骤如下：

第一步：搜集数据，并做记录。

分组时可以自己定，也可以根据公式 $K=1+3.231^{\log N}$ 计算。

第二步：找出最大值（L）和最小值（S），并计算全距（R）。

R=L-S

第三步：计算出组距（H）。

H=R/K

第四步：确定组界。

第一组的下组界=S-数据的最小位数×0.5

第一组的上组界=第一组的下组界+组距

第二组的上组界=第一组的上组界

以此类推……

第五步：确定中心点。

中心点=（上组界+下组界）÷2

第六步：制作次数分配表。

根据原始数据表计算落在各组的数据个数，即频数。

第七步：制作直方图。

横轴表示测量值的变化，纵轴表示次数。将各组的组界分别标示在横轴上，各组的次数多少，则用柱形画在各组距上（见图 5-3）。

举例说明：某大学教师工资状况分析（见表 5-3、表 5-4、图 5-3），假设只有 30 名教师。

表 5-3 原始数据表 单位：百元

					最大	最小
10	10	11	12	15	15	10
18	18	20	20	21	21	18
21	25	20	21	25	25	20
30	30	30	31	35	35	30
40	35	41	30	40	41	30
50	51	60	50	22	60	22
					60	10

表 5-4　**频数分布表**

组数	组界值	中心值 X_i	频数统计	频数 F_i
1	9~19	14	正丅	7
2	19~29	24	正𠄌下	9
3	29~39	34	正丅	7
4	39~49	44	下	3
5	49~59	54	下	3
6	59~69	64	一	1
合　计				30

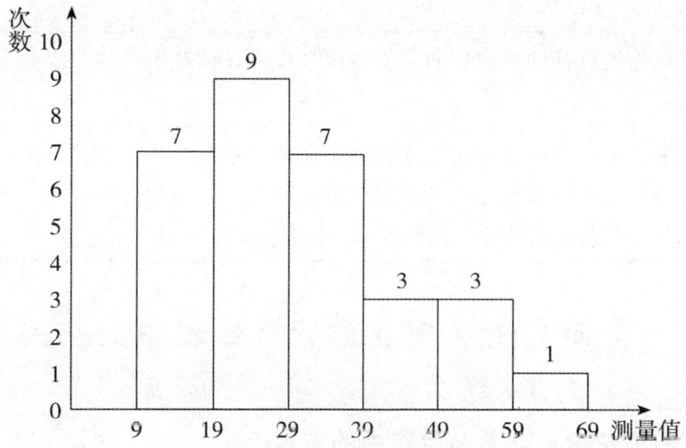

图 5-3　直方图

结论：该学校教师工资 2 000~2 999 元的居多，2 000 元以下的和 3 000~3 999 元的其次，4 000 元及以上的较少，总体工资偏低。

五、头脑风暴法

头脑风暴法是一个产生思想火花的过程，重在展现个人的观点，并不一定得出什么结论。此方法的过程如下：由会议支持者提出问题，然后大家一个个开始发言，在别人发言时不允许进行批评攻击，但别人发言后可以对他的观点进行补充。最后会议支持者做一个总结。在此过程中要注意：

（1）会议主持者要鼓励参加者尽可能多地阐述自己的看法。

（2）参加者都是平等的。

（3）不允许对他人的观点进行批评。

（4）要把每个人的观点记录下来。

举例说明：关于决定是否给自费研究生发放补助一事召开一个五人组会议进

行讨论，会议主席为A，成员为B、C、D、E（见表5-5）。

表5-5 **头脑风暴法列表**

发言人	内容	备注
主席A开场白	今天大家就是否给自费研究生发放补助一事做个讨论，希望大家积极地表达自己的看法，并说明理由，下面先从B开始	
成员B	我认为应该发，因为自费生额外已交了那么多学费，应平等对待，消除不公平感	
成员C	我认为应该发，自费生在本科已花了不少钱，研究生阶段又交了不少学费，发放补助以安其心，让其专注于学习和研究	
成员D	我认为不应该发，因为学费业已考虑了这一因素，何必再来“羊毛出在羊身上”这一招呢	
成员B	我认为发放补助是应该的，但目前学校搞评估花不少钱，因此不发也情有可原	
主席A	大家的观点我看主要是考虑到学生经济困难，易产生不公平感，发放补助是有道理的，但目前考虑到评估一事，因此，以后学校资金宽裕了再予以发放。今天的会议就到此，谢谢大家，散会	

第三节 全面质量管理在非营利组织中的应用及建议

一、全面质量管理在非营利组织中的应用

[案例1]

美国俄勒冈州立大学实施全面质量管理之经验

俄勒冈州立大学是美国第一所在其管理框架中引入全面质量管理的研究型大学。自1989年首先在财务和行政部门建立质量改进小组并在取得显著成效后，在后来的四年中将质量管理推广至学校所有的管理领域，包括学生事务、研究和员工管理。在IBM公司1992年宣布资助的全美九所实施全面质量管理的高等院校中，俄勒冈州立大学榜上有名，从而获得IBM公司提供的100万美元的现金或价值300万美元的IBM设备。

俄勒冈州立大学之所以采用TQM管理法是因为在20世纪80年代后期面临着学生人数减少、消费者不满意、员工士气低下的挑战。在财政状况需要改进的情况下，俄勒冈州立大学认为紧缩策略的主要部分是提高生产力，而全面质量管理强调的正是提高生产力的方法——减少成本以及保持或提高质量。

在开始实施 TQM 管理法之前，俄勒冈州立大学做了两个准备工作：

一是达成对 TQM 的认识和认同。高层管理者先是参观了已实施 TQM 的公司企业，后又在 1989 年邀请戴明博士来学校做演讲，以及阅读有关的图书资料、参加 TQM 培训班、学习波多里奇国家质量奖的标准等等，从而使管理者理解了什么是 TQM，在大学实施 TQM 的必要性，以及对实施 TQM 潜在优势的认识。

二是进行建立团队（team）的试点实验。为了应用所学到的 TQM 知识并在实践中检验 TQM 团队的作用，学校在设备部组建了全校第一个 TQM 团队。试点团队的主要任务是解决如何减少用于设备改造过程的时间这一具体问题，其工作既是一种学习体验，也为未来的团队提供一种模式。学校之所以选择设备部作为试点，是因为当时设备部的内部交流缺乏，员工士气低落，对外服务低效、收费高且很少关心消费者的需要，在消费者心目中的形象极差。该实验是通过两个阶段来进行的，最后在改造过程中工效提高了 23%，还极大地改善了工作关系和态度。

在第一个试点团队获得一定的经验后，该大学开始通过重视战略突破规划（strategic breakthrough planning）的高层管理来实施 TQM。这一规划包括如下五个步骤：

（1）界定使命。作为一所临海的公立大学，俄勒冈州立大学当时就将自己的大学使命界定为"通过教育、研究和服务来服务于俄勒冈州、全国和世界的人们"。

（2）了解消费者。根据大学提供给外部消费者的价值标准来评价学校所做的一切，要不时地向消费者了解他们的期望，并采取行动来满足这些期望，还要不断地了解消费者的满意度。

（3）明确关键过程。俄勒冈州立大学提出了 12 项关键过程及其衡量标准：

①招生（与入学管理计划的一致性）；

②课程开发（同行的认可）；

③教学（学生的教学评价）；

④国际发展（输送留学生的人数）；

⑤研究（出版物的数量）；

⑥对外服务（社区参与率）；

⑦与社区的关系（不满意事件的数量）；

⑧信息服务（计算机学生之比）；

⑨长期规划（目标实现的比例）；

⑩员工任用与发展（第一志愿被任用者的比例）；

⑪设备开发（用于维修之费用的价值率）；

⑫基金发展（所得到的资金与所要资金的差异）。

（4）提出远景目标。该大学利用一种“类似图（affinity diagram）”将理想大学的特点集中起来并加以组织，形成了其远景目标的雏形。比如要成为一所重要的国际大学：希望每一个学生都至少掌握一门外语，至少有在国外待上1/4时间的经历，并能熟练使用计算机；希望每一位教师都具有国际的经历并使该校的国际研究项目提高一倍（从当前的26个国家增加到52个国家）；希望使占学生总数10%的外国本科留学生增加到15%等。提出远景目标之后，工作中心转向认清实现目标的障碍，并再次通过运用“类似图”这一TQM工具来分析各种障碍的性质。该大学列出的障碍包括日趋恶化的物质基础结构、不断增加的研究成本、不佳的公众形象、低落的员工士气、不充分的信息系统等。

（5）确定突破点。TQM的突破性规划（breakthrough planning）是对学校的战略计划（strategic plan）的补充。在前四个步骤的基础上，该大学明确了三个需优先考虑的突破点：增强大学的计算机能力；提高大学的国际化程度；通过实施TQM提高管理的效率。

俄勒冈州立大学早期对实施TQM的试点准备表明团队是实施TQM的核心，因为只有组织中的全体成员都有机会参与改进工作程序的活动，质量问题才能得到更好的解决，才能使解决问题的办法得到更快、更持久的落实。因此该大学在10个单位中分别成立了10个管理团队，每队由10人组成，每一团队有一负责人，通常由这一工作程序的主管担任；而单位主任则往往作为团队的支持者，来确保团队的活动与大学的关键过程相联系并促使学校向其远景目标迈进。

在实施TQM的第三年，该大学就在节约工作时间、减少能耗、降低工作成本等方面初见成效。在10个团队中设备部设备改造团队使改造工作的时间平均缩短23%，节约费用219 539美元。印刷/邮政团队采取六种办法，减少预印过程的时间达50%，节约费用16 224美元。研究账目清算的商务团队使得处理拨款/合同文件的天数节约15%，节约费用73 128美元。

问题：

1. 在实施TQM前，俄勒冈州立大学做了哪些准备工作？

2. 俄勒冈州立大学是怎样具体实施TQM管理的？

3.TQM在俄勒冈州立大学的成功使你对TQM有哪些新的认识？

[案例2]

阜山中学教学全面质量管理之经验

阜山中学创办于1928年，是青田县教育史上的一座丰碑。该学校培养了大批的优秀人才，被誉为“浙江西南教育的摇篮”，誉满五湖四海。阜山中学在实施TQM中提出了一些宝贵的原则可供我们借鉴：

第一是顾客导向原则；

第二是以人为本、全员参与的原则；

第三是过程管理原则；

第四是系统管理原则；

第五是持续改进原则；

第六是防检结合、以预防为主的原则；

第七是文化导向原则。

在顾客导向原则里，该校根据顾客与教学的紧密程度的不同，划分为三级：

第一级外部顾客，又称基本顾客或直接顾客，指的就是学生；

第二级外部顾客，包括家长、教育行政部门、高一级学校和毕业生的雇佣者；

第三级顾客，包括政府、国家和社会。

学校教学质量的高低不能由学校说了算，也不能只由预先设定的标准说了算，而应由这些顾客说了算。为了确保满足顾客的需求，学校设立了两类教学质量标准：

一类是教学服务标准，即由教育工作者和专家定义的标准，主要根据国家的教学目的、教学内容、教学大纲、课程标准来制定，主要包括知识、技能和态度几个方面。

另一类是顾客的标准，即由顾客决定的质量标准，决定的因素是顾客满意度。

在第二个原则里，不仅要求学校各个科室参与各自部门质量的改进工作，而且还要动员和组织学生家长及社区公众代表参与教学质量管理网络系统，积极开展优化家庭环境和社会环境工作，努力把家庭、社会和学校教育的影响统一到全面发展的教育方针上来。

接下来又将学校全面质量管理的基础工作分成五类：

(1) 质量教育工作，即提高高教职工与干部的思想和业务素质。为此要进行三方面的教育：质量意识和质量责任感的教育、专业知识与技能的教育和培训、质量管理的知识和技能培训。

(2) 质量责任制，是指为了确保教学质量达到一定水平并不断提升，根据质量目标，建立纵向衔接、横向协调的质量责任体系，运用奖惩机制对教学及其相关工作进行有效管理的一种模式。其程序为：

①进行职务分析，确定各个部门、各个岗位的工作任务和质量责任。

②在职务分析的基础上，制定和发放部门职能说明书、个人职务说明书。

③制定质量考核奖惩制度，明确规定质量考核的范围、标准、时间、方式和方法，奖惩细则和方法。

(3) 标准化工作，就是为了所有有关方面的利益，促进学校各项工作更有效地运行，在各个方面制定并实施规则的过程，一般可分为三大类：管理质量标准、工作质量标准和学生质量标准。

（4）质量信息工作，指获取、处理、保存、传递和应用与学校教学质量有关的信息的活动。

（5）质量管理小组，是指从事各项工作的教职工有意识地组织起来，发扬团队精神，发现并研究解决现场中遇到的各种问题。学校的 QC 小组大致分为四种类型：

①以班主任、年级组长、教辅人员为主组成的现场 QC 小组，目的是提高教学各环节的质量，树立为学生服务的意识。

②由学校领导、教务部门干部、学科骨干教师“三结合”组成的攻关型 QC 小组，目的是研究和解决有一定难度或学校教学长远发展的问题。

③以学校领导、各部门负责人为主组成的管理型 QC 小组，目的是提高工作质量，改善与解决管理中的问题，提高管理水平。

④由后勤职工组成的服务型 QC 小组，目的是提高后勤服务质量，推动后勤工作标准化、程序化、科学化。

问题：

1. 阜山中学在实施 TQM 管理过程中提出了哪些可供借鉴的原则？

2. 你是怎样理解顾客导向原则的？

3. 阜山中学的 TQM 管理具体包括哪些方面？

二、非营利组织实施全面质量管理的建议

根据以上两个学校应用 TQM 的实践结果，我们认为在非营利组织当中推行 TQM 应注意以下几个问题：

1. 进行 TQM 的教育

这种教育是自上而下包括所有成员的教育，目的就是为了使成员达成对 TQM 的共识，知道 TQM 是做什么的，都有哪些内容以及推行 TQM 会带来的积极效果，让他们知道并非只有在企业中才可以运用这一管理方法。只有上下观念一致了，实行起来才会畅通无阻。教育方式可以到实行 TQM 的企业中进行参观学习，可以请有关方面的专家来进行集中讲座，可以参加 TQM 培训班并给成员发放有关书籍。

2. 认清属于自己的顾客，并满足他们的需求

像阜山中学把学校的顾客划分为三类一样，任何一个非营利组织也要知道谁是自己的顾客，然后根据他们的特点将之分类，然后再通过调查了解每一类顾客的需求，采取行动不断地满足他们的需求，并经常了解顾客的满意度。

3. 建立工作团队

建立工作团队的目的就是为了发挥集体的力量，群策群力，选出最好的解决问题的方案。这样一方面调动了成员的积极性，另一方面，由于是大家集体讨论的结果，是自己做出的决定，实行起来自然干劲十足。要在重要的职能部门建立

团队，以解决重大的、棘手的问题。每一团队有一位负责人，该团队的部门领导要予以大力支持和配合，并确保团队的工作与组织的整体目标相一致。建立工作团队的步骤是：

（1）选择工作切入点，组建团队。

（2）进行消费者调查，并利用方格表（check sheet）、帕累托图（Pareto diagram）分析结果。

（3）确定消费者，找出最需要改进的领域。

（4）分析改进程序流程图（flowchart）。

（5）确定评价标准及改进目标。

（6）探究问题之根源及改进之障碍，用因果分析图（cause-effect diagram）分析。

（7）资料汇总。

（8）资料评价及分析各类表格或图解。

（9）采用头脑风暴法寻求解决问题的方案并付诸实施。

（10）如问题解决，则将解决问题之方法标准化为正规化的操作程序。

4. 持续不断地对质量进行改进

没有最好，只有更好。任何产品或者服务都有改进的余地，并且，根据满足顾客需要的原则，顾客的需要是多变的，是不断提高的。这就决定了产品和服务的质量没有一个最终的标准，也没有一个统一的标准，因此，一方面要追求品质的完美，一方面要满足顾客多余化的需求。

5. 先在某一个部门进行实验，成功之后再推广至整个组织

一般来说，最好先在同工商企业性质相似的部门应用 TQM，比如财务、人事、设备等部门；然后再应用至本组织专业方面的部门，比如学校的教学部等；最后再推广至整个组织。TQM 不一定适合于所有的组织，先在某一个部门进行试点推行，一方面可以避免大规模的失败，另一方面如果成功的话可以对其他部门起到鼓舞激励的作用。

本章小结

品质管理不仅是企业生存的基础，对非营利组织而言也至关重要。从广义上讲，品质包括产品品质、服务品质、人员品质、环境品质和管理品质；品质管理是指在品质方面指挥和控制组织的协调活动。本章对品质管理的理论和方法做了较为详细的分析。品质管理理论发展至今，经历了从传统质量管理、统计质量管理、全面质量管理到 6σ 质量管理四个发展阶段；随着品质管理理论的不断发展，品质管理的方法和技术也随之不断发展，本章通过对具体事例的分析，分别介绍了柏拉图法、鱼刺图法、查核表法、直方图法和头脑风暴法等，利用这些方法我们可以实现有效的品质管理。全面质量管理在非营利组织的运用已有不少成

功的案例，本章选取了两个比较有代表性的案例，通过对它们的分析，让更多的非营利组织能够重视全面质量管理，强化全面质量管理的理念，运用全面质量管理的方法和技术，并对非营利组织实施全面质量管理应注意的问题提出了一些意见，供读者参考。

关键概念

品质　品质管理　品质文化　6σ 管理法　柏拉图法　全面质量管理

复习思考题

1. 品质的含义是什么？
2. 如何有效地进行品质文化建设？
3. 品质管理理论的演进经历了哪些阶段？
4. 简述头脑风暴法。
5. 非营利组织实施全面质量管理应注意哪些问题？

第六章　非营利组织营销管理

营销一词来自私营领域，是关于需求和市场的学问。非营利组织是否也需要营销管理？人们的结论至今仍莫衷一是。然而在现实中，我们已经看到，营销实际上是一种涉及甚广的社会活动，营销不仅限于企业的产品和服务，营销也同样适用于非营利领域。竞选是选举人的营销；招生是学校的营销；服务患者是医院的营销；募捐是社会行为的营销等等。尤其是当这些组织面临顾客背弃、会员减少、赞助金减少等挑战时，就不得不开始考虑市场问题。只有建立起面向需求、面向受益者、面向市场健全的营销体制，实施积极创新的策略性营销管理，在组织运作和管理的全过程中坚持营销导向，非营利组织才能在不断变化和充满竞争的社会现实中立于不败之地。

第一节　非营利组织营销概述

一、非营利组织营销的发展历程

从总体上说，非营利组织营销的发展历程主要分为四个发展阶段：

(1) 20 世纪 60 年代以前，非营利组织往往会忽视对市场营销的管理。比如说，一些非营利组织认为它们是社会中必不可少的一部分，它们认为营销管理是没有必要的。非营利组织不会对募捐市场制定一系列的营销规划，而是等着社会上的募捐者主动上门捐赠。

(2) 20 世纪 70 年代，在发达国家的非营利组织开始尝试一些“营销”活动。这些组织开始通过广告等形式来宣传他们所提供的服务以便能得到更多的筹集资金。一些专家学者认为营销理论不单单可以应用到传统的产品销售中，也可以应用到非营利组织中。到了 70 年代后期，非营利组织开始逐渐意识到营销的重要性，但是非营利组织营销的启动与发展却非常缓慢。

(3) 20 世纪 80 年代到 90 年代之间，非营利组织的营销活动发展得很快，可以说营销已经渗入了非营利组织的日常工作。许多全球性的非营利组织和国际组织都通过营销策略来致力于全球可持续的发展。非营利组织开始按着一系列的营销规划来进行活动。

(4) 时下，营销管理已经广泛并且熟练地应用到非营利组织中。营销理念已经成为非营利组织能否成功的一项重要因素。同时在我国，多家大学也开设了有关非营利组织管理方面的课程。

二、非营利组织营销的意义与导向

1. 非营利组织营销的意义

非营利组织的非营利性并不排斥其适当的市场运作和向企业借鉴一些管理方法。市场仅仅是一种手段，企业可以运用市场，非营利组织同样也可以运用。经验表明，营销可以帮助非营利组织更好地运作，其意义在于：

（1）确认公众需求。通过营销，分析并确认公众的需求，据以提供正确的公共服务和引导公众健康需求。

（2）提高公众形象。通过营销，非营利组织把自身的组织宗旨和其他信息传达给公众，从而提高其在公众中的形象，并刺激公众给予回应。

（3）确定组织目标。根据营销，确定组织目标，并拓宽组织资源的吸收途径，使任务的实现更为顺利。

（4）吸引公众关注。通过营销，引起公众的注目，吸引非营利组织需要的各种关注和支持，从而使非营利组织在社会上具有更大的影响力。

2. 非营利组织营销的导向

对任何机构而言，营销的一个最基本问题就是导向问题，如“以产品为导向”，还是“以顾客为导向”。这是一个管理哲学问题，对这一问题的不同理解和认识反映了组织的经营观念和对待市场的态度和方法。

按照历史的沿革，追溯近百年来营利性组织经营导向的演变，营销从总体上讲，大体有五种导向模式，即生产导向、产品导向、推销导向、营销导向和社会营销导向。

（1）生产导向。以生产为导向的组织将注意力主要集中于增加产量和降低成本上，通过大量生产和压缩成本以形成规模经济。因此，组织在市场上的表现就是，生产什么就销售什么。在这种经营理念指导下，组织以生产为中心来带动和促进自身的发展，很少或根本不考虑顾客的需求。

（2）产品导向。产品导向是生产导向的另一种表现形式，只是侧重点有所不同而已。以产品为导向的组织奉行“只要有产品质量，就一定会赢得市场”这一信念，往往根据自己的产品来确定组织的任务。在这种观念指导下，组织总是致力于生产优质产品，并不断地改进产品，而忽视了一个重要的法则，即质量的评价标准应该来自市场，而不是来自组织自身的各项考核指标。

（3）推销导向。推销导向认为，组织的主要任务是刺激潜在顾客，使其对现有产品发生兴趣，以尽量多地购买本组织的产品。在此观念指导下，组织加大了广告的预算及推销力度，试图以高密度的宣传方式说服公众来接受其产品。这种行为意在试图改变消费者的行为，而不是适应消费者的行为，把“推销”变成

“营销”的同义词。

（4）营销导向。营销导向认为，实现组织目标的关键在于确定目标市场的需要和欲望，并且用比竞争对手更有效的方式来满足目标市场的需求。这种观念强调组织要以顾客需求为中心，即把满足顾客需求作为组织一切经营活动的中心和最高准则，并将此贯彻到组织生产经营的全部过程中。按照这种导向，组织考虑问题的逻辑顺序不再是从产品出发，而是从顾客出发，根据目标市场的特定需求来组织产品并实施销售，也就是说，决定交易成败的关键不取决于企业，而是顾客。

（5）社会营销导向。社会营销导向强调，组织在满足目标市场需求的同时，更要注重消费者的长远利益和社会的长期福利。这一观念将营销提升到更高的层次，是对营销导向的重要补充和完善。社会营销观念要求管理者在营销活动中必须处理好组织与顾客、社会的关系，广泛开发关系营销活动，并采取所谓的“事业关联营销”手段来获得成功。

三、非营利组织营销的特点

非营利组织营销与营利组织营销有着很多相似的方法，如它们都需要进行营销环境分析、制定“4P”策略等，但是，由于非营利组织不仅要谋求自己组织的利益，更重要的是谋求目标群体的利益，为整个社会造福，因此，非营利组织营销又呈现出与营利组织营销明显不同的特征。

1. 目标多元性

与营利组织仅追求盈利目标不同，非营利组织营销时倾向于追求多种目标。它除了要谋求自己组织和机构的利益，尽可能地增加收入，使本组织发展壮大外，更多的是为了目标群体的利益，其最终目标与任务在于造福社会公众。例如，一所大学要以学生、学生家长、教职员工、当地政府、当地企业为目标来开展其营销活动。对于非营利组织中的管理者来说，想要实现所有的目标是很困难的，管理者需要从中选择较为重要的目标以便进行有效的资源配置。

2. 以服务营销为主

大多数非营利组织提供的产品主要是服务和社会行为，而服务与商品是有一定区别的，它具有无形性、相关性、易变性和时间性等特征，因此非营利组织营销具有明显的服务营销的特点。它不仅以财务指标作为评判依据，还要考虑“使生活变得更好”、“提高人民的居住环境水平”、“改变人们的不良观念”等社会指标，这就要求非营利组织拓展思路，以更开阔的眼光来审视营销的效果。比如，学校的体育馆常常是学校严重亏损的部门之一，但由于它是学校不可缺少的基础设施，可以为学生带来身心健康，因此，学校不能仅凭财务上的亏损而忽视体育馆的建设。

3. 公共关系地位突出

与营利组织不同的是，营销对象和利益相关者的多样化使非营利组织不仅要对顾客进行营销，还要考虑对捐助者的营销。前者涉及资源的吸引和资源配置问题，而后者仅涉及资源吸引问题。另外，非营利组织还要妥善处理与其他各种利益相关者的关系。例如，一所学校要同时处理好与潜在生源、在校学生、教职员工、当地企业、当地政府、各大媒体等的各种关系。正由于非营利组织营销对象和利益相关者的多样化，公共关系在营销中显得尤其重要，非营利组织需要充分运用好公共关系这一营销手段，并以此来获得良好的外界资源和强大的竞争力。

4. 以社会责任为重

非营利组织营销以社会责任为重。与营利组织仅追求盈利目标不同，非营利组织营销时倾向于追求多种目标。它除了要谋求自己组织和机构的利益，尽可能地增加收入，使本组织发展壮大外，更多的是为了目标群体的利益，其最终目标与任务在于造福社会公众。非营利组织为了承担社会责任，有时不得不违背一部分顾客的意愿。比如，在戒烟活动中，由于找不到有效的戒烟方法，目标顾客很难接受“不吸烟”这种观念，但是非营利组织还是要大力宣传吸烟的害处。因此，有时非营利组织营销得不到公众的支持，而且还影响了相关群体的利益。尽管如此，由于使命的限制，非营利组织还应积极参与到改造社会不良习惯的营销活动中。

5. 严格的公众监督

非营利组织营销要接受更严格的公众监督。由于非营利组织有税收上的优惠并能获得无偿资助，而且很多工作人员都是志愿者，因此，它开展营销活动时往往要接受更严格的公众监督，它的一举一动也常常引起大众媒体、捐助者和顾客的关注。也正因如此，非营利组织所受到的公众压力远远大于营利组织，有时还会带来负面影响。

第二节 非营利组织目标营销

一、目标营销与市场细分

1. 目标营销过程

目标营销是指非营利组织通过市场细分以选择能够为之提供有效服务的细分市场，并针对细分市场制定相应的营销战略。由于每个细分市场都有各自不同的特点，因此，非营利组织必须把市场划分为不同的顾客群体并从中进行选择，根据每个细分顾客群体的具体要求制定不同的营销计划，以便取得好的经营绩效。

实施目标营销可以使非营利组织辨明和发现新的营销机会，并根据不同的细分市场来调整组织的产品、价格、分销渠道、促销组合，其目的是针对不同的目标市场分别实施不同的营销方案。

目标营销主要分三个阶段：

第一个阶段是市场细分，也是目标营销的概念化及研究阶段。市场细分是根据顾客的不同需求，利用有效的细分变量把市场细分为若干个不同的目标群体，并在此基础上对各个细分市场进行描述，细分的目的是为了更好地剖析各个细分市场，以利于组织做出战略的选择。

第二个阶段是目标市场的选择与确立。市场细分之后，非营利组织所面临的问题就是要对各个细分市场进行评估，通过分析与评价各个细分市场的吸引力来选择有利的细分市场。

第三个阶段是市场定位。选择了细分市场（一个或多个）之后，非营利组织就要为其供应和营销组合实施市场定位，以区别于竞争对手。

目标营销的主要过程如图 6-1 所示。

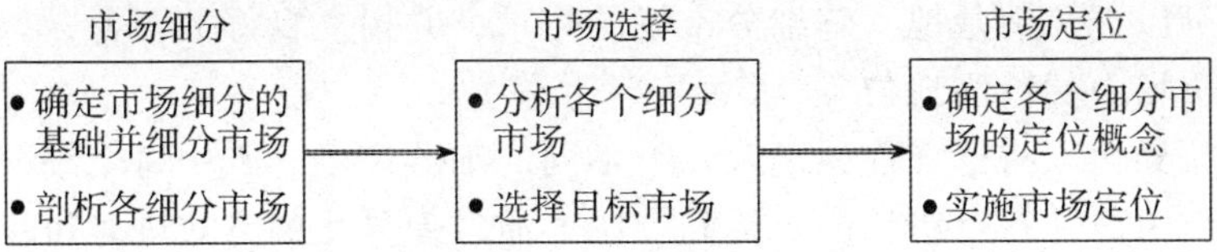

图 6-1　目标营销的主要阶段

2. 市场细分

市场是由顾客构成的，而顾客的特点又各不相同，例如，顾客的需求、购买力状况、居住地区、消费习惯以及生活方式都存在着相当大的差异。所谓市场细分就是根据整体市场上预期顾客需求的差异性，以影响顾客需求和欲望的某些因素为依据，将一个整体市场划分为两个或两个以上的消费者群，每一个需求特点相类似的消费者群就构成了一个细分市场。细分出来的各子市场之间是“异质”的，而各子市场本身又是“同质”的。实施顾客导向的非营利组织在制定目标营销战略时，首先要考虑的是市场细分问题，然后针对一个细分市场分别设计不同的营销方案。非营利组织可选择其中一个或一个以上的子市场作为目标市场，进行产品开发和营销组合，以满足各细分市场的需求。

市场细分需要考虑多种因素，具体包括：

（1）人口因素。运用人口因素细分市场，就是根据人口统计变量，如国籍、民族、年龄、性别、职业、教育程度、宗教、收入、家庭人数等，将市场进行细分。

（2）心理因素。心理因素包括社会阶层、购买动机、生活方式、性格、价值观念等等。

（3）购买行为因素。购买行为因素包括追求利益、品牌忠诚（品牌偏好）、使用者地位、使用频率、态度等等。

（4）地理因素。这是根据预期顾客所居住或工作的地点和与之相关的其他变量来划分顾客的。

二、目标市场的选择与市场定位

1.目标市场的含义及其选择模式

所谓目标市场就是组织可以投其所好、为之服务的那个顾客群。在实施市场细分之后，非营利组织面临着选择细分市场的问题，非营利组织可以发现许多市场营销机会，需要确定应该进入哪几个细分市场。

在选择进入市场之前，非营利组织要对各个细分市场进行评估。一方面是分析市场的规模、增长及发展前景；另一方面，非营利组织也要对自身的目标和资源进行分析与评价，以确定本组织是否适合进入该细分市场。通常情况下，有五种市场选择模式：

（1）市场集中。市场集中即选择一个细分市场集中营销。通过集中营销，非营利组织可以更加清楚地了解细分市场的需求，并树立良好的形象，以确保自己在该细分市场中的稳固地位。

（2）差异化。有选择性地进入几个不同的细分市场，其中每个细分市场都应该具有吸引力，并符合组织的目标和资源。通过差异化的方式进入市场，可以降低和分散组织的风险。

（3）市场专业化。在某一个细分市场上提供所有的产品，以集中满足该细分市场的各种需求。

（4）产品专业化。产品专业化即非营利组织只提供一种产品，并将该产品用于各类细分市场。

（5）市场涵盖。市场涵盖即为所有的细分市场提供所有的产品和服务。

在选择市场进入策略时，主要有如下三种市场策略（如图 6-2 所示）。

2.市场定位

所谓目标市场定位，也称市场定位或竞争定位，就是根据市场的竞争状况和本组织的资源条件，确定自己在目标市场上的竞争地位。它包括潜在目标市场定位和显在目标市场定位两个方面。

潜在目标市场定位是指组织预先对尚未进行定位的市场，确定有利于竞争的位置，同时从产品、服务、价格、渠道和促销等方面做全面的考虑。

显在目标市场定位是指为适应市场上已经出现的竞争状况，而给自己确定一个适当的市场位置。这也是最常见的目标市场定位形式。

无论进行什么样的市场定位，都应该遵循“扬长避短”这一基本原则。在进行目标市场定位时，应努力做到以下几点：确定差别优势；把握时机，争取速度；随机应变，灵活主动；注意发挥整体效益，运用好整合营销策略；正确处理好正位竞争与错位竞争的关系。

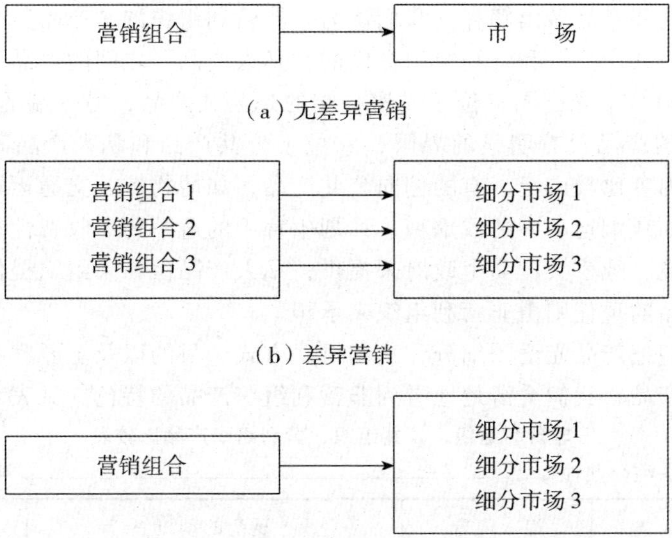

（c）集中营销

图 6-2　三种市场选择策略

三、非营利组织的营销战略组合

非营利组织的营销战略组合主要是进行市场调查与分析、市场定位、制定市场营销目标和制定产品策略等工作。要求非营利组织在调查分析的基础上开发并创造出公众所接受的产品，并通过引导的过程来满足公众的需求。在定价策略上，要采用分别收费形式，可用收费结构不同而掩盖总费用昂贵的感觉。在渠道策略上，要与渠道成员相互协调好，获得他们的支持与协助，使双方都感到它们对社会负有共同责任，使少量的资源能够充分发挥作用。在促销策略上，可灵活采用不同促销手段。如高校派人员访问位于它的主要目标区域内的中学，这种做法可能使入学率立即明显升高，在当地建立校友会，虽然要花一些时间，但可能达到持久而更为有效的远期效果。在市场营销计划的实施方面，主要应考虑营销部门的组织、营销努力和协调。

第三节　非营利组织产品和服务营销

一、非营利组织的产品营销

1. 非营利组织产品的概念

对于非营利组织的产品，不同学者有不同的认识，很难做出一个明确的定义。比如在资助贫困儿童就学、消除文盲、保护环境为目的的活动中，人们就会发现难以对这些产品做出解释。我们认为，非营利组织的“产品”是介于政府机构提供的“公共产品”和营利组织提供的“私人产品”之间的产品形态，所有的产品体系如同一个光谱图，位于光谱一端的是公共产品，另一端的是私人产品。非营利组织的产品没有明显的界限，它位于公共产品和私人产品间的广泛区域里，包含的内容比较广泛，有的偏向公共产品，如博物馆、交通运输；有的偏向私人产品，如戒烟运动中的戒烟糖、计划生育中的避孕药、收费性教育等。

一般来说，纯公共产品由政府来提供，私人产品由私人组织提供，而生产其他准公共物品的重任则由非营利组织来承担。

如果我们把产品光谱图细分，从动机、方式、目的以及主要利益相关者来考查各组织的产品，我们会清楚地看到非营利组织产品的特色（见表 6-1）。

表 6-1 **非营利组织、公共组织、营利组织产品比较表**

非营利组织纯公共性 ←——————→ 纯商业性

动机		追求声誉	复杂的动机	实现自身利益
方式		完成使命	迫使使命和市场竞争的压力	追求市场利润
目的		社会价值	社会和经济价值	经济价值
主要利益相关者	受益人（目标顾客）	免费	折扣或界于免费和付全价之间	市场价
	资本提供者	捐款	捐款和市场利率资本的混合	市场利率资本
	劳动力	志愿者	低于市场的平均工资或志愿者和专业人员	市场平均工资
	供应商	提供非货币捐助	非货币捐助与货币捐助的混合	市场平均价格

2. 非营利组织产品的分类营销

按照产品的形式，非营利组织产品可分为有形产品和无形产品，无形产品又可分为观念和实践（如图 6-3 所示）。

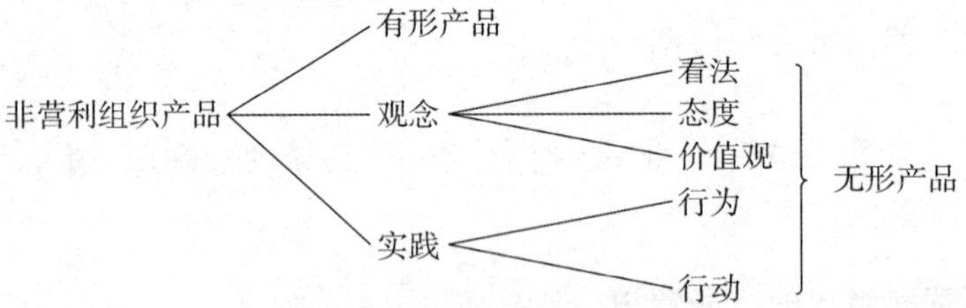

图 6-3 非营利组织产品分类

顾客的需求是非营利组织的核心，因此对各种非营利组织产品对应的顾客需求进行分析是十分必要的，一般来说，非营利组织产品的每一类型都对应着顾客的某种需求（见表 6-2）。

表 6-2 **非营利组织产品种类及其对应的顾客需求**

非营利组织产品种类	需求条件
按产品的形式分	
有形产品	双重需求
无形产品	单一需求
其中：观念	抽象需求
实践行动（单一性）	非常规需求
实践行为（持续性）	减弱的需求

（1）有形产品的营销。有形产品如戒烟运动中的戒烟糖、计划生育运动中的避孕药、非营利性医院的药品等，它们与企业的有形产品差别不大，是非营利组织核心产品借以实现的形式，比如戒烟糖是为戒烟运动服务的，避孕药是为计划生育服务的。我们应该注意，虽然有形产品并不是非营利组织产品的主要产品，它们只是实现某个社会行为的工具，但是由于有形产品在市场上通常表现为产品质量水平、外观特色、样式、品牌名称和包装等，所以，对于这一类产品的营销，重点应该放在产品上，即放在产品的质量上。这对于提高非营利组织的信誉是非常重要的。

（2）观念营销。上述分类中的第二种和第三种是无形产品，其中社会观念可以表现为看法、态度和价值观。看法是对某个事物的感性的认识，不存在评价的成分。比如，"吸烟有害健康"、"及早戒烟能控制癌症"、"贫困孩子需要救助"等；态度是对人、物、观念积极或消极的评价。比如计划生育委员会的"计划孕生的孩子比偶然孕生的孩子能得到更好的关怀"、希望工程的"资助贫困孩子读书能为下一代带来平等的受教育机会，增强中国未来的竞争力"；价值观是有关什么是正确的和什么是错误的总体观念，如反邪教组织所要宣传的就是科学宇宙观和科学人生观等价值观念。如果我们把以上诸种无形产品概括为"观念"的话，则我们首先必须认识到，无形产品营销实质上就是观念营销。由于观念的特有属性，决定了观念营销的特殊运作方式，即要利用传播来影响其目标群体行为，如通过广播、电视、报纸等传播方式多次提醒人们关注环境保护和资源再生问题，呼吁社会各界采取多种措施减少污染和提高环境质量；要加强与消费者的沟通和交流；应该遵循和符合信息传播的基本规律和要求，注重顾客反馈，不断对观念产品进行重新审视、设计与策划。

（3）实践营销。实践也是非营利组织产品的组成部分。它既可以是单个行动，如种一次牛痘、发一次骨髓灰质炎糖丸，也可以是一种新的行动方式，如戒掉毒品、保护环境、预防艾滋病等。需要说明的是，非营利组织的最终目标是改变人们的行为。因此，一次戒烟运动的目的不是简单地让顾客知道吸烟的害处，而是要改变他们的生活方式，引导他们用积极的方法消除紧张情绪。非营利组织不能满足于看法与态度这一层面，而应该造成“购买和使用”和价值观的转变。

3. 非营利组织的产品组合及其优化

（1）非营利组织产品组合的概念

①产品组合。产品组合是指一个非营利组织提供给市场的所有产品系列及其产品项目。产品组合由各种各样的产品线组成，每条产品线又由许多产品项目构成。

②产品线。产品线是指密切相关的满足同类需求的一组产品。一个非营利组织可以生产经营一条或几条不同的产品线。

③产品项目。产品项目是产品线中一个明确的单位，其大小、外观、价格或其他属性与别的项目完全不同。

产品组合可以通过长度、宽度、深度和关联度来表示。

产品组合的长度是指一个非营利组织拥有多少不同的产品线。产品线越多，说明该非营利组织的产品组合的宽度越广。它反映了一个非营利组织市场服务面的宽窄程度和投资风险的分散能力。

产品组合的宽度是指每条产品线上的产品项目数，也就是每条产品线有多少个品种。产品线中包含的产品项目越多，产品组合深度越深。产品组合宽度反映了一个非营利组织在同类细分市场中，满足顾客不同需求的程度。

产品组合的深度是指每个产品项目中有多少种变化。

产品组合的关联度是指各个产品线在供应、生产、销售或其他方面相互关联的程度。

以上产品组合的各个因素，对吸引更多顾客、促进销售和增加非营利组织的收入有十分密切的关系。拓展产品组合的长度和宽度，可以充分发挥非营利组织特长，充分利用非营利组织资源，开拓新市场，拓展服务面，分散投资风险，提高经济效益。增加产品组合的深度，可使各产品线有更多的花色品种，适应顾客的不同需要，扩大总销售量，提高非营利组织的竞争力，增强市场地位，提高经营的安全性。

（2）产品组合的优化

对非营利组织来说，经常面对的问题是如何不断优化产品组合。所谓优化产品组合，就是不断调整和改组产品结构，做出最佳产品组合决策，力争产品组合能使非营利组织最大限度地吸引顾客，满足顾客需求，提高非营利组织的收入和社会知名度，获得最大的社会捐助。

最常用的优化产品组合的方法是波士顿矩阵法。波士顿矩阵法又称四象限法，它是根据营利组织的产品销售增长率和产品的相对市场占有率两项指标来对产品进行评价，分析确定产品所处市场地位的一种方法。这种方法是由美国波士顿咨询集团首先创立的，后来在许多国家广泛传播。

根据非营利组织所提供产品的现金流量和是否支持本组织的使命，画在象限图中，就可以清楚地确定各种产品在矩阵中的位置（如图 6-4 所示）。

	现金流量	
	正	负
支持使命	Ⅰ	Ⅱ
不支持使命	Ⅲ	Ⅳ

图 6-4　波士顿矩阵图

第一象限：处于这一象限的产品是既支持非营利组织的使命，现金流量又为正的明星产品，有发展前途，非营利组织可将之列为重点加强对象，增加投入，扩大服务范围，加紧发展，创名牌，增强产品地位。

第二象限：处于这一象限的产品支持非营利组织的使命，但现金流量为负，即提供这种服务会减少非营利组织的现金收入，产生损失。对于这类产品，非营利组织应分析收入减少的原因，尽量减少损失，达到增加收入的目的。

第三象限：处于这一象限的产品是不支持非营利组织的使命，但现金流量为正的产品。对于这类产品，非营利组织应尽量使其更接近非营利组织的使命。

第四象限：处于这一象限的产品，是既不支持非营利组织的使命，又会给非营利组织带来现金流量的损失，是衰退产品。这些产品对于非营利组织的发展已无意义，甚至会起阻碍作用，这种产品应该被淘汰。

当然，四象限优化产品组合的方法只是对于通常情况而言，对于一些特殊情况，如某些非营利组织必须提供的服务，虽然既不支持使命，也会在收入上产生损失，但也必须提供。

二、非营利组织的服务营销

1. 服务的概念与分类

服务是指一方向另一方提供基本上无形的活动或利益，它不导致任何所有权的产生。服务的种类繁多，而且差异性很大。像政府部门的法院、医院、军队、公安、邮政、税务部门等都属于社会服务机构，此外，还有一些服务机构如博物馆、慈善机构、基金会以及学校等，除了提供基本的服务之外，还带有某些营利的色彩。

由于服务的多样性和复杂性，很难对服务做出概括性的分类。一般情况下，我们从产品延伸到服务，大致可把服务分为如下五类：

（1）纯有形产品。

（2）伴随服务的有形产品。在供应此类产品时，通常伴随着一种或多种服务。

（3）混合型产品。它是指既提供产品又提供服务，通常包含产品和服务的相同部分。例如，医院既提供病床，又提供服务。

（4）伴随少量产品的服务。它是指供应者在提供产品时，主要提供的是附加服务，而其中的形式却只占很少的部分，也就是说，这种服务通常伴随少量的产品而构成。例如，教师在授课时为了达到良好的教学效果，可能会使用扩音器或多媒体进行教学，而学生所学到的知识却并没有通过实际的形式产品表现出来，在此过程中，教师提供的主要是知识产品，是一种服务。

（5）纯服务。此类供应主要是提供服务，如心理医生对患者进行治疗，就业服务机构为就业者提供咨询等，就不需要任何设备，他们提供的只是服务。

2. 非营利组织服务营销管理

为了有效地利用服务营销实现组织目标，非营利组织应针对自己的特点进行服务市场的细分，对服务差异化、有形化、标准化以及服务品牌、公关等问题加以研究，以制定和实施科学的服务营销战略。

（1）细分服务市场

任何一种服务市场都有为数众多、分布广泛的服务需求者，由于影响人们需求的因素是多种多样的，因此服务需求具有明显的个性化和多样化特征。任何一个组织，无论其能力多大，都无法全面满足不同市场服务需求，都不可能对所有的服务购买者提供有效的服务。因此，每个组织在实施其服务营销战略时都需要把其服务市场或对象进行细分，在市场细分的基础上选定自己服务的目标市场，有针对性地开展营销组合策略，才能取得良好的营销效益。

（2）提供差异化服务

差异化服务是非营利组织在服务内容、服务渠道和服务形象等方面突出自己特征、提升竞争能力的一种做法。实行服务差异化可从以下三个方面着手：①调查、了解和分清服务市场上现有的服务种类和自己的优势，有针对性、创造性地开发服务项目，满足目标顾客的需要。②采取有别于他人的传递手段，迅速而有效地把组织的服务运送给服务接受者。③注意运用象征物或特殊的符号、名称或标志来树立组织的独特形象。

3. 提供有形化服务

有形化服务是指组织借助服务过程中的各种有形要素，把看不见摸不着的服务产品尽可能地实体化、有形化，让顾客感知到服务产品的存在、提高享用服务产品的利益的过程。服务有形化包括三个方面的内容：①服务产品的有形化。②服务环境的有形化。③服务提供者的有形化。

4. 提供标准化服务

由于服务产品不仅仅靠人员，往往还要借助一定的技术设施和技术条件，因此组织应尽可能地把技术性的常规工作标准化，以有效地促进服务质量的提高。

5. 创新服务品牌

服务品牌是指组织用来区别于其他企业服务产品的名称、符号、象征或设计，它由服务品牌名称和展示品牌的标识语、颜色、图案、符号、制服、设备等可见性要素构成。创新服务品牌，是非营利组织提高规模经济效益的一项重要措施，因而，应注意服务品牌的研究，通过创名牌来树立自己独特的形象，以建立和巩固组织特殊的社会地位。

6. 加强服务公关

服务公关是指组织为改善与社会公众的联系状况，增进公众对组织的认识、理解和支持，树立良好的组织形象而进行的一系列服务营销活动，其目的是要促进服务产品的销售，提高组织的服务能力。通过服务公关活动，增强与顾客的联系，影响顾客对组织服务的预期愿望，尽可能地与组织提供的实际服务相一致，保证组织服务需求的稳定发展。

三、非营利组织的产品生命周期阶段性营销

1. 产品生命周期的类型

从某种意义上讲，所有产品和服务都有生命周期，当产品和服务进入市场之后，它们一般都要经过导入期、成长期，然后进入成熟期，最后是衰退期。产品和服务过程通常遵循这四个明显的阶段，其中每一个阶段都与时间销售和需求有关。一般情况下，产品生命周期呈 S 形曲线。非营利组织由于其提供产品的无形性、不可分割性、易变性、易消失性，其产品的生命周期还包括其他一些形式。

（1）呈 S 形的产品生命周期

呈 S 形的产品生命周期阶段包括产品和服务处于缓慢增长的导入期阶段、市场快速接受的成长期阶段、增长有所减缓的成熟期阶段和绩效明显处于下降的衰退期阶段（见图 6–5）。

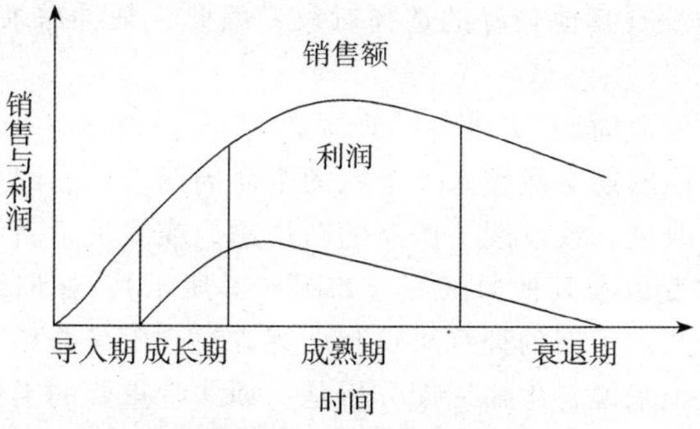

图 6–5　产品生命周期曲线

（2）周期循环产品生命周期

有些产品的生命周期表现出循环模式，其需求变化具有周期性（如图 6–6

所示）。如报考某专业的学生会随着时间的演进而表现出由高到低，然后再由低到高的变化趋势，这是由于市场供求变化所致，因此，在循环型模式中，当某种产品处于衰退阶段时，并不表示要淘汰该产品，相反，应极力维持，以等待下一个循环的到来。

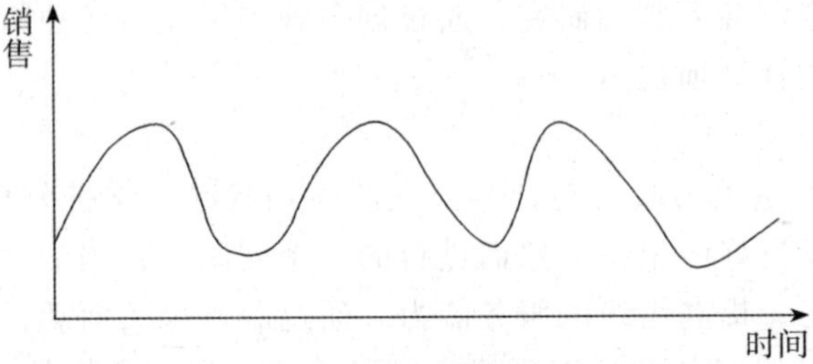

图 6-6 周期循环型

（3）时尚型产品生命周期

当某种新产品和服务进入市场后，会立刻引起市场的注意并迅速形成购买热情，在短期内即达到高峰值（如图 6-7 所示）。但由于吸引的顾客有限，且接受的时间也较短，因此该需求随后逐渐消失，例如，有些艺术类、时尚类产品或某种疗法即属此类情况。

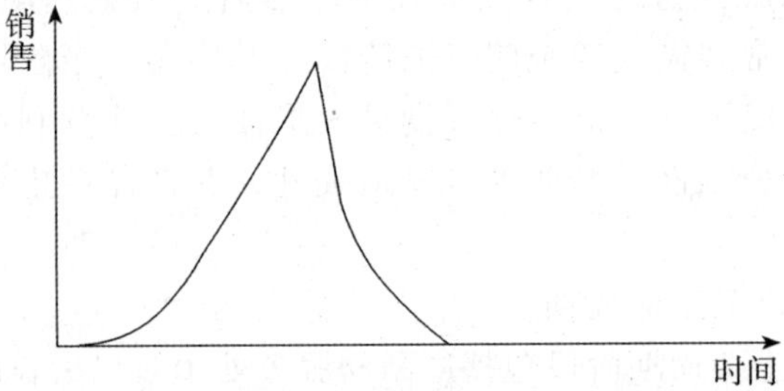

图 6-7 时尚型

（4）平稳型产品生命周期

这种产品由于没有其他较好的选择对象，因此，某种需求保持相对的稳定，如心理健康服务。

（5）扇型产品生命周期

产品和服务在成熟期突然转入一个新的生命周期，其原因可能是由于在成熟阶段对产品实施了改进，或发现了产品的新用途，或发现了新的用户，或人们的使用方式发生了改变以及其他原因等（如图 6-8 所示），如训练计划已经到了成熟期，但是随即又产生了新的训练科目和训练方法，于是开拓了新的市场。

对于非营利组织来说，生命周期分析是一项非常重要的工作，有效地利用生命周期分析可以帮助非营利组织在生命周期的各个阶段制定相应的营销战略。表 6-3 展示了各种不同的市场因素在生命周期各个阶段所具有的不同特点，这些特点为非营利组织制定营销战略提供了有益的帮助。

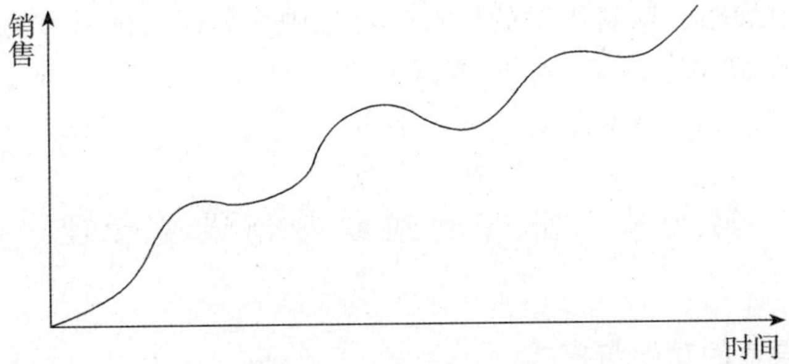

图 6-8　扇型

表 6-3　各种因素在生命周期各个阶段的特点

因素	生命周期阶段			
	导入期	成长期	成熟期	衰退期
顾客	经验性的	大量市场	大量市场	迟缓
竞争	低	主要竞争者影响	仿效	高
单位成本	高	快速下降	稳定	低
促销成本	高	总体增加	稳定	下降
价格策略	高	灵活	稳定	防守
销售	低	快速增长	缓慢增长	下降
现金流	负	适中	高	下降

2. 产品生命周期的阶段性营销

我们以 S 形的产品生命周期为例，来说明非营利组织产品生命周期阶段性营销管理。

（1）导入期的营销战略。在导入期，由于收入较少，且促销费用较大，因此，非营利组织营销的重点应是加大促销力度，以吸引人们的注意，并鼓励人们尝试使用新产品。

（2）成长期的营销管理。在成长期，产品的早期采用者是促使尝试成败的关键，因此，营销的重点集中于那些意见领袖，以此来带动潜在购买者的大量采用。随着成熟市场的到来，非营利组织的管理者应积极调整自己的营销战略。

（3）成熟期的营销管理。在成熟期，非营利组织的产品和服务已为市场所熟悉，目标客户不会再有大规模的扩大，销售的内部和外部环境均发生重大的变化。此时非营利组织的管理者应积极调整自己的营销战略，及时实施产品改进和营销组合改进策略。

（4）衰退期的营销管理。在衰退期，非营利组织的供应总量开始缓慢下降或迅速下降，维持一个衰退的市场会使组织付出很高的风险和损失，因此必须及时调整对策，建立起衰退期产品的识别系统，并选择如下策略：其一是持续策略，即保持原有的细分市场、营销渠道、价格及促销，使组织维持在原有的供应水平上。其二是集中战略，即将组织的所有资源集中在最强的细分市场上，放弃其他市场。其三是收获战略，即大量的缩减开支，增加现金收入。其四是放弃战略，即转手给其他组织，减少对原有顾客的服务。

第四节　非营利组织营销渠道管理

一、营销渠道的功能与模式

1. 营销渠道的概念

营销渠道是指某种货物和劳务从生产者向消费者移动时取得这种货物和劳务所有权或帮助转移其所有权的所有单位和个人。营销渠道的起点是生产者，终点是消费者或用户，中间环节包括各参与了商品交易活动的批发商、零售商、代理商和经纪人。严格地说，后两类中间商并不对商品拥有所有权，但他们帮助达成了商品的买卖交易活动，因此，也可作为营销渠道的一关或一个环节。所以，只要是从生产者到最终用户或消费者之间，任何一组与商品交易活动有关并相互依存、相互关联的营销中介机构均可称做一条营销渠道。

2. 非营利组织营销渠道的功能界定

营销渠道是生产者之间、生产者和消费者之间商品交换的媒介。以现代营销观点来看，营销渠道在克服产品及服务与使用者之间的时间、地点和所有权方面的关键性差距上，应具有以下六大功能：

（1）完成产品的所有权和实物向消费领域转移的功能。营销机构按市场需求向生产厂商订货，在订货过程中双方就产品的价格和其他条件达成最终协议，成交付款后，物质产品的所有权转移到营销机构，然后通过营销渠道将产品转移到消费领域中去。

（2）促进销售功能。营销机构通过广告、展示、商标、现场表演等促销手段，刺激消费者的需求，引起其购买欲望，并利用自己良好的信誉来劝说顾客购买。

（3）为生产厂商筹集资金的功能。生产厂商的产品如果不经过营销渠道，由厂商直接卖给消费者，则产品实现其价值转移所经历的时间较长，生产厂商往往不能得到足够的资金而难于维持正常生产。借助营销渠道，由营销机构预付资金以购买产品，然后再营销出去，可以使生产厂商及时获得周转资金，使生产过程得以正常进行。

（4）承担风险的功能。流通部门由于对生产者的产品收购，而承担了由商品时令、损耗及其他原因造成的损失，从而为消费者提供风险保证。

（5）信息渠道功能。营销渠道能帮助组织搜集、传递顾客对产品性能、样式、质量等方面的意见和要求；也可以搜集和传递潜在顾客的需求，以便组织开发新产品和改进老产品；同时也可以帮助组织搜集竞争对手的信息，使组织做到知己知彼，在竞争中获胜。

(6) 为消费者提供商品的功能。营销渠道可以为目标顾客提供花色品种齐全的商品，以便在较短的时间内、以较少的精力满足不同的消费者需求。

对于非营利组织来说，常常面临的问题是缺少资金和人力，如果能善用营销渠道的功能，不但可以通过营销分担成本、扩大经营规模，还可以使少量的资源、人力及设备能充分发挥效用。例如，美国防癌协会在其反吸烟方案中委托医生分发关于如何戒烟的宣传材料，而且向吸烟多年的“老烟枪”们逐个劝告戒烟。通过这种方式，该协会利用少数资金就获得了较大的效用。

3. 非营利组织营销渠道的模式

由于非营利组织产品存在着有形和无形的区别，其相应的营销形式也有所不同。

（1）有形产品的营销渠道模式

在非营利组织中，有形产品的营销有四种模式（如图 6–9 所示）。

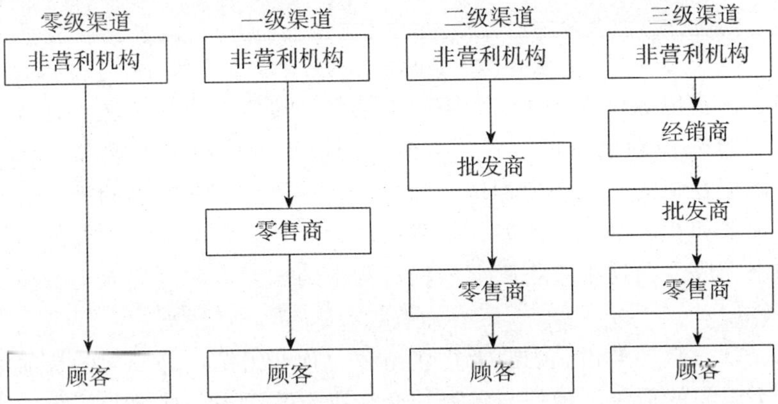

图 6–9 各种营销模式

零级渠道是一种直接营销的方式，可以通过挨家挨户、邮寄形式或网上订购等方式加以实现。一级渠道有一个分配中介，比如药品零售店；二级渠道有两个分配中介，经销商和零售商；三级渠道有三个中介，经销商、批发商和零售商，以宗教组织为例，总会可视为教会产品的制造者，各区支会可视为批发商，各地分会则可视为教会产品或服务的零售商，因为他们与信徒和潜在信徒面对面接触，是名副其实的“零售店”，他们的任务是维持并增加信徒的人数。

如果非营利组织的产品需要营销给许多顾客，光靠直接销售是远远不够的，中介机构在分配大量产品方面占有很大的优势；如果产品的受众面少，则直销是缩短销售时间、降低营销费用的最佳方式。

（2）无形产品的营销渠道模式

无形产品包括观念和实践，这些都是很虚无缥缈的，那么，非营利组织怎样将这些无形产品送达顾客呢？分配这些产品的渠道又是什么呢？许多研究人员认为，大众传媒是从事信息传播和信息提供的，因此大众传媒是分配无形产品的主要渠道。另外，非营利组织的一个特点就是有大量志愿者的加入，因此志愿者与顾客的交流是非营利组织独特的营销渠道。营销无形产品还会涉及诸如医生等专业人士，他们也是营销无形产品的重要渠道。

第一，就传媒来说，传媒包括电视、收音机、报纸、杂志、户外广告、网络等不同类型。信息从组织到顾客涉及几个传媒渠道等级。媒体传播分为三个等级（如图 6-10 所示）。

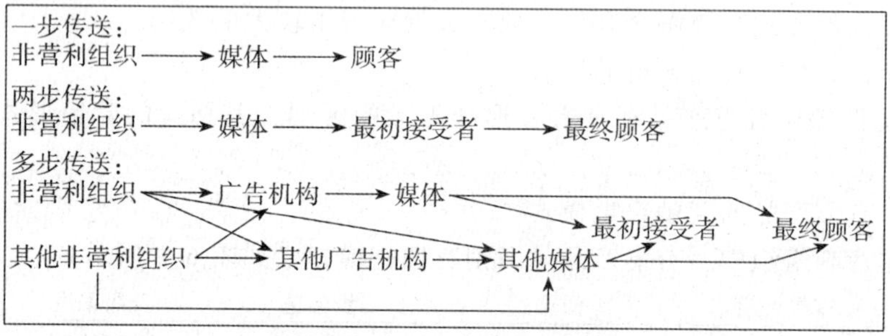

图 6-10 无形产品的传送模式

其中，一步传送模式是非营利组织将信息通过媒体直接传送给顾客；在两步传送中，信息先传到最初接受者，再由最初接受者传给最终顾客；在多步传送中，信息以更复杂的形式在广告机构和媒体间传播。有些产品的推销需要传送很强的人际关系和相关服务，比如，扫盲运动和计划生育运动分别要依靠学校和诊所等机构来完成，而这很大程度上依赖机构中的志愿者和专业人士与顾客之间的人际交流。

第二，就志愿者来说，志愿者往往站在非营利组织产品分配的最前沿，他们代表了整个组织的形象，他们与顾客的交流决定着组织的成败。因此，满足志愿者的需要就显得十分重要。一般志愿者加入非营利组织有三个动机：个人的兴趣，相信非营利组织的运动有利于社会，希望帮助他人。这是非营利组织在分析志愿者动机时必须要考虑的因素。

第三，就专业人士来说，专业人士在产品分配中也扮演着重要的角色。比如在戒烟运动中，作为专业人士的医生就是最主要的分销渠道，他们肩负着改变吸烟行为的重要责任。非营利组织在分配产品时应尽量吸引专业人士的加盟。一方面可以通过法律等强制手段让他们参加，使他们认为如果不参加非营利组织的运动就可能增加他们的经营成本或损害他们的声誉；另一方面也可以通过奖励和营销计划来鼓励专业人士合作，使他们觉得参加非营利组织运动可以得到资金的赠与并提高声誉。

当然，在无形产品的营销中，媒体、志愿者、专业人士的运用并不是孤立的，许多非营利组织采取大众媒体、专业人士以及人际交往的渠道相互结合的方式来实现产品分配的最大化。有时以大众传媒为主，人际渠道为辅；有时以人际渠道为主，大众传媒为辅。这都需要非营利组织根据组织的实际情况灵活运用。

二、非营利组织的营销渠道策略分析

营销者和消费者都希望能彼此沟通，而渠道则是两者沟通的桥梁。对于营销者来说，由于所提供的产品、服务不同，传播的方式不同，在进行渠道策略决策时需要考虑许多因素，如服务品质、直接渠道和间接渠道、渠道长度和宽度及渠道的功能分配等。

1. 营销渠道的决策

每个非营利组织都有其服务的最高水平，但是一般来说，非营利组织是无法提供最高级别的服务的，因为它们根本无法承担高额成本，因此只能采取折中的办法，用相对较低的服务水平换取较低的成本。例如，公共图书馆只在少数几个点提供服务，让顾客自行前往，如此可以减少组织的成本，而增加顾客的成本。由此看来，非营利组织在进行渠道决策时，必须先决定服务水平和品质。

另外，决定服务水平应考虑渠道的设备状况。由于感观对顾客的态度、行为等有较大的影响，非营利组织应该充分考虑设施及设备对顾客的感观作用。譬如一家老式医院走廊狭窄、墙壁斑驳、设备陈旧，病人本来心情就不好，看到这种环境，更增加了不快；而新式医院窗明几净、布置合理，增强了顾客接受治疗的愿望，提高了顾客满意度。在国外，护士服务台设计呈圆形或三角形，以便于照顾病人，就是考虑了服务品质这一因素。

在中国，由于许多非营利组织主要靠捐助获得资金，天生比较脆弱，无法使设施符合要求，不过旧的设施仍可以做一些小的改动，以达到舒适及增加效率的目的。营销者应该时刻牢记，设施并不是死的东西，它往往能传递一定的信息给顾客，而顾客又根据设施来体验和判断组织的服务质量。

2. 直接渠道与间接渠道的选择

所谓直接渠道是指产品生产者直接将产品送达顾客，而间接渠道则是指产品通过代理商、批发商、零售商等将产品传递到顾客手中。

一般来说，非营利组织比较喜欢和顾客直接接触，这样做可以独享交易所得，也能及时对顾客的需求做出反应，同时还能很好地控制渠道中的所有活动，但利用直接渠道往往需要花费较大的成本，对于靠捐助等维持财力的非营利组织来说，困难较大。因此，非营利组织常常选择间接渠道来分销自己的产品。

3. 渠道长度和宽度的选择

间接销售不一定只经过一个层次的中间环节，也不一定只经过一种类型的中间环节。渠道策略的制定，不仅要在直接销售和间接销售两种基本途径中进行选择，还要在间接销售的多种途径中做出抉择。

在销售量一定时，中间商销售能力越大，中间商配置层次就越少，反之亦然。技术性较强的产品，由于销售技术服务要求较高，不宜采用长渠道和配置太多的中间商，必要时在一个区域只设置一个特约中间商。比如图书馆在一个城市中只有一个，不开分馆，免去书籍、人员、房屋等成本；对顾客选择性不强，要求方便购买的商品，则可在较宽的市场区域配置较多的中间商。另外还应考虑组织本身的销售能力和财力，组织销售能力强，运输和存储条件好，在财力负担和销售收益上合理时，则可减少中间批发环节，直接销售给零售商或消费者。例如，以前由于财力有限，美国州立大学为了节省费用，通常不设分校，而到后来，学校的规模逐渐扩大，如纽约大学的分校就达 64 个，这些州立大学都要面临应该设立几个分校、每个分校规模有多大、应设在哪里、每个分校应有什么特点等商业上的配销问题。

渠道的宽度问题应由顾客来决定。有些日常用品必须大量配销，这种日常用品尽管品牌不同，但对顾客来说差别却不大，同样，对于改变社会行为的信息应广为分发，因为顾客不会主动去寻找“乘车必须使用安全带”这一信息。

4. 渠道的功能分配策略

功能分配是指商品的运输、搬动与仓储。组织面临的问题是如何完成有效率的安排，解决好原料的供应、商品的储存和运输等问题，以满足市场的需求。在一般企业中，功能分配包含六大要素：包装、运输、仓储、装卸搬运、库存控制和订单处理。在非营利组织中，渠道的功能分配也有类似的特点。

三、营销渠道中的协调中间人

非营利组织的营销者每天都要碰到许多渠道问题，在成熟的营销系统中，不仅要有好的中间人来执行他们的功能，而且要在一定的时间里采取一定的方式，以符合本系统利益的最大化。这样看来，对中间人的合理利用和协调对非营利组织发展渠道策略就是非常重要的了。

1. 以“权威”协调中间人

要使渠道的中间人听从非营利组织的渠道策略，营销者需要具备相当的影响力。这种“权威”可以有效地影响中间人的行为，是协调中间人关系的重要工具，它可以归结为以下几种类型：

（1）奖励权威

所谓奖励权威是指提高奖励的能力。公共广播系统允许厂商在节目的前后做广告；减肥机构及戒烟机构允许减肥及戒烟成功的人公开宣传他们的成功事例；慈善机构寻求与企业界或其他机构的合作，条件是广为宣传他们的形象等。这些都说明非营利组织必须有能力为中间人提供利益，才能使自己的渠道策略在中间人中得以实施。

（2）推荐权威

推荐权威是指给予人好名声的能力。很多酿酒公司及啤酒配销公司向慈善机构捐助物品、服务或金钱，以提高其声誉。

（3）强制权威

强制权威是指可施加惩罚的能力。在美国，大学如果不依照教育部所规定的少数民族及妇女雇用办法，它们将会丧失联邦政府的辅助。企业如果继续污染环境，政府及私人机构将对这种反社会行为做出不利宣传。

（4）法定权威

法定权威是指法律规定的行为能力。各种社会变革计划可以有特殊的规定，比如他们可以对实施结果加以评估，并进行营销研究和营销审计。

（5）传统权威

传统权威指尚未形成法律，但为社会所认可的权威。比如义工虽然没有订约，但该机构可以规定义工的服装形式、推销词，并指定工作时间及地点，政府虽然没有权力视察订约者工作进行的情况，但凡不涉及商业机密的，政府都有权检查和参与工作。

（6）专家权威

专家权威是指提供专家协助及指导的能力。非营利组织的分会或分支机构都要接受总部的指导，就是因为总部具有专家权威。同样，如果非营利组织的营销者推行一种新的观念，而这种观念公众都不太熟悉，这时非营利组织多引用专家的建议，自然具有了专家权威。

（7）资讯权威

资讯权威是指提供资讯给目标机构，以达成其目标的能力。这与专家协助不同，并没有给予机构特殊技能，比如，癌症医疗传播中心供应所有参与工作的医师有关资料，如反抽烟的室内招贴、宣传小册子等，很多公共服务机构和电视台合作，供应电视台广告、通告、演讲人或教育片，协助他们制作每周公共服务时间的节目。

2. 协调中间人的策略

非营利组织的营销者要获得中间人的参与与合作，需要选择足以影响中间人的策略。首先要分析营销者的权威基础，然后在此基础上对策略进行分类。一般把策略分为三大类（如图 6-11 所示）。

（1）要求合作的策略

无论是私人企业还是国家机关，控制渠道最常用的办法是请求别人合作，他们大多采取合约的方式，规定双方的权利和义务，契约中可以写明特定的功能，例如，广告公司何时提出公告企划方案、何时进行广告活动、选择哪一种媒体等。

这种合约方式对非营利组织事业有很多好处，既可以利用别人的专门技术做到经济合算，又可以根据合约的规定要求对方履行义务。但现在的问题是，合约应该严格到何种程度才算合适。在营利组织中，合约多半订得非常详尽，但在非营利组织中对方多数是义务服务，交易的价格往往低于市场价格。在这种情况下，

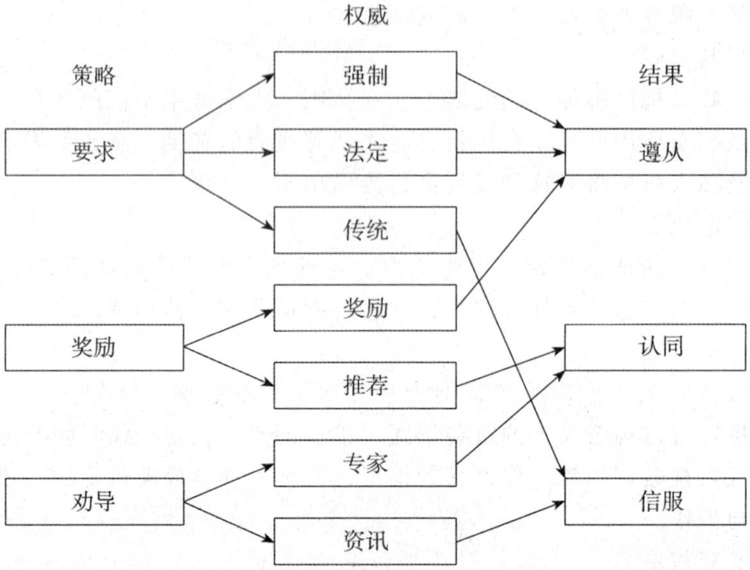

图 6-11 非营利组织渠道策略

合约一般都订得很宽松，以免伤害感情，但这样双方都不知道对方的要求是什么，总认为自己可以做主，当合约一方提出要求时，另一方就会认为是越权，因此一旦发生法律纠纷，双方争吵的结果必然影响了十分重要的渠道关系。

在营利组织中，特许经营都有一定数量的加盟商，几乎每一经营细节母公司都做了规定，如汉堡上加多少番茄酱等。区域性的特许加盟制也存在于非营利组织中，很多慈善机构给予各地分支机构区域权力，并不允许其他机构进入该区域。非营利组织中像麦当劳这样的特许加盟制很少见，一般只有在医疗保健方面采用。现在美国市场上，医院及敬老院也出现了标准化作业、促销及建筑外观等，同样，在埃及，有人提倡家庭计划诊所也采取特许加盟形式实现标准化，它们统一由“未来家庭协会”接管，采用特许加盟的名称。这样的服务网建立起来之后，可以利用特许加盟的名义打全国的广告，吸引私人诊所加盟或其他人的投资。

非营利组织还可以采用合作制的方式。有些非营利组织通过合约相互结合在一起建立一个中央机构，在合作的基础上执行并协调营销策略。比如各种社区艺术中心资助大学的艺术管理处协会成为其会员，该协会对各会员机构提供一些统计资料，从事一定的研究工作，并与会员进行交流，以此达到双赢的局面。

合约方式还可借助法律，如不履行义务将受到法律的制裁，以此来达到营销者的目的。如果合约条文清楚，则可以顺利执行。反之，如果合约关系不明了，互相行动不协调，营销将迫使渠道成员履行义务，但这对双方的长期关系不利，不宜采用。

（2）奖励策略

这种策略可以利用正面激励使中间人协助本机构达成营销目的。营销者可采用增加佣金或增加名誉等方式激励成员。

（3）劝导策略

劝导是贯穿其中的，非营利组织要说服目标中间人，使他们相信合作对双方都有利。要说服中间人，首先要把有可能的中间人辨别出来；其次，要弄清楚这些中间人对本机构的看法，并十分清楚这些中间人参与渠道策略后的成本和收益是什么，非营利组织可以列出一个询问清单来帮助了解这些情况。这时，应综合利用各种"权威"，而不仅仅局限于专家和资讯权威（见表 6-4）。

表 6-4　**"权威"调查清单**

强制权威	• 中间人是否认为机构会对他们加以处罚 • 是否认为本机构会保留自己的资源而加重中间人的成本分担 • 如果不加入渠道,是否认为本机构会对他们进行不利的报道 • 如果是,中间人要负担多大成本
奖励权威	• 如果担任中间人,其直接奖励是什么 • 中间人是否认为非营利机构会提供有利的报道 • 中间人是否可以得到稳定的资金来源
传统及法定权威	• 中间人是否认为机构有法定的或社会公认的权力要求他们参加渠道合作
推荐权威	• 机构或机构的方案在中间人心目中是否有很高的声望 • 这种声望的性质如何 • 中间人认为这种声望有何价值
专家权威	• 中间人是否觉得机构能力很强 • 中间人对机构有多大的依赖性
资讯权威	• 中间人在追求目标时需要产品和服务的资讯,机构能否提供资讯的帮助

如果在以上步骤中发现哪种"权威"最为有效，则应尽可能收集相关资料，以发挥这种权威。营销者还需要对每个中间人的可能效果及效率做详尽的评估，在此基础上拟定权威策略组合，以吸引最优秀的中间人。以上各步骤完成后，最重要的是制订详细的执行方案，如有可能，还要进行系统的测试，及时调整策略及执行方案。

第五节　非营利组织促销组合

一、沟通策略

促销的实质是信息沟通，促销决策的过程就是制定沟通策略的过程。这个过程一般包括以下步骤：

1. 确定目标受众

这是指在促销决策中确定非营利组织产品或服务的目标顾客，包括实际使用者、影响者、购买决策者等与购买活动有关的人员，它们都是非营利组织促销的目标受众。发送信息的非营利组织应了解目标顾客的需要、偏好、态度和各方面的特点，以做到有的放矢。

2. 确定沟通目标

发送信息的非营利组织要确定自己希望从目标顾客那里得到什么反应，即沟通的目标。促销活动的目标实际上是潜在顾客从目前的心理准备阶段进入更接近做出购买决策的下一阶段。为此，信息发送者首先要了解目标顾客现在处于购买过程的哪一个阶段，然后，促使其转入下一阶段，这就是促销的目标。

3. 信息设计

理想的信息设计应能引起目标顾客对促销信息的注意，产生兴趣，引起购买欲望直至采取购买行动。信息设计要解决以下问题：表达的形式要引人注目；选择可信度高的专家或名人充当信息发送者。

4. 选择信息传播媒体

信息传播媒体主要有人员和非人员两大类信息沟通渠道。人员沟通渠道通过面对面交谈或电话访问达到信息的传递，这是一种双向的沟通，即立即得到对方的反馈，因此效果更好。非人员渠道是一种单向沟通，包括大众传播媒介和为向目标顾客传递促销信息而设计的各种活动，如新闻发布会、开幕式、展销会等。

5. 制定促销预算

它是指决定在促销方面花多少钱。这是非营利组织面临的最难制定的营销决策之一，曾有著名的非营利组织巨头说过：我知道我的一半广告是白费的，但问题在于我不知道是哪一半。

6. 制定促销组合

它是指如何将人员推销、广告、营业推广和公共关系几种促销方式既经济又有效地配合起来，发挥更大作用。因此营销人员应了解各种促销方式的特点、实用性及影响组合决策的其他因素。

在促销计划付诸实施之后，非营利组织还需要对其效果进行评估，即评估促销投资是否带来了预期的收益。

二、广告策略

1. 广告计划

非营利组织在制订广告计划时，首先须确定市场及购买者动机，然后据此做出所需的五项主要决策，即 5M：广告目标（mission）、广告预算（money）、所传送信息（message）、媒体（media）和评估效果的方法（measurement）。这里介绍其中三项：

（1）确定广告目标

确定广告目标是有效广告最重要的要求，一般来讲，比较常见的广告目标按重要性的递增有如下方面：

①曝光度。这是指媒体暴露给目标受众的人数，他们是否真的看到了广告。

②意识与态度。如果广告人知道目标受众真正阅读了他们的广告，以及在什么程度上创造或加强了喜爱程度，他们会更高兴。很显然，这些目标的测定比曝光度更加困难，特别是对于服务那样的无形产品。

③希望行为结果。广告人愿意知道他们目标市场上有什么广告效果，广告导致购买行为的程度如何。

（2）确定广告预算

制定广告预算时要考虑以下因素的影响：

①产品生命周期的阶段。一般来说，导入期需要较高的广告预算，以建立市场知名度；处于成熟期产品的广告预算则可在销售额中占较低的比例。

②市场占有率。一般情况下，占有较大市场份额产品的广告预算高于市场占有率低的产品。

③竞争情况。在一个有众多竞争对手且竞争激烈的市场上，广告预算一般较高。

④产品的可替代性。同一类商品中，不同品牌的产品越多，越需要大量做广告，通过宣传本非营利组织产品的优越性，将其在目标顾客心目中与竞争对手的同类产品区别开来。

（3）广告媒体选择

在“信息爆炸”的今天，企业可选择多种传播媒介传递广告信息，达到迅速、准确和低成本。当今主要包括电视广播、报纸、杂志、直接邮递、海报、电话以及 Internet 等。各种媒体各有其特点，在选择广告媒体时，非营利组织须综合考虑以下因素，方可做出最好的选择：

①非营利组织对广告传播频次、范围和效果的要求；

②目标顾客接受媒体的习惯，产品特点；

③信息内容；

④媒体的成本和非营利组织的支付能力等等。

2. 推销策略

人员推销是最古老的促销方式，但直至今天，仍是最重要的促销方式之一。人员推销具有面对面双向信息沟通、选择性强、完整性、公关作用强等特点，但人员推销并非处处适用，它的最大问题在于访问客户的数量受到时间和费用的限制，因此主要用于买主数量有限、分布区域集中或购买批量大的情况，以降低费用，提高效率，而在买主众多，且分布范围广的消费者市场上，显然不可能大量采用人员推销。

推销人员的任务可归纳为五个方面的内容：

（1）寻找潜在顾客，确定访问对象，培养新客户；

（2）向目标顾客传递有关非营利组织和产品的信息；

（3）推销服务产品，包括接近顾客，回答顾客问题，解除顾客疑虑；

（4）提供服务，推销人员有责任为顾客提供各种服务，包括资讯服务、技术帮助等；

（5）搜集信息，主要是为非营利组织进行市场调研和情报搜集工作。

三、公共关系规划

公共关系是社会为了塑造组织形象，通过传播、沟通手段来影响公众的科学和艺术。非营利组织发展公共关系的目的在于影响目标群体的行为，以谋取群众的积极支持与参与，这与非营利组织的根本目标是一致的，因此公共关系成为非营利组织促销中常用的方法。公共关系中涉及的基本群众有外部公众（如捐赠者、供应商、政府主管部门）、内部公众（管理阶层、董事会、职工、义务工作者）、中间公众（经纪人、代理商）和消费者公众（顾客、本地居民、媒体）等。

发展公共关系应做长期及年度计划。它与组织的整体目标一致，为塑造组织的整体目标形象服务，长期计划能反映出组织在公众心目中具有的良好形象，能反映出组织在社会中的地位和作用。在对公共关系作长远的计划后，就要制定公共关系从构想到实践的整个流程。

1. 分析公众

首先，组织面对的是主要公众，主要公众是指那些与组织密切相关的群众、顾客、员工、董事及社区邻居。如果这些公众对组织失去信心，则会导致顾客流失，员工离去，董事不负责，社区邻居产生误解甚至产生仇恨，并使组织陷入困境。其次，组织还要与供应商、中间商、政府部门及竞争者和平相处。最后，还要应对当地群众、工会、教会、俱乐部及各种协会。

2. 衡量公众的公共策划及态度

当确定组织的相关公众后，就要了解他们对组织的态度及看法。在公关策划中，针对内外公众的策划应有所区别。

针对内部公众策划以求实为主，设法解决员工最迫切的问题。对非营利组织来说，为员工体现个人价值创造一种良好的环境非常重要，特别是对义务人员应积极吸引他们参与各种活动，以增强社会责任感。

针对外部公众则要围绕使他们了解、认识本组织，并在行动中支持本组织这个目标进行，在公共策划中应加强信息传播，在较短的时间内给公众留下良好的印象，在此基础上根据不同的外部公众对象策划各具特色的活动。

3. 公众形象与策略

组织的新形象塑造主要放在提高知名度上，要注意寻找并着力宣传组织的各种独特之处，使公众有耳目一新的感觉。要尽量回避组织曾经给公众留下不良印象的事件，突出组织的创新及对公众的新贡献。对一些无法回避的不利因素，应设法巧妙化解并加以正面利用；对于引起危机的主要问题，要强调解决危机的诚意和决心，要设法使公众注意力向积极的方面转移，并取得媒体的同情和支持，以防止事态进一步扩大。

4. 选择公共关系工具

公共关系的工具有很多，包括文字资料、视听资料、公司可识别媒体、新闻、访谈、公共服务宣布、活动、演说、电话咨询服务等等。非营利组织面临的公共关系错综复杂，非营利组织应充分利用公共关系工具来吸引顾客，并协调好与他们的关系。

本章小结

在西方，非营利组织由于面临着"顾客"态度急剧转变、财源逐渐萎缩的局面，他们日益重视营销管理原理在非营利组织中的运用并对营销的概念有了新的理解，认为营销不仅是营利性组织的经营活动，也应是非营利组织的行为。但在我国，随着经济的发展，一方面，环境恶化、资源短缺、人口增长等问题日益严重，非营利组织的任务越来越艰巨；另一方面，部分非营利组织却认为自己对经济发展只是起辅助性作用，不需要进行营销，有的意识到了营销的重要性，却不知道实施何种营销策略，这便在很大程度上限制了公共产品与准公共产品的生产和销售。本章探讨非营利组织营销管理是非营利组织管理的重要组成部分，对非营利组织的营销进行深入细致的研究是本章的主要内容。

关键概念

非营利组织营销　目标营销　产品营销　非营利组织营销渠道　产品组合宽度　服务营销　产品生命周期

复习思考题

1. 非营利组织市场营销的意义是什么？
2. 如何进行非营利组织的产品营销管理？
3. 如何进行非营利组织的服务营销管理？
4. 简述非营利组织目标市场的选择模式。
5. 简述非营利组织如何进行公共关系规划。

第七章　非营利组织项目管理

项目管理作为一门学科最早出现在美国，在20世纪80年代引入中国后，项目管理得到了广泛的应用。在国外比较成熟的发展和管理模式下，绝大多数的非营利组织均以项目的方式开展着各种活动，有的非营利组织就是为了运作项目而成立的。因此，项目管理能力成为决定非营利组织生存与发展的因素之一。

第一节　非营利组织项目管理概述

一、项目管理的基本含义

1. 项目管理的定义

美国项目管理学会（PMI）制定的项目管理知识体系（project management body of knowledge，PMBOK）认为："项目管理就是指把各种系统、方法和人员结合在一起，在规定的时间、预算和质量目标范围内完成项目的各项工作。有效的项目管理是指在规定用来实现具体目标和指标的时间内，对组织机构资源进行计划、引导和控制工作。"我们采纳这种解释，把项目管理定义为是在有限的资源约束下，通过项目经理和项目组织的努力，运用系统理论和方法对项目所涉及的资源进行计划、组织、指挥、协调和控制，以实现项目特定目标的管理方法体系和管理过程。

2. 项目管理的基本内容

项目管理的研究对象，主要是优化资源配置，通过科学的运筹和管理达到既定的项目目标。其主要内容包括三个部分：

（1）项目计划。在项目获得批准后，一般需要在项目申请工作的基础上，制订详细的项目计划。

（2）项目控制。项目控制是指项目进度控制、财务管理、项目监测和内部评估、信息沟通、风险控制等。

（3）组织管理。在组织管理中需要重点考虑的是项目管理机构的设置和项目经理的选择。

3. 项目管理的特点

由于项目的一次性、特殊性与不确定性等特点，项目管理也成为不完全确定的过程，即在确定的期限和预算内完成不完全确定的产品，由此决定了项目管理的如下特点：

（1）面向成果。关注项目的完成，通常运用目标式管理。

（2）基于团队。注重协作与沟通。

（3）借助外部资源。高效率、低成本。

（4）具有柔性。面对变化、适应变化。

（5）具有探索性。面对挑战，存在复杂性、不确定性和风险性问题。

（6）注重知识与经验的积累。知识挖掘与整合，注重创新文化培育。

（7）以人为本。共同愿景、共同参与、共同发展、共同价值。

二、非营利组织的项目管理

1. 非营利组织项目管理的含义与种类

非营利组织的项目管理和主流项目管理并不完全重合，这主要是由非营利组织的属性决定的。非营利组织的非营利性要求非营利组织的项目管理的主要目的是为了实现组织的宗旨，而不是营利；非营利组织提供的是竞争性公共物品，因此，非营利组织的项目管理侧重于服务类项目，而非工程类项目；非营利组织的项目大多数向组织外部申请，而不是像主流项目管理一样主要以内部立项为主。因此，所谓非营利组织的项目管理，是指这样一个系统的过程：非营利组织为了实现其宗旨，通过项目申请的形式获取资金、人力等社会资源，优化配置所获得的资源，有效地组织、计划、控制项目的运作过程，从而达到项目的既定目标。

按照不同的标准和原则，非营利组织的项目有各种不同的分类：按照项目的规模大小来分，可分为特大型项目、大型项目、中型项目、小型项目；按照项目的复杂程度来划分，可分为复杂项目、简单项目；按照项目的资源来源来分，可分为组织内部项目和组织外部项目，一般来说，绝大多数属于组织外部项目；按照项目资源来源的国别来分，可分为国内项目和国际项目等；按照不同的领域来分，可分为扶贫项目、医疗卫生项目、环保项目、教育项目等等。

2. 非营利组织项目管理的原则

根据非营利组织项目管理的特殊性，在实施项目管理的时候，需要遵循下列原则：

（1）紧扣组织宗旨。非营利组织的属性客观上要求非营利组织的项目立项及项目运作必须紧密结合其宗旨。

（2）目标管理的思想。非营利组织为了完成其目标，将组织目标分解成若干小目标，并以项目的形式落实给某项目团队或项目部门，而项目团队或项目部门又进一步将项目细分成更小的工作模块，分配给更小的团队或个人作为工作目标。这种目标管理的思想，保证了项目完成的进度和质量。

（3）团队的开放性。根据项目组建团队，根据项目进展的阶段和状况来灵活调整团队成员，这种组建工作群体的办法打破了传统的固定建制的组织形式。项目团队的人员规模、专业背景、工作时间上保持了足够的弹性，有利于降低人力资源成本。

（4）注重项目运作的效率。非营利组织开展项目虽然不以营利为目的，但这并不表示项目管理不用顾及效率，这是一种误解。非营利组织项目管理也需要控制成本，优化资源，提高效率。

（5）坚持项目管理的可持续性。由于非营利组织的领导层更换比较频繁，因此在项目的运作过程中，项目管理的可持续性至关重要。

第二节　非营利组织项目的选择与确定

一、非营利组织项目的选择

项目选择涉及一系列复杂的决策活动。项目的确立必须按照系统工作方法有步骤地进行，一般要经过以下几项来完成：

1.项目识别

首先要分析市场需求。市场需求是指在项目实施期间，项目所在地对非营利组织所提供的服务的需求量估计，这是重要的一步，否则即使双方都有合作意愿，项目上马之后，也不易获得成功。其次是根据市场需求进行项目识别。项目识别是组织根据服务需求量的估计，在若干个备选的项目方案中，对一些能满足需求的方案进行遴选的过程。

2.项目构思

项目构思又称为项目创意，通过以下步骤来实现：

（1）分析组织自身情况。分析内容包括近期战略目标和以往的项目经验两部分。非营利组织的宗旨是通过一系列的战略规划体现出来的，近期的战略目标是实现其宗旨的“重要一步”，所以必须在设计项目的时候充分考虑，力求和战略目标方向一致。

（2）分析合作方的情况。项目的合作方也称“资助方”，充分考虑资助方的情况，显然有利于提高项目申请的命中率。需要分析的内容有以往的合作经历、高层领导变更情况、对方的合作意向等等。

（3）分析当地实际情况。每个地方都有自己独特的自然地理环境、人文资源（包括物质和人力资源）环境，只有根据当地的情况和特色设计出来的项目才能更顺利地得到实施。所以在项目构思时要充分利用当地的各种资源，并分析所提供服务的市场需求。

（4）注重效率。在项目设计上要坚持和体现“少花钱、多办事”的原则。当非营利组织显示出自身良好的项目运作效率，并用少量的资金就有能力达到较好的项目成果时，更容易获得项目支持。

（5）选题。选题通常有三种形式：命题式选题、非命题式选题和合作式选题。

（6）替代方案。对于一个项目的构思，不能只有一种方案，而应有若干种不同的选择方案。这就需要在项目设计的时候，把各种思路都罗列出来，为项目的可行性论证提供各种可供挑选的素材。

3. 项目选择

由于受到人、财、物的限制，我们必须在众多的项目方案中进行选择。项目方案选择是指在各备选方案中经过初步的分析和比较，选择那些技术上可行、投入少且可实现非营利组织宗旨的方案的过程。在项目方案选择过程中，必须要考虑各个方面的因素，其中包括构建因素、市场因素、财务因素、员工因素和其他因素等。

（1）构建因素。项目选择时，要考虑项目在构建上是否具有可行性，构建因素一般包括构建项目的成本、构建项目的时间的变动、构建项目需要的资源的供应情况、构建项目的技术含量等。

（2）市场因素。非营利组织项目运行的产物是面向特定群体的，特定群体的大小及其潜在的壮大或缩小因素、特定群体对非营利组织项目运行的产物的满意度等都是非营利组织在项目选择时应考虑的市场因素。

（3）财务因素。进行项目选择时，还要考虑到项目的经济可行性。财务因素一般包括项目的预算、项目合作方的资信状况、现金需求量和财务风险水平等。

（4）员工因素。员工因素一般包括员工的业务水平、工作条件、员工参加的培训等。

（5）其他因素。其他因素有国家的有关法律法规、项目的社会影响、对项目的管理能力等。

二、项目的可行性研究

1. 项目可行性研究的过程

在运用了项目方案选择方法对项目进行初选后，就可以开展可行性研究对项目进行最后的选择。实际上，在项目构思的时候，项目设计人员已经对项目的可行性进行了初步的分析和论证。这里说的可行性论证是指专门为决定某一个项目是否合理、是否可行所做的深入的论证，它是决策的最后依据。

项目可行性研究包括三个过程：机会研究、初步可行性研究和详细可行性研究。

（1）机会研究。机会研究是可行性研究的初始阶段，目的在于确定项目发展机会的大小。机会研究比较粗略，包括的内容有地区研究和资源研究。

（2）初步可行性研究。初步可行性研究也称为项目的预可行性研究，是判断机会研究所提出的项目发展方向是否可行的过程。初步可行性研究的内容包括：

①机会研究结论的可信度；

②项目投入产出估算；

③资金判断；

④人力、物力供应；

⑤项目进度安排。

（3）详细可行性研究。详细可行性研究也称为最终可行性研究，是项目可行性研究中最重要的工作。它根据项目机会研究和初步可行性研究的结果，对项目的可执行性和发展方向进行详细、深入的分析，确定各方案是否可行，并选择一个最佳方案。详细可行性研究的内容包括：

①项目背景和目的分析；

②组织内外部因素分析；

③项目投资总数；

④项目风险分析；

⑤项目社会效果分析。

2. 项目可行性研究报告

可行性研究报告是可行性研究的结果，也称为项目评价报告，是对项目是否可行所做的评定性文件。可行性研究必须在国家有关政策、法规的指导下完成，还要有相应的各种技术资料，所以，在编制的过程中，必须站在客观公正的立场进行调查研究，其内容深度一定要达到国家规定的标准。可行性研究报告既是向项目申请方提供的报告，又是为项目的服务对象服务的，同时也是写给项目团队成员的，因此可行性报告应尽量通俗易懂，并足够详细。一份完整、典型的可行性研究报告包括如下具体内容：

（1）总论：项目的背景、可行性研究结论、存在的问题及建议。

（2）项目背景和发展状况：项目提出的背景、项目发展概况、项目运行的必要性。

（3）服务的对象分析和项目的规模：服务对象的调查、服务对象的潜在数量预测、建设的规模、项目运行产出的竞争性公共物品的作用效果预测。

（4）建设条件：项目运行的环境分析。

（5）技术方案：项目组成构建技术方案。

（6）项目组织：项目组织人员的培训。

（7）项目实施进度安排：项目实施的各个阶段、项目实施进度表、项目实施费用。

（8）项目所需投资的估算与资金措施：项目总投资估算、资金措施、资金使用计划。

（9）项目运行对社会的作用效果：项目运行对社会产生的效应是否有利于促

进社会问题的解决及对社会的影响。

（10）可行性研究结论与建议：结论与建议、附件、附图。

可行性研究的结论有以下五种情况：项目可以立即进行；项目需要增加资源才能进行；项目需要等待某些条件成熟之后才能进行；局部需要修改后项目才能进行；项目不能或没有必要进行。从某种意义上来说，判断不可行比判断可行的收获更大，因为可以避免巨大的浪费。如果把大量的人力、物力和财力投入到一个不可行的项目上，无论是经济效益还是社会效益损失都是难以估计的。

第三节　非营利组织的项目计划与控制

一、非营利组织的项目计划

1. 项目计划的含义

计划是为了完成一个目标而进行的系统的任务安排。项目计划是为完成项目目标而对项目所需人、财、物和宣传等各种活动的安排和落实。非营利组织项目计划是围绕着非营利组织项目目标展开的，它系统地确定项目的工作任务、安排项目进度、编制预算等，从而保证项目能够在合理的期限内，尽可能以少的投入和尽可能高的质量完成。由此可见，非营利组织项目计划是项目实施的龙头，是项目实施的依据与指南，是决定项目成败的关键因素。

非营利组织项目计划作为项目实施的蓝本，它回答以下几个基本问题：

非营利组织项目做什么（what）：非营利组织与项目团队应当完成哪些工作。

为什么做（why）：非营利组织项日实施的原因。

在哪里做（where）：地点、场合。

如何做（how）：解决这一问题可利用工作分解机构（work breakdown structure，WBS），WBS 是项目必须完成的各项工作的清单。

何时做（when）：确定各项工作需要多长时间，以及具体何时开始、何时结束、确定各项工作需要哪些资源等。

谁去做（who）：确定承担工作分解机构中各项工作的具体人员。

花费多少（how much）：确定 WBS 中每项工作需要多少经费及项目总花费。

2. 非营利组织项目计划的编制过程

项目计划编制的过程及各个过程之间的关系如图 7-1 所示。在图 7-1 中，项目计划编制过程分为两类。

（1）核心过程

若干个计划编制过程之间有着清楚的依赖关系。前一个过程不结束，后一个过程就无法开始。对大多数项目来说，要求这些计划编制过程以基本相同的顺序进行。某些核心计划编制过程在项目的任何阶段都有可能会重复多次。

（2）辅助过程

有些项目风险在计划编制前由于种种原因未被识别，需要随着计划的编制逐渐加以识别，并进行项目风险的定性和定量分析。同时，在计划编制过程中，还要进行项目质量计划、组织计划、人员获取计划、采购计划、询价计划、沟通计划等的编制，这些都属于编制计划的辅助过程，这些辅助过程根据需要在项目计划编制过程中陆续间歇进行。图 7-1 所示的各个过程在计划完成前往往要重复多次，例如，若项目的初始完成日期不能接受，项目的资源、成本甚至范围都可能被重新确定。

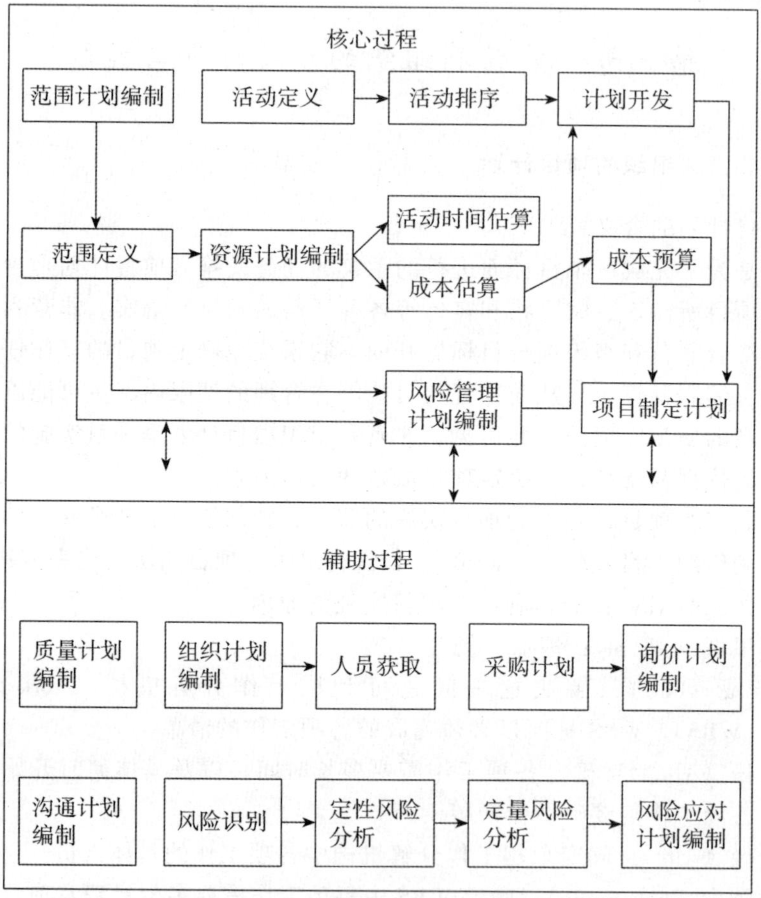

图 7-1 项目计划编制过程

二、非营利组织项目的控制

1. 非营利组织项目控制的含义

在项目计划阶段，由于项目班子掌握的信息有限，执行起来不得不修改甚至放弃原来的计划，而在项目实施阶段，由于客观条件的变化，使得项目不能按照预定的计划进行，项目实际结果与计划蓝图就会出现偏差，就是所谓的“计划不如变化快”。项目内外部的变化戏剧性地影响着项目的正常实施，它破坏已有的项目计划，迫使我们及时采取措施，减少偏差，这就是项目控制。非营利组织项目控制是指在项目实施过程中，项目管理者跟踪、检测和测量项目的实际进展，对比项目计划目标，找出偏差，分析成因，研究纠偏对策，实施纠偏措施的全过程。项目控制过程如图 7-2 所示。

图 7-2　项目控制过程示意图

2. 非营利组织项目控制的内容

项目控制的前提是项目实施中发生了变更，即项目实际情况与计划出现了偏差，因此必须找到项目变更的原因，找到偏差对项目目标的影响。项目的变化无疑会影响项目的进度、预算、人员分配、质量要求等方面，或者会影响项目交付内容的范围方面，无论是哪种情况的变更，都要求非营利组织项目管理者逐一分析这些变化，确定其对项目的影响，从而采取有效措施消除这些变化产生的负面影响。概括地说，非营利组织项目的控制主要包括整体变更控制、范围变更控制、进度控制、费用控制、质量控制以及风险控制等。

3. 非营利组织项目控制的方法

项目控制的方法有前馈控制（事前控制）、过程控制（现场控制）和反馈控制（事后控制）等几种（如图 7-3 所示）。

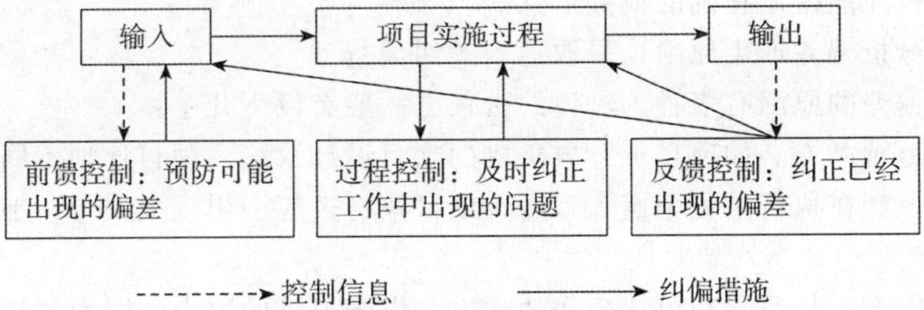

图 7-3　项目控制类型示意图

4. 非营利组织项目控制的过程

根据以上项目控制的理解，我们可以发现项目控制的依据是项目目标和计划，而制定项目控制目标，建立项目绩效考核标准，衡量项目实际工作状况，获取偏差信息，分析偏差产生的原因和趋势，采取适当的纠偏行动等便构成了项目控制的过程。

（1）制定项目控制目标，建立项目绩效考核标准

项目控制目标包括项目总体目标和阶段性目标。总体目标通常就是非营利组织运行该项目的目标；阶段性目标可以是项目的里程碑事件要达到的目标，也可以由项目总体目标分解来确定。绩效标准通常根据项目的技术规范和说明书、预算费用计划、资源需求计划、进度计划等来确定。

（2）衡量项目实际工作状况，获取偏差信息

通过将各种项目执行过程的绩效报告、统计数据等文件与项目合同、计划、技术规范等文件对比或定期召开项目控制会议等方式考查项目的执行情况，及时发现项目执行结果和预期结果的差异以获取项目偏差信息，并编制偏差报告。偏差报告有两种形式：一种是数字式的；一种是图形式的。图 7-4 给出了发现项目偏差过程的示意。

项目文件		项目绩效报告	
项目计划	-	项目跟踪统计	=项目偏差
技术标准规范等		项目质量检验记录等	

图 7-4 发现项目偏差示意图

偏差分为正向偏差和负向偏差两种。正向偏差意味着进度超前或实际的花费小于计划花费。这对项目来说是个好消息，但是正向偏差也有一系列的问题，如果是进度超前，项目负责人不得不重新修改资源进度计划，这会增加额外的负担。

负向偏差意味着进度延迟或花费超出预算，正如正向偏差不一定是好消息一样，负向偏差也不一定是坏事，例如超出了预算，可能是因为在报告周期内比计划完成了更多的工作，只是在这个周期内超出了预算，或许是用比最初计划更少的花费完成了工作，但是不可能从偏差报告中看出来，因此成本与进度偏差要结合起来分析才能得出正确的偏差信息。

（3）分析偏差产生原因，采取适当的纠偏行动

造成偏差的原因有多种，具体的责任方一般有以下几个：

①项目承办方。如项目承办方负责的项目设计缺陷，项目计划不周全，项目实施方案设计在执行过程中遇到障碍，项目执行过程中出现失误等，都会造成项目偏差。

②合作方。与非营利组织合作的一方，由于提供的物力、财力数量不足或质量不合格，也会造成项目偏差。

③不可抗力。不确定的、不可预见的各种客观原因会造成项目偏差，如战争、自然灾害、政策法规变化等。

除了分析造成项目偏差的责任外，还要分析造成偏差的根源。项目偏差的根源包括项目设计的原因、项目方案设计的原因、项目计划的原因、项目实施过程的原因等。

有经验的项目负责人，通常在项目的计划阶段就对可能引起偏差的原因及其对偏差的影响程度进行充分的分析，以便在计划阶段采取相应的预防措施避免或减弱这些原因对项目的影响。在进行偏差原因分析时，常用的工具是因果分析图或称鱼刺图（如图 7-5 所示）。对偏差原因的分析，还应注意各原因对引起偏差影响的程度，对影响程度高的原因要重点防范。

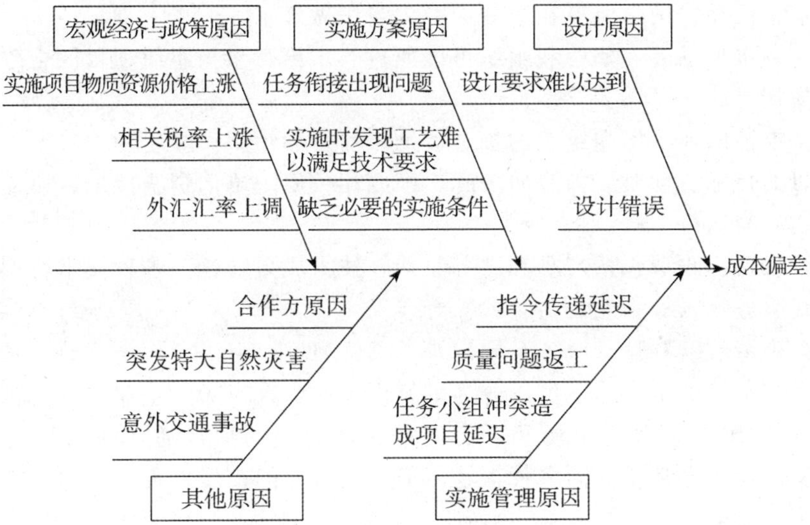

图 7-5　项目偏差因果分析图

第四节　非营利组织项目融资

一、非营利组织项目融资渠道分析

融资是一种需要艺术、策略、专业化知识和技巧的市场活动，项目融资是非营利领域内市场规则的重要应用之一，由于项目资源竞争越来越激烈，它也是非营利组织最难进行的活动之一。伴随着非营利组织的发展，融资理念也在不断地变化。非营利组织的融资理念大致经历了产品导向阶段、推销导向阶段和顾客导向阶段。

产品导向战略的特点是，项目的大部分款项由非营利组织的高级管理人员利用他们的关系网筹得，不存在专门的筹款人。推销导向战略的特点是，强调社会上有很多潜在的捐款人，通过专职筹款人，说服他们掏钱。顾客导向战略的特点是，主动分析组织在市场中的位置，关注那些接受组织宗旨的人，分析捐款人的需求，并努力满足他们。顾客导向的融资是现代非营利组织发展的趋势。

由于非营利组织的宗旨及性质，因此非营利组织的项目融资渠道常与一般的工程项目融资渠道不同，主要有如下几种来源：

（1）来自会费收入。会费收入是成员的入会费或年度会费收入，不过这部分收入一般只能支持非营利组织日常运作的开支，因此作为项目的资金是微乎其微的，不能成为项目资金筹集的主体。

（2）会费以外的奉献。组织可以向成员求助非成员性的或成员会费以外的支持，用于作为项目运行的资金。如果组织没有正式的成员制度，那么每个项目都要进行基金活动，请求所有在案的成员为组织做贡献。

（3）寻求捐献者。非营利组织可以通过寻求愿意参与组织项目的合作方提供资金的支持。

（4）申请国际、国内组织的资金援助。非营利组织设立启动项目，可以根据组织项目的目标、性质、内容向国际、国内相关组织申请资金援助，以支持指导项目的实施与运行。

（5）收费。收费包括产品和服务收费、技术成果转让、各种技术咨询及其他各种收费服务收入等。

（6）申请政府补贴、服务合同以及免税优惠。

项目的上述资金来源又可以分为五种市场：个人市场、企业市场、基金会市场/国际资助组织、政府市场和联合劝募组织。小的项目通常面向某一市场融资，大型的项目通常是面向多种市场，努力向所有的市场融资。

1. 个人市场

个人市场又叫大众市场，是非营利组织筹款最主要的市场。在我国，众所周知的“希望工程”、“幸福工程”、“抗洪救灾”等社会募捐活动，都从个人方面筹集了大量的社会资金。大体来说，捐款人的动机主要包括内在动机和外在影响力两个方面。内在动机包括三个方面：个人的或“我”的因素、社会的或“我们”的因素、负面的或“他们”的因素。外在影响力包括三个方面：回报、刺激、特定情境。任何一个非营利组织在开展筹款活动时，必须考虑到这些因素并对它们加以分析，从中找到那些对组织筹款有利的因素，进而为制定筹款策略奠定基础。

2. 企业市场

企业市场的捐款动机与个人市场不同，企业捐款更重视回报，一般企业参与非营利组织活动有五种主要目的：一为减免税；二为企业形象；三为社会责任（长远回报）；四为销售增加；五为企业内部关系改善。企业捐款除现金、债券外，还有产品、劳务、设施、技术等形式。非营利组织项目融资面向企业时，应该首先明确项目运行目的、企业捐赠的意义、数额、用途及能给予企业的回报，并制订出周详的营销计划。

3. 基金会市场/国际资助组织

大多数的基金会/国际资助组织都有捐款义务，尤其是国际基金会，它们的任务就是为值得捐赠的项目提供资金。对发展中国家来说，在寻求国内基金会的资助外，还应该努力寻找国际资助机构的资助。国际资助机构包括联合国、INGO、发达国家的政府和NGO等，都是重要的融资市场。进入国际融资市场时非常重要的一点就是需要识别，即找到一个对组织非常合适的融资对象。识别基金会/国际资助组织的主要概念是匹配，也就是说，非营利组织需要根据它们的兴趣和运作模式找到匹配的基金会/国际资助组织。

4. 政府市场

非营利组织提供的是公共服务，开展的是公益活动，从一定程度上代替政府做了部分工作，有效弥补了部分"政府不足"和"市场不足"，所以要求政府付给非营利组织一定的"报酬"是合理的行为。从政府方面看，随着政府机构改革的深入和非营利组织的发展壮大，非营利组织承担的公共职能越来越多，在解决各种问题时，政府也切实需要与非营利组织合作，所以政府并不排斥对非营利组织的资助，相反要引导和培养非营利组织的健康成长。从这个意义上讲，政府是非营利组织的重要资金来源。

5. 联合劝募组织

美国等国家都有专门的筹款组织，这些联合劝募组织在市场通过统一筹款，并根据一定规则合理分配给各种非营利组织。中国目前还尚无明确的联合劝募组织，但有一些类似的非营利组织，如中华慈善总会，事实上，中华慈善总会的主要任务之一就是向筹款市场筹集款项，然后分配给其他非营利组织，它正在发展成为中国的联合劝募组织。

二、项目融资的操作过程

非营利组织项目融资一般包括五个步骤：成立融资小组；细分市场；确定目标；设计、实施融资计划；评估、总结融资活动。这些步骤根据具体融资活动，可以有所增减或修改。

1. 成立融资小组

成立融资小组是融资活动的第一步，也是最重要的一步。一般融资小组要由非营利组织的主要领导人牵头，大部分高层管理者参与，以保证最大程度地动员组织资源。

2. 细分市场

细分市场是一个重要的环节，一个好的市场划分，可为制定有效的策略打下基础，有助于管理者决策。

3. 确定目标

确定目标后，组织才可以确定组织多大的融资队伍，投入多大的精力。筹款目标应该紧扣组织项目的实施现状和发展目标，不足的融资会影响组织项目的运行，过多的融资也不利于组织项目的运作，所以，融资小组应该实事求是地制定融资的目标。一般常用的确定方法有：

（1）增减法。这种方法根据非营利组织上一次的项目费用，考虑通货膨胀因素，然后根据预期变化有所增减。

（2）需求法。这种方法根据非营利组织项目预测需要的资金，依此确定目标。

（3）机会法。这种方法首先需要根据非营利组织对能从各个捐赠市场上融资到多少款项做出一个初步估算，然后结合项目自身，确定一个合适的目标。

4. 设计、实施融资计划

设计、实施融资计划是融资活动的中心，只有经过了这个环节，融资活动才能真正把资金募集到。设计融资计划时，应根据不同的分市场，配以不同的融资方式。

5. 评估、总结融资活动

融资结束后，要及时对本次融资活动进行评估，总结得失，并根据各个员工和志愿者的工作绩效进行适当的激励。

第五节　非营利组织项目的验收

一、非营利组织项目验收的概念和意义

项目验收又称项目范围确认或移交，它是核查项目计划规定范围内各项工作或活动是否已经全部完成，可交付成果是否令人满意，并将核查结果记录在验收文件中的一系列活动。项目结束或项目某一阶段结束时，项目团队要将其成果交付给接受方，项目接受方一般要会同项目团体、项目监理等有关方面对项目的成果进行审查，核查项目计划或合同规定范围内的各项工作或活动是否已经完成，项目成果能否实现其应有的效用。通过项目验收，可以总结经验教训，积累项目有关资料，使之为以后的项目运行打下良好基础；同时，项目验收也是对非营利组织良好运行的鞭策和鼓励。

项目验收时，要关注如下三个方面问题：

（1）要明确项目的起点和终点；

（2）要明确项目的最后成果；

（3）要明确各子项目成果的标志。

二、非营利组织项目验收的分类

根据项目的类型、验收的目的、验收的时段等因素，项目验收可以分为不同类型：

（1）按项目生命周期不同，分为合同期验收、中间验收和竣工验收三个阶段；

（2）按项目验收的范围不同，分为部分验收与总体验收；

（3）按项目的特点不同，分为质量验收和资源验收。

项目验收的范围是指项目验收的对象中所包含的内容，即项目验收时对验收对象的各个构成部分、相关内容以及形成的无形成果进行验收。

三、非营利组织项目验收的组织与程序

项目验收的组织一般由项目承办方和项目监理人员构成，有时也可以邀请有关专家参加。验收组织的主要职责有以下几个方面：

（1）审查预验收情况报告和移交报告；

（2）审查项目的各种资料，如可行性研究报告、规划设计文件、项目进展报告、总结报告、会议记录以及各种变更、协议与合同档案；

（3）对项目产生的各种成果的技术性能指标、运转、质量进行测评；

（4）处理交接验收过程中出现的问题；

（5）核定移交项目的清单；

（6）提交验收工作总结报告。

四、非营利组织项目验收的标准和依据

项目验收的标准是指判断项目产品是否合乎项目目标的依据。项目验收的标准包括：

（1）项目合同书；

（2）国际惯例；

（3）国际标准；

（4）行业标准；

（5）国家和企业的相关政策、法规。

项目验收的依据包括：

（1）工作成果。工作成果是项目实施的结果，项目收尾时提交的工作成果要符合项目目标。工作成果验收合格，项目才能终止。因此，项目验收的重点是对项目的工作成果进行审查。

（2）成果说明。项目团队还要向顾客提供说明项目成果的文件，如技术要求说明书、技术文件、图纸等，以供验收审查。项目成果文件随着项目类型的不同而有所不同。

五、非营利组织项目验收的程序

项目验收的程序如图 7-6 所示。

非营利组织项目的验收过程是一个相当复杂的工作，需要多方的协同合作，因此还要参考更多的相关资料，并注意在实际工作中积累经验。

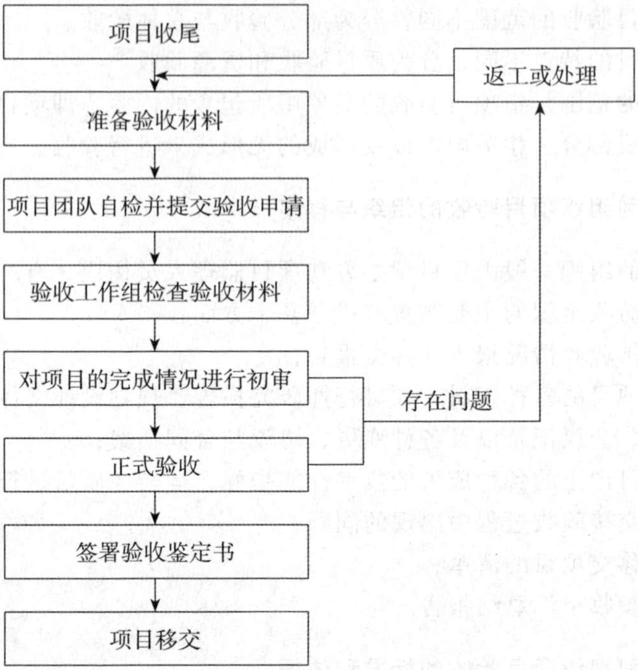

图 7-6 项目验收的程序

第六节 我国非营利组织项目管理需要注意的问题

一、注意利益相关者管理

所谓非营利组织的利益相关者是指那些能够影响非营利组织目标实现，或者能够被非营利组织实现目标的过程所影响的任何个人或群体。服务对象、合作伙伴、志愿者、内部职员、政府、捐助方、竞争者和社区、媒体、公众等是非营利组织的主要利益相关者。他们数量众多，有着各自不同的需求和立场，相互之间的关系非常微妙，甚至是相互矛盾冲突的。比如对某些企业所造成的环境污染，如果地方政府一味追求政绩和税收，可能就会放松对此类企业的管制；而居民在受污染的环境中生活会影响身体健康，但迫于生计又不得不在企业中工作；同时这些环保问题还容易引起媒体和社会公众的关注。此时非营利组织在开展解决相应环保问题的项目时难度就比较大，既要能够解决问题，又要争取获得捐助方的认同和资助；既要平衡好各方关系，不使矛盾激化失控，又要考虑如何获得公众和媒体的支持甚至政府的配合等等。

在非营利组织的项目中，利益相关者遍布于整个项目管理的各个阶段，因此在项目计划阶段就应做好利益相关者的分析，制定出相应有效的管理策略和计划；而在项目实施、控制阶段与利益相关者进行实际的沟通和协调时，更要把握好尺度，按计划逐步实施并灵活处理。如何平衡好这些复杂关系，是很值得各非营利组织仔细考虑和准备的，如此才能使项目真正做好。

二、加强风险管理

我国目前非营利组织尚处于发展初期，抗风险能力较弱，因此需要从以下几个方面注意项目的风险管理：

1. 资源获取风险管理

在我国现行体制下，非营利组织因为政策原因还不能向公众筹款，因此组织维持生存以及开展项目的资源主要以外部捐助为主，这就使得非营利组织的资源获取存在一定的难度和不确定性，这是组织在项目管理中首先必须关注的问题。

2. 政策风险管理

由于我国对于非营利组织的登记注册以及日常管理都非常严格，在很多领域开展项目时都存在一定的政策风险，因此如何既保证顺利开展项目同时又能保证组织的安全，这也是一个需要考虑的问题。

3. 文化冲突风险管理

非营利组织项目管理中的文化风险重要表现为：一是国外资金资助中国非营利组织的同时，存在着中西方文化的差异；二是国外非营利组织直接进入中国开展项目时，国内员工与国外组织之间、项目工作人员同项目开展当地的社区居民之间也同样存在着一定的文化差异，这些差异如果处理不好，引起文化冲突，对于项目的开展非常不利。上述风险都需要非营利组织做好风险管理计划和实施相应防范应对措施，以保证项目开展的顺利和有效。

本章小结

非营利组织经常是通过一个个项目来提供服务和产品，因此项目管理的好坏是评价非营利组织能力和潜力的重要方面。本章首先介绍了非营利组织项目管理的含义，强调非营利组织项目管理的主要目的是为了实现组织的宗旨，而非注重营利。一个好的项目能够使非营利组织获得良好的社会效益，因此，选择项目就成为组织面临的一个重要问题，在选择项目时要从科学化、民主化、系统性、效率性原则入手，从项目识别、项目构思、项目选择、项目可行性研究等多方面分别进行。在选择了一个比较好的项目以后就要把该项目具体化，即要有一个项目计划，项目计划要尽可能将各种情况都考虑在内，尽量要周全。非营利组织的性质决定了它一般要进行项目融资，以获得足够的资金保证项目的顺利进行，它可以从个人市场、企业市场、基金会市场/国际资助组织、政府市场和联合劝募组织等方面进行融资，在融资过程中有很多的技巧，本章也进行了一定的介绍，供读者参考。在项目实施过程中要对项目进行控制，对实施过程中出现的偏差及时予以纠正，使其回到正常的轨道上来。项目实施完以后其实并没有真正结束，要从影响、管理、持续性等方面进行项目后评价，为以后的项目积累经验和教训。

关键概念

项目管理　项目识别　项目计划　可行性论证　项目控制　项目融资　项目验收　项目后评价

复习思考题

1. 简述非营利组织项目的选择过程。
2. 非营利组织中如何进行项目控制？
3. 非营利组织项目的融资渠道有哪些？
4. 非营利组织项目验收的标准和依据有哪些？
5. 我国非营利组织项目管理需注意哪些问题？

第八章　非营利组织评估

在非营利组织的发展过程中，始终面临着组织能力与公信力等问题，各国为了确保非营利组织能够遵守非营利性和公益性等准则，一般都建立了相应的监督和评估机制，以保证其完成自己的使命。非营利组织使命的达成主要通过一系列具体项目来实现，因此，非营利组织的绩效评估，尤其是非营利组织项目绩效评估对于非营利组织的发展起着至关重要的作用。

第一节　评估理论概述

一、评估的概念与分类

1.评估的概念

虽然“评估”是近年来使用频率较高的词汇，然而不同的人从各自的角度出发，对评估有不同的理解，评估有广义和狭义之分。广义的评估是评估主体对评估客体的价值大小或高低的评价、判断、预测的活动，是人们认识、把握某些事物或某些活动的价值的行为。这里的价值则是指客体满足主体需要的程度。狭义的评估是指在一定的时限内，尽可能系统地、有目的地对实施过程中或已完成的项目、计划或政策的设计、实施和结果的相关性、效果、效率、影响和持续性进行判定和评价。本书的评估主要是指狭义上的评估。它具有以下几个特点：

第一，时限性。评估是在一定的时间范围内完成（如一周或一个月），而不是贯穿于项目、计划或政策的始终。这也是评估区别于监测的主要特性。

第二，科学性。评估与以往工作总结最大的区别就在于，评估是一套完整的理论和指标体系，是规范、科学和有目的的评定活动，而传统的工作总结往往缺乏系统的定性和定量指标，随意性较大。

第三，学习性。评估不仅是对项目、计划或政策的相关性、绩效和成功度的简单评价，而且是就评价活动本身进行学习，甚至可以说，学习加责任就等于评估。事实上，通过评估过程学习的知识更具有权威性，特别是对一系列的项目、计划或政策进行的评估，从中所学习的经验更适合在更大的范围内推广。

2.评估的类型

根据不同的标准，可以将评估分为多种类型。按照时间顺序，评估可分为预评估、过程评估和效果评估；按照评估的来源，评估可分为自我评估与外部专家评估；按照评估的不同内容，评估可分为量化评估、等级评估、单项评估和整体评估。

（1）预评估、过程评估与效果评估

预评估是指在组织活动开始之前所进行的评估，也称前评估。由于是在实施之前进行，因此实际上是对组织活动可行性所进行的分析。预评估的结果一方面可以决定非营利组织项目、计划或政策是否实施；另一方面预评估取得的数据可以作为基准线，在项目、计划或政策完成后进行前后对比。

过程评估是指对组织活动从开始后到完成前的某个阶段所进行的评估，也称中期评估。它的目的在于进行各类组织评估、检查预评估的质量、评估组织活动实施过程中的重大变更及其影响或分析实施过程中的困难、问题，寻求对策与出路。过程评估往往需要准备大量的文献资料供评估者查阅，从而需要花费较多的人力、物力对文献资料进行整理和分类，这在一定程度上也加重了被评估者的负担。

效果评估也称后评估，是在组织活动结束后，根据原目标和实际实施情况的比较而进行的全面、系统评估。由于效果评估着重于效果与价值的评估，更多地依据考评指标来进行，因而一般更容易被人理解和接受。

（2）自我评估与外部专家评估

自我评估即组织活动的实施者所进行的内部自我评估。自我评估成本较低，在活动每一个阶段都可以进行评估，有利于及时发现问题、解决问题，但也由于评估者是实施机构的内部成员，因此评估结果往往缺乏客观公正性。

外部专家评估主要是指非营利组织聘请科研单位或专门评估机构的外部专家进行的评估以及上级主管部门所进行的评估。外部专家评估往往较为客观公正，评估结果易于被公众所接受，专家的专业评估知识也可以增进评估的科学性与规范性，而且专家评估往往是集中一段时间进行评估，效率较高。

自我评估和外部专家评估各有优缺点，在实际工作中，非营利组织选择何种评估类型，取决于评估的目的和具体的情况。

（3）量化评估、等级评估、单项评估和整体评估

量化评估是一种基本的评估办法。量化评估利用既定的统计指标，由专门统计部门提供统计数字，对特定社会价值目标的实现进行评估。量化评估有严格的统计学理论要求，又需要体现出特定的价值引导。对于非营利组织评估来说，量化评估一般可采用两种方法：其一是百分值法，即确立基本考核项目，并确定其评估标准，再按照100分值进行评估和认证；其二是指数法，即对各项指标分别确定其标准值和实际指标值，计算个体指标数，赋予各指标权数，通过数学模型综合计算总指数，作为综合评价指数。量化评估方法的优点是易于测量、评分，易于规范化操作。

等级评估依据通用的等级标准体系，对组织活动从质和量两方面进行检验和计量，并科学、客观地做出等级评价。评价等级按国际通用惯例，目前分为三等九级：即A、B、C三等，每一等又分三个级别，即AAA、AA、A，BBB、BB、B，CCC、CC、C。其中，AAA为最高等级，可表示优秀；C为最低等级，可表示差，其他中间级别则依次由高到低排列。

单项评估是针对个体或个别程序进行的。如对非营利组织项目的评估和对非营利组织战略的评估，都属于单项评估。

整体评估是对整个项目或全过程的评估。

这里需要阐明等级评估与量化评估及非量化评估间的关系。一般来说，等级评估既可以做定性评价也可以做定量评价。一方面，等级评估需要以相同的等级标准为基础，而具体指标的量化定义和数值界限则是执行标准的基础；另一方面，指标的量化往往可以在定性分析的基础上给出分值，最后再落实到等级上。所以在等级评估中，定性与定量这两种评价既可各为一体，又可融为一体。量化评估的结果可以转换为等级评估的结果，把分值转换成等级，以等级的标准为基准，就确定的评估内容对评估对象做出解释，这种形式更适用于单项评估。如用“优秀”、“合格”或“不合格”来表示一个组织的运营化水平。当评估对象是两个不同的组织时，量化的综合指数更适用于进行相互比较和评估认证。

二、评估的指标与指标体系

由于评估任务的完成最终体现为评估指标的测度值，因此，筛选评估指标和构建指标体系在整个评估系统中占据了举足轻重的地位。

1. 指标的概念和类型

较早提出“指标”这一概念的雷蒙·鲍尔在《指标》一书中提出：“指标是一种量的数据，它是一套统计数据系统，用它来描述社会状况的指数，制定社会规划和进行社会分析，对现状和未来做出估价。”联合国1979年编制的《发展中国家社会统计的改进》一书中认为，指标是“反映社会制度重大方面的状况的时间数列的统计”，联合国教科文组织认为，指标是“通过定量分析评价社会经济生活状况的变化”。1982年，英国迈尔斯博士在《用于度量人类发展水平的指标》一书中认为：“社会统计（狭义理解）研究的是人们的生活条件，它包括政治、思想和法制方面及居民生活水平特点的指标。”其他国家也都是以围绕社会发展和社会生活这一主题来设计指标的。概括而言，指标就是反映总体现象的特定概念和具体数值，它是衡量和监测社会发展、评估社会进步和揭示社会问题的重要量化手段。

根据指标的性质、范围、领域和功能等，可将其区分为各种不同的类型：

（1）根据指标的性质不同，可分为主观指标和客观指标。主观指标可以反映人们对客观社会现象的主观感受、愿望和态度等以及价值观念的判断，如对生活质量的满意度、对政治生活的看法和态度等。通过主观指标的调查，可以较详细地了解居民的想法和要求。客观指标也称非感觉性指标，是指反映客观存在事物和社会现象的指标，如国民生产总值、学生数、居住面积等。

（2）根据指标的范围不同，可分为总体性指标、部门性指标和专题性指标。总体性指标是反映社会总体的综合性社会发展水平的指标体系；部门性指标是反映某一专业部门的指标，如教育、文化、卫生、民政等部门的社会发展状况；专题性指标是反映某一专门性问题的跨部门指标，如研究城乡关系、生活质量、社会保障等问题，就要选择有关上述专门指标组成指标体系进行比较研究分析，做出专题报告。

（3）根据指标的功能不同，可分为描述性指标和评估性指标。描述性指标是具体反映某种现象的状况。每个描述性指标都有不同的计量单位，因此不能简单加总，以综合反映某一层次或某一方面的情况。评估性指标是指反映社会经济发展、社会效果在某些方面利弊得失的指标。描述性指标一般是独立存在的，一个指标反映一种情况，它们是对社会经济现象的客观描述，单凭一个描述性指标很难做出好坏得失的评价。评估性指标则不同，它通常是以某种理论为指导，为说明某种社会经济问题而将两种或两种以上社会经济现象做比较或进行计算而得出的结果。评估性指标对社会现象的反映已不仅仅是简单的客观描述，而是还有分析、诊断、评论的性质。

另外，还可将指标区分为正指标、逆指标和中性指标，投入指标、活动量指标和产出指标等等。

2. 指标体系的定义与功能

指标不是一个一个孤立地存在的，它总是作为一个体系建立起来并发挥作用的。所谓指标体系是指根据研究的目的和需要，将有内在联系的、有代表性的重要指标科学地、有机地组合成指标群。由于各国国情不同，社会发展趋势和出现的社会问题有较大差异，因此，通常应根据本国的具体情况来确定指标和指标体系，根据研究的目标、方法做出自己的选择。指标体系的主要作用大致可概括为：

（1）评价作用。评价经济和社会是否协调发展，研究社会结构、人口素质、经济效益、生活质量、社会秩序等方面的相互关系和发展变化情况，并对其社会效益和社会影响进行综合评价。

（2）检测作用。检测和揭示社会发展过程中的社会矛盾、社会问题、各阶层利益分配等问题，并分析产生矛盾和问题的原因，及时提供给政府有关决策部门，以便采取对策。

（3）评比作用。进行国家间、地区间、部门间社会发展水平的评价和比较，从比较中找差距和薄弱环节，并分析落后的原因。

（4）预测作用。通过进行社会发展趋势分析，利用预测手段制定社会发展战略和规划，对社会进行有效的宏观管理。

（5）导向作用。通过评估指标体系的设立和使用，会引导评估客体的有关人员重视所评估的内容，并朝评估标准的方向发展。

（6）激励作用。评估的结果会对评估客体产生巨大的影响，对评估客体的组织或个人产生激励作用，从而使事物朝预期的目标发展。

3. 建立评估指标体系的原则

评估指标体系是根据所提出的目的、任务和对信息资料的实际需要，在对所研究的对象进行初步理论分析的基础上建立起来的。经过初步的理论分析，可以确定需要进行评估研究的各种现象及其总体的内容、本质、属性和特征。在明确这些问题之后，需要根据评估研究的目的、任务和所要反映的现象总体的属性特征，有选择地规定一系列的标志，作为反映这些属性特征的工具，并据以形成各种指标和指标体系。构建评估指标体系必须遵循以下几条基本原则：

（1）目的性原则

任何指标体系的设计，都是为一定目的、一定需要服务的，因此，在确定每一个单项指标时，都应考虑此项指标在整个指标体系中的地位和作用，依据它所反映的某一个特定研究对象的性质和特征，确定该指标的名称、含义和口径范围。

（2）科学性原则

指标体系总体结构设计是否合理，直接关系到评估的质量。因此，在设计指标体系时，应尽可能在理论上有科学依据，在实践上切实可行。只有这样，评估指标体系才能正确揭示事物现象的本质，从而为社会政策和社会管理服务。

（3）可比性原则

评估的目的之一是通过比较判别优劣，所以，在构建评估指标体系时应尽量注意可比性问题。可比性包括两个方面：一是横向可比性；二是纵向可比性。因此，应该尽量选择含义明确、口径一致的评估指标。

（4）系统性原则

系统性是指指标体系内部指标之间具有一定的逻辑关系，而不是杂乱无章的罗列，即在设计指标体系时，应尽量考虑研究对象各方面的有机联系，这样才能综合而全面地认识社会现象之间的数量关系和内在规律。

（5）既全面又精简的原则

由于中国社会经济还不发达，各部门，尤其是非营利组织资金不足，投入评估的经费还非常有限，因此在设计评估指标体系时，应既考虑指标体系的全面性，又考虑指标体系的精简性。所谓全面性是指指标的设计应尽可能从不同的侧面反映事物的全貌。精简性是指尽可能删除相互重复的指标，用尽可能少的数据搜集成本低的指标，反映尽可能多的信息量。这是因为，评估工作是一项复杂的工程，指标越多，搜集数据的成本也越高。在建立中国非营利组织评估体系时，这条原则尤其应引起高度重视。

第二节 非营利组织评估的理论框架

一、非营利组织评估的意义和原则

1. 非营利组织评估的意义

（1）有利于非营利组织自身健康发展

非营利组织的绩效评估对于非营利组织自身良好健康发展是非常必要的：一是绩效评估有助于为非营利组织承担公共责任建立一种约束机制；二是绩效评估有助于改善非营利组织的服务质量，提高管理绩效，可以为组织自身人力资源管理提供客观依据；三是绩效评估有助于非营利组织对外树立形象，提高组织的公信度。

（2）有利于优化政府监管部门的监督管理

非营利组织之所以要致力于效率目标的一个理由是公益资源相对匮乏、资源配置不合理。公益制度也是一种配给制度，而非营利组织引入效率意识的目的在于实现公益资源配置的合理化。开展非营利组织绩效评估，有利于管理部门公平公正地评价非营利组织。

2. 非营利组织评估的原则

开展非营利组织评估的前提是应遵循评估的一些基本原则，这些原则包括：相关性原则、科学性原则、重要性原则、系统性原则、可比性原则、定量和定性相结合的原则目标、导向性原则和经济性原则。

二、非营利组织评估的内容

非营利组织评估的复杂性，使非营利组织评估的内容具有了多样性。我国学者构建了非营利组织的评估模型（邓国胜，2001），该模型有四个子模块。第一个子模块是非营利性评估，即对非营利组织是否违背了非营利组织的行为规范进行评估。该模块的目的在于通过评估来促进非营利组织的责任与社会公信度的提高。它解决的主要问题之一是非营利组织的筹款难题。第二个子模块是使命与战略的评估。该模块的目的在于通过评估明确组织的发展方向和发展战略。它解决的主要问题是非营利组织如何制定长远的发展规划，如何增强组织的凝聚力、吸引人才等问题。通常，使命与战略评估属于组织的自我评估，由组织内部员工实施。当然，有时也可以请外部专家参与。第三个子模块是项目评估。该模块的目的在于通过评估促进非营利组织的效率与服务质量，它试图解决的是因缺乏竞争导致的效率低下、服务质量不高的问题。通常，项目评估属于外部评估主体评估。第四个子模块是组织能力评估。该模块的目的在于通过组织能力评估增强非营利组织达成使命的能力；它试图解决的是长期以来非营利组织能力欠发达的问题。通常，组织的能力评估属于自我评估，由组织内部人员完成。据此，我们构建的非营利组织评估的内容框架如图 8-1 所示。

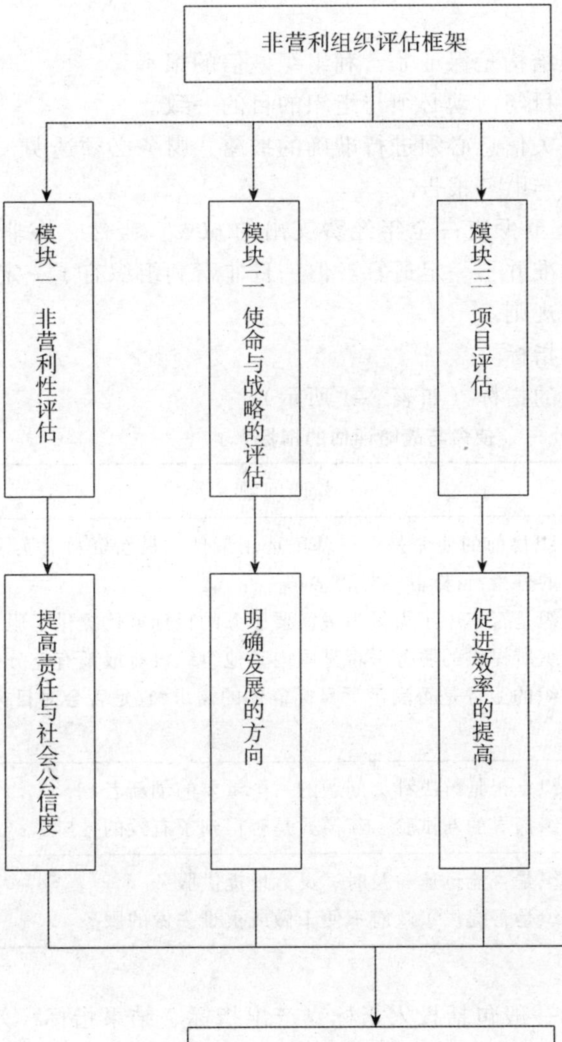

图 8-1　非营利组织评估框架

三、非营利组织评估的指标体系

评估指标一般包括定性与定量指标两类。由于非营利组织主要以提供服务为主，因此，非营利组织的测度指标相对较难定量，更多的是使用定性的指标，并通过提问的方式进行测度。非营利组织评估指标体系主要由以下内容构成：

1. 诚信度指标

通常，各国为确保非营利组织能够遵守非营利准则，都建立有相应的监督、评估机制和适合本国国情的评估指标。从国外的评估标准来看，诚信评估指标主要包括以下几个方面：

（1）有一个好的治理结构是保证非营利组织诚信的根本。

（2）非营利组织的项目与活动必须与组织的目的一致。

（3）非营利组织的有关信息必须进行准确的披露，财务必须透明，相关利益群体有权获得有关的信息与财务报告。

（4）用于项目的资金至少应占全年经费支出的60%。当然，在非营利组织处于起步阶段时，这些标准并不一定适宜。但一旦非营利组织有了一定的规模和影响，就应严格遵守这些规则。

2. 使命与战略评估的指标

它主要采用三个方面的指标（如表 8-1 所示）：

表 8-1 **使命与战略评估的指标**

指标分类	检验问题
需求评估指标	①非营利组织目前的使命是否是基于运用最佳、最新资料对实际情况进行全面而深刻的分析?目标群体是否参与 ②非营利组织是否集中了力量为最需要服务的目标群体提供了服务 ③非营利组织所提供的服务是否是国内其他组织没有或没有充分提供的 ④非营利组织的服务是否满足了目标群体的需求?它是否会对目标群体带来负面的影响
创新性指标	①非营利组织是否是解决社会问题的一个重要的创新者 ②非营利组织探寻的新试验、新模式是否得到了有效的推广
灵活性评估	①非营利组织是否能迅速、及时、灵活地提供服务 ②非营利组织是否提供了政府不便于做或很难去做的服务

3. 项目绩效指标

衡量项目绩效的指标一般包括投入指标、产出指标、结果指标、效率指标、效果指标、服务质量指标等，其检验问题通常包括以下几个方面：

问题 1：有什么证据表明，过去 3 年内非营利组织在投入最多的领域中所取得的成绩？

问题 2：有什么证据表明，非营利组织试图估计和比较其项目每一单位产出的费用？

问题 3：有什么证据表明，非营利组织投入最多的项目所覆盖人群的比例在过去 3 年中有所增加？

问题 4：有什么证据表明，非营利组织制定了自己的优质服务标志，而且正在遵循这些标准？

问题 5：有什么证据表明，非营利组织正在努力尝试去检验服务对象是否满意其服务？

4. 组织能力指标

非营利组织的组织能力是完成组织使命的重要保证。外部的或自我批评会不断促进组织的能力建设。非营利组织组织能力指标通常包括以下几个方面：

（1）共同的价值观。共同的价值观是指所有工作人员与志愿者都了解本组织的宗旨与价值观。如果在评估某个非营利组织能力时，发现实施项目或活动的员工或志愿者对组织的宗旨、价值观都不清楚，那么很难说该组织有足够的能力去实施和完成项目或活动。如果一个非营利组织的战略规划没有体现出清晰、明确的价值观念，那么员工的团队精神也值得怀疑，也就是说该组织的组织能力较弱。

（2）管理技能。组织能力还与管理技能密切相关。非营利组织的管理技能表现在：是否能够制订计划方案、预算方案和报告文本；是否能够制定出具有创新性、典型示范性的项目或活动计划；是否能够实施和督促所计划的战略和项目；是否具有自我评估的能力？

（3）组织结构。组织能力的另一个体现是组织的结构。一个好的组织结构不仅有助于增强组织的管理能力，也有助于发挥组织的最佳效力，从而取得好的绩效。作为一个非营利组织，它应考虑组织的形式能否增进目标群体对资源的使用，是否有制度上的能力去支持并保护变化中的目标群体。

（4）工作人员与志愿者。工作人员与志愿者的状况直接关系到组织的能力，对工作人员与志愿者的评估包括：组织是否拥有足够数量的、适当报酬的、能力强的工作人员；是否为工作人员和志愿者提供必要的培训；员工和志愿者是否有社会意识；是否意识到并认同目标群体的需求。

（5）信息管理系统。健全的信息管理系统是组织能力的重要标志之一，因此，在评估非营利组织的组织能力时要重点评估组织的信息管理系统包括：是否有健全的财务管理系统；是否有良好的供应、后勤系统并确保项目资源与收益不被个人所侵占；是否能准确、及时、有效地为决策提供依据；是否有一个负责研究和评估的机构；是否有制订应急方案、应付意外需求的程序。

（6）领导的艺术。非营利组织是否具备强大的执行领导、项目经理等；秘书长和理事会的领导风格是否是参与式的；是否运用现代管理方法增强凝聚力、加强交流；志愿者与工作人员的关系是否融洽；目标群体是否参与组织决策与管理。

（7）动员资源。组织拥有的资源关系到组织的生存与持续发展，包括非营利组织是否有长期的、可靠的开发地方资源的政策、计划和有效的活动；是否有与其宗旨一致的创收系统；组织的人力资源、资金是否充足。

（8）公共关系。非营利组织是否与政府部门有合作伙伴关系；是否与企业有合作伙伴关系；非营利组织与媒体的关系如何、媒体对非营利组织的报道如何；非营利组织与社区的关系、与资助者的关系、与其他非营利组织及与目标群体的关系如何。

第三节 非营利组织评估的方法和程序

一、非营利组织评估的方法

1. 成本分析法

成本分析法是指系统性地对非营利组织服务和政策的成本、成果做出鉴别、量度和比较，进而提高服务质量和资源配置效率的一种分析方法。根据艾伦（Allen）及比彻姆（Beecham）的研究，计算成本的模式一般使用累计扩展方法（building block approach），主要内容分为四个阶段。

第一阶段：描述服务的元素。

第二阶段：指出服务活动和可量度单位。

第三阶段：估计服务元素的成本含义。

第四阶段：计算服务单位成本。

通过计算提供不同服务水平所衍生的成本，非营利组织工作人员可具体了解资源投放和服务水平的关系，为提高服务水平提供了有力的证据。同时，在计算成本过程中，直接成本、间接成本和交替成本均会对服务造成不同程度的影响。因此，在非营利组织中如何运用工作分析法合理安排工作会对服务成本下降有一定作用。此外，成本分析法对非营利组织服务策划与设计，及资源分配也有较大的影响。

2. 方案影响评估

评估方案的成果，一般比较重视参与方案者在接受方案服务期间及方案结束之后，对其个人所产生的影响，对此类的评估工作，称为方案影响评估。影响评估是检视方案执行的结果，但更侧重执行成果（outcomes）的表现。了解参与方案的对象，在参与期间或结束后所获得的受益情况，与知识、技术、态度、价值、行为、条件与地位等的改变有较密切的关系。

影响评估主要是对已完成方案进行价值的判断，但不仅如此，影响评估还可以执行其他工作，广义的方案影响评估包括如下内容：

（1）判定方案结果达至何种程度。

（2）判定方案是否如预期般的被执行，以及执行如何影响到最后的结果。

（3）提供资助者、资深管理人以及政府机构首长，关注方案资源配置已达成的程度。

（4）提供决策相关的信息，以利未来方案复制或延伸的参考。

3. 逻辑框架法

逻辑框架法是根据事物的因果逻辑关系，用一张简单的框表分析一个复杂项目的内涵和关系的评估方法。这也是国际援助项目必须采用的评估。采用逻辑框架法进行评估时，通常需要把目标和因果关系划为四个层次，四个层次之间又形成自下而上的垂直逻辑关系和水平逻辑关系（见表 8-2）。

表 8-2 **逻辑框架法的模式**

项目结构	指标	检验方法	假设
宏观目标	目标指标	统计调查	实现目标的条件
微观目的	目的指标	统计调查	实现目的的条件
产出	产出指标	监测报表、调查	实现产出的条件
投入	投入指标	监测报表、调查	实现投入的条件

4. 对比法

对比法通过比较发现差异与成效，是最常用的评估方法之一。主要有前后对比法、有无对比法、综合对比法等。

（1）前后对比法

使用前后对比法的条件是必须要有前测值，需要非营利组织在一些重大项目中注重前测或基线调查工作。使用这种方法有一定的局限性，因为影响项目结果的因素往往交叉复杂，后测与前测之差并不完全代表项目实施的结果。

（2）有无对比法

当项目过程中有很多影响因素同时又缺乏前测值时，一般采用这种方法。其局限性表现为会增加评估的费用和时间。

（3）综合对比法

这是一种相对比较准确的评估方法。使用综合对比法需要具备项目实施组与控制组的前测值和后测值。由于这种方法对评估经费和时间要求较高，对非营利组织而言负担较大，故此方法不常使用。

下面是运用对比法的例题：

A 地 2000 年开始实施“幸福工程”，在实施之前贫困率为 50%，实施“幸福工程”2 年后，贫困率为 30%。问：

①项目效果为多少？

②若已知该两年间，A 地实施“幸福工程”后发生外出打工人口增加、交通设施改善；同时与之情况相同的邻村 B 地的贫困率为 45%，问项目效果为多少？

③若已知 B 地 2000 年的贫困率为 55%，请问项目效果为多少？

答案：

①$P=A_2-A_1=50\%-30\%=20\%$

②$P=B_2-A_2=45\%-30\%=15\%$

③$P=(A_2-A_1)-(B_2-B_1)=(30\%-50\%)-(45\%-55\%)=-10\%$

5. 快速农村评估法

这是一种定性的快速而不断学习的评估方法。其主要做法是：采用多学科小组（如评估学、社会学、经济学、人类学等相关专业），通过观察、参与、访谈，直接面向受益群体，了解目标群体看法。

6. 参与式评估法

这是当前国际上最流行的评估方法之一。主要通过受益者的直接参与，提高评估的质量。它的灵活多样的分享和学习性使其具有较强的实用性。

二、非营利组织评估的程序

1. 非营利组织的目标设定

在对非营利组织进行评估时，首先要用精确描述性的语言设定非营利组织的目标。目标设定的模式如图 8-2 所示。

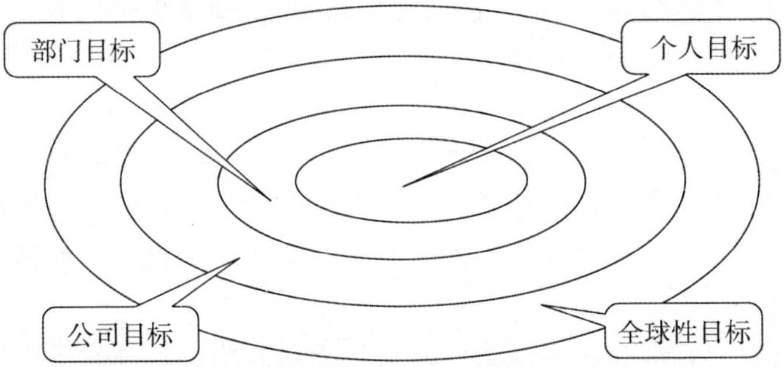

图 8-2 目标设定模式

比如，在一个国际性组织里，最高管理层首先要讨论确定全球性的目标，其次是公司目标。领导要根据全球性的目标，确定组织在一个国家或在某个地区要实现的目标。再次是部门目标。一个部门通常还会分好多个团队小组，小组长要考虑，为了达到部门的总体目标，每个小组具体应该做什么。小组目标设定完后，再把它分解成小组成员的重要工作职责，即为了实现小组的目标，每个人应该重点做些什么事情。最后是个人目标。个人要根据全球、公司、部门、小组的目标，设定个人的工作职责和工作目标，确定自己到底应该做些什么事情。目标设定的模式一般是从总体到局部进行，最高管理层要高瞻远瞩，要加强与员工的沟通。

2. 非营利组织评估的程序

非营利组织绩效评估是一个动态过程，其程序包括：明确评估目的、构建指标体系、制定评估方案、收集评估数据、计算数据信息、撰写评估报告和认定并公示评估结果等基本环节。整个过程的各个环节相互联系、环环相扣，构成一个完整的、动态的管理过程。以下就其中的主要问题加以说明：

（1）检验评估标准的准确性

一般在非营利组织发展初期，评估工作尚处在探索阶段，没有现成的评估标准可资借鉴，随着时间的发展变化，评估标准也必将发生变化。因此在构建评估指标体系之前，有必要对评估标准进行质量实验，看它是否能有效地判断出评估对象的状态。

（2）实施自检自评

在实施评估考核时，可在学习并明确了评估标准与要求的基础上，采取自评与评估机构考评相结合的办法。一般在自评与考评之间允许相隔一定时间，以便在自查发现某些不足之处后，继续努力加以改进，使评估的过程成为持续改进过程的一部分。需要注意的是，在自评的过程中，由于评价者就是参与者，容易造成自我陶醉、文过饰非，缺乏客观性，因此要力戒弄虚作假和形式主义，保证使评估真正取得实效。

（3）组织实施外部评估考核

保证评估工作的客观、公正和公平，有利于评估工作的深入、持续和健康发展，必须对非营利组织实施外部评估考核。我国现阶段一般由行业主管部门成立专家评估组，并邀请上级领导、媒体等参加。从长远发展来看，可分成中央与地方两个级别分别进行，并由中央一级主管部门牵头，会同地方有关部门共同实施，建立起有权威性、代表性、专业型的评估机构，其中熟悉和了解非营利组织工作的专家和专业人员应不少于 1/3。

（4）认定评估结果

由社会评估机构量化评估结果，按百分制列出评估等级，如总分达到 90 分的组织可评为“先进单位”；总分达到 85 分的组织可评为“成绩显著单位”；总分达到 80 分的组织可评为“合格单位”。对于评估考核结果，首先应由评估机构发出评估报告，然后在主管部门协调下，经有关部门会审通过后，联合发文、授匾或发给证书予以认定。对先进单位应给予适当的表彰奖励，以进一步调动工作积极性，使非营利组织健康发展。对自查时发现有明显不符合要求的，应加紧改进，待条件基本符合后再申报评估。

第四节　非营利组织项目后评估

一、项目后评估的含义和内容

项目后评估是指在项目已经完成并运行一段时间后，对项目的目的、执行过程、效益、作用和影响进行系统的、客观的分析和总结的一种评估活动。项目后评估于19世纪30年代产生于美国，直到20世纪70年代才广泛地被许多国家和世界银行、亚洲银行等双边或多边援助组织用于世界范围的资助活动结果评价中。

项目后评估的内容有：项目目标评估、项目实施过程评估、项目影响评估、项目持续性评估。

（1）项目目标评估

主要对照原定目标，检查项目实际完成情况和有关变更，分析偏差产生的原因，以判断目标的实现程度。同时还要对项目原定决策目标的正确性、合理性和实践性进行分析评估。有些项目原定的目标不明确，或者不符合实际情况，或者遇到政策变化等，项目实施过程中可能发生重大变更，对此项目后评估要给予重新分析和评估。

（2）项目实施过程评估

项目实施过程评估是以项目目标为基础，结合其他相关资料，对项目整个生命周期中各阶段的管理工作进行评估。其目的是通过对项目各阶段管理工作的实际情况进行分析研究，做出比较和评估，了解目前项目管理工作水平并通过总结经验教训使之不断改进和提高，为更好地完成以后的项目目标服务。项目实施过程评估包括项目的过程后评估、项目综合管理后评估和项目管理者评估。

（3）项目影响评估

它主要是社会影响后评估。项目的社会影响评估是从为社会提供服务的角度，对项目所产生的有形或无形的社会效应的一种判断和分析，重点评价对象是项目对其所在地区的各项社会发展指标的直接或间接的影响。社会影响评估一般包括贫困、发展、就业、参与等方面的内容。

（4）项目持续性评估

项目的持续性评估是指在项目建成之后，项目的既定目标是否还能继续，项目是否可在将来以同样的方式实施同类项目。评估因素一般包括：本国政府的政策；管理、组织和地方参与；财务因素；技术因素；社会文化因素；其他外部因素等。

二、内部的项目后评估

项目完成后为评估项目绩效及总结经验教训，项目的实施者应当组织进行内部的项目后评估。对于大中型的非营利组织项目来说，内部项目后评估是独立项目后评估的先行阶段；而对于不需要进行独立后评估的小型项目，内部的项目后评估就是项目管理者总结项目经验和改进工作的主要手段。内部项目后评估的内容如表8-3所示。

表 8-3 **内部项目后评估评价表**

项目后评价表

项目名称: 项目经理:

技术绩效:

- 最后的工作范围与初期的工作范围的比较结果是什么?
- 工作范围上有什么变更吗?
- 变更文件与批准行动处理得当吗?
- 变更的项目成本和进度计划有什么影响?
- 工作范围全面实现了吗?工作内容和交付物的完成质量如何?
- 符合非营利组织服务对象预期期望吗?

成本绩效:

- 最终的项目成本与原始项目预算和包括项目范围的有关变更的上一次项目预算的比较结果是什么?
- 有没有个别工作包超支或节省了10%以上的预算?如果有,什么原因?
- 成本超支原因是什么?
- 成本预算是否超出实际预算?

计划绩效:

- 实际项目进度计划与原始进度计划的比较结果是什么?
- 如果项目延期完成,是什么原因?
- 有关每个工作包的进度计划的完成绩效怎样?
- 活动周期预算现实可行吗?

项目计划与控制:

- 项目计划详细吗?
- 计划是否被及时地更新从而包含了变更部分?
- 实际绩效与计划绩效是否定期进行比较?有关实际绩效的资料准确吗?搜集及时吗?
- 项目团队定期使用项目计划和控制系统吗?
- 计划和控制系统被用来供决策参考吗?

非营利组织作用客体的关系:

- 是否进行过非营利组织作用客体参与项目执行的工作?
- 是否要求过非营利组织作用客体定期对项目进程表示满意度?
- 与非营利组织作用客体之间定期举行面对面的会谈吗?

团队精神:

- 有团队观念和为使项目成功而努力的使命感吗?
- 是否有阻碍团队合作的情况?

续表

信息交流: • 团队对项目执行现状和潜在问题及时了解并掌握了吗? • 项目环境是否有助于公开、坦诚、及时的交流? • 项目会议有成果吗? • 团队内部、团队与非营利组织服务客体的书面交流充分,不充分,还是过多?
问题识别与解决: • 是否有利于团队成员及早识别潜在问题? • 问题解决的方法合理吗?
建议与改进: • 基于团队讨论和上面几条的评估,对未来项目绩效改善有帮助的具体建议有哪些? • 在评估会议后,项目经理应当为管理层人员准备一份简要的书面报告,作为项目绩效和建议的总结

三、外部的项目后评估

外部的项目后评估主要是项目负责人、项目小组关键成员与非营利组织作用的客体、非营利组织合作方以及项目发起人等,评价项目是否为服务对象提供了预期的服务,评价其满意度,以获得将来对这些客体展开项目服务的反馈信息。外部项目后评估的内容如表 8-4 所示。

表 8-4 **外部项目后评估评价表**

项目名称:
• 工作范围完成情况评价
• 完成任务的工作质量评价
• 进度计划执行情况评价
• 预算绩效评价
• 信息交流评价
• 非营利组织作用客体评价
• 总体绩效评价
• 改进的建议

[案例]

"中加合作社促进与发展项目"末期评估报告

本报告是应中国工合国际委员会(以下简称"工合国际")委托,对"中加合作社促进与发展项目”进行的一项末期评估，主要内容是对项目实施以来工合国际所从事的一系列项目活动作总体的回顾和评价。报告的重点放在合作社培训推广工作的效果评价和今后合作社培训推广工作的需求分析上。

一、项目概要

“中加合作社促进与发展项目”是由加拿大合作协会（CCA）和工合国际（ICCIC/GUNG HO）共同开展的一个旨在通过合作社理念教育和业务培训，促进中国社会弱势群体发展的项目。本项目得到加拿大合作协会总额为 46.67 万加元的资助，项目持续 3 年，从 2001 年 5 月开始，于 2004 年 8 月结束。

1. 项目要求

根据工合国际与加拿大合作协会的项目协议，本项目的总体目标是：“支持合作社通过其努力通过降低贫困、平等地分配不断提高的收入，提高男女青年在市民社会中的民主参与，来改善个人在社区和全球化经济中的社会经济地位以及自立能力”。

项目的具体目标是：“通过培训和增强社区组织管理其自身发展的能力，在中国促进和发展符合国际合作社联盟标准的合作社”。

项目协议要求将项目活动主要集中在两个领域：第一，增强作为中国合作运动引导机构的“中国工合国际委员会”的能力建设；第二，开展合作社管理培训和发展咨询，作为“中国工合国际委员会”合作社网络扩展的工具。

本项目的预期成果是：（1）中国工合国际委员会的能力得到加强，包括加强行政管理能力、获取人才培训资源的能力、改善资金筹集能力和项目管理技能、扩大工合国际和合作社发展的网络图；（2）工合国际的工作人员能够与其成员保持联系并根据要求提供帮助，使合作社网络得到加强；（3）工合国际的工作人员成为项目管理专家，并有能力作为执行代理人实施操作；（4）有 10 到 20 个合作社得到项目培训并按国际合作社特征陈述（ICIS）的原则进行运作，发展阶梯评价（DLA）和合作社制度评估；（5）有 20 名受培训者获得认证并成为工合国际网络成员；（6）在中国更广泛地唤起对民众合作社的重视，并能获得合作社教育课程的培训。

2. 项目设计

本项目的具体设计方案包括两大部分 15 项任务：

第一项任务是工合国际能力建设，主要包括 7 项任务：（1）完善工合国际办公条件，充实工作人员和办公设备；（2）成立项目管理委员会；（3）建立工合国际的成员数据库；（4）制定工合国际的战略发展计划；（5）设计并实施交流战略，包括建立互联网网站、出版简报、开展各种宣传等；（6）实施以效果为基础的项目管理（RBM）；（7）召开工作会议和学术研讨会议，进行合作社发展经验的交流和共享。

第二项任务是合作社发展，主要包括 8 项任务：（1）选择需要进行培训的示范合作社；（2）开展基础调查，分析并确定示范合作社的培训需求；（3）从社科院和志愿者中选择培训者；（4）编写培训课程教材；（5）分三次开展培训培训者的工作；（6）对接受培训者在当地推动合作社发展的能力进行评估；（7）对培训效果和需求进行评价，确定未来合作社的需求；（8）通过中加共同举办的研讨会，汇编和交流项目经验。

二、项目进展

“中加合作社促进与发展项目”的整个实施过程大体可以分为两个阶段：第一阶段从 2001 年 5 月到 2002 年 9 月，主要是加强工合国际自身能力建设和开展合作社培训推广工作的前期准备；第二阶段从 2002 年 10 月到 2004 年 8 月，主要是开办一系列合作社培训班和开展多种形式的合作社宣传推广活动。

1. 工合国际自身能力建设和合作社培训推广工作的前期准备

工合国际是由国际友人路易·艾黎（新西兰）发起的一个旨在推动中国合作社运动发展的国际性民间组织，创建于 1939 年，1952 年中断活动，1987 年恢复。工合国际委员会由一批热心于合作事业，支持中国社会主义建设和合作运动的国内外志愿人士组成。工合国际委员会全体委员会议每五年举行一次。工合国际的常设机构是执行委员会和主席团，办事机构为秘书处。主席团与执委会依次每月轮流举行一次会议，代行全委会休会期间的决策工作。秘书处根据主席团与执委会决议，提出并实施各项日常工作计划和项目活动。目前工合国际的执委会是 1987 年恢复后的第二届，于 1998 年选举产生。

历史上，工合国际在推动中国合作事业的发展上，曾经发挥了巨大作用，得到包括孙中山夫人宋庆龄女士和周恩来总理在内的一批政治家、社会活动家的重视和支持。但是由于 1952 年以后中断工作，与国内外合作社发展的实践长期脱节，1987 年恢复活动以后存在不少问题，主要表现为：（1）机构与运作程序不适合新形势下发展的需要，目标比较保守、缺乏长远的战略发展规划；（2）知识老化，缺乏从事合作社教育推广工作的人才；（3）与国内外政府、民间组织、学术机构、合作社同行的联络交流工作薄弱，为基层合作社提供支持和服务的能力不足；（4）缺乏资金、缺少筹资能力；（5）日常工作人员配备不足。

针对上述问题，“中加合作发展计划”把工合国际的自身能力建设作为项目活动的两项重要内容之一。在过去 3 年里，工合国际的自身能力建设进展顺利，取得了较为明显的效果。

第一，工合国际除了按照原定计划加强办公条件硬件建设以外，工合国际常设机构于 2001 年至 2002 年间，陆续增配了 3 名全职工作人员，1 名兼职工作人员，并通过香港乐施会的赞助，选送一名全职工作人员到香港进行参与式发展项目培训，并对工合国际项目工作队伍和执委会进行参与式发展项目，为工作人员的知识更新，为以后工合国际在实施“中加合作社促进与发展项目”中采用参与式方法开展合作社培训推广工作，打下了良好的基础。

第二，2002 年 2 月—4 月，工合国际发展战略规划草案起草小组在加拿大合作社协会顾问的指导下，起草了“工合国际发展战略规划草案”，并于 5 月 11 日—12 日提交“工合国际发展战略规划与合作经济论坛”会议讨论。草案涉及工合国际的战略定位、工合国际的自身能力建设、工合国际的财力支持规划、工合国际的宣传规划、促进合作社法制环境建设计划，以及工合国际在推动符合国际合作社联盟（ICA）标准的合作社实践中的工作重点等内容。草案于 2002 年 5 月以后开始试行。

第三，为了加强工合国际的对外宣传力度，自 2002 年起，工合国际提高了“工合国际通讯”的编发频率和印发数量，增加了合作社培训消息报道和基层合作社经验交流的内容。截至 2004 年 8 月，工合国际共编印“工合国际通讯”70 期，登载各类通讯文章 124 篇。上述通讯中文版每期编发 150 份，英文版 30 份。工合国际还在 2002 年建成了工合国际的网站，整个网页包括委员会简介、历史回顾、当前项目、图片文字资料、合作社信息、求助与建议、工合国际通讯等 7 个板块，增加了对外宣传和联系的窗口。截至 2004 年 8 月份，该网页点击率已达 65 000 多人次。

第四，通过各种会议和日常联络，工合国际与新西兰大使馆、香港乐施会等组织机构建立了相对稳定的合作关系，与一批国内政府组织、学术机构，以及国内外民间组织建立了交流关系。从 2002 年到 2004 年，工合国际共召开各种形式的合作社问题理论研讨会 4 次，合作社宣传倡导会 6 次；组织工合国际委员和工作人员出访参加国际会议和交流 3 次。

第五，2002 年，工合国际建立起了一个包括 450 个成员/组织，其中有 88 个合作社组织的成员数据库。工合国际的成员网络到 2003 年底又增加了 60 个合作社，其中通过“中加合作社促进与发展项目”宣传推广而新成立的合作社有 17 个。在合作社培训推广的前期准备工作方面，项目进展也比较顺利。

2002 年初，工合国际向全国各地发出合作社调查问卷，并在《中国集体经济》杂志发布调查问卷。虽然问卷回收仅有 74 份，但通过组织专家对这 74 份问卷进行分析，明确并制定了合作社试点的选择标准，在按选择标准进行评定的基础上，对 3 个备选试点合作社进行了重点访问调查和分析。

在选择试点合作社、进行培训需求调查的基础上，工合国际还翻译、编写了两份合作社培训教材。一份是由加拿大合作社协会推荐、国际粮农组织编写、工合国际工作人员翻译的《农业合作社发展：培训员手册》，一份是聘请中国社会科学院农村发展研究所与工合国际工作人员共同编写的《合作社“培训培训者”实用培训教材》。后者由地质出版社于 2003 年 9 月正式出版发行，成为工合国际在执行中加合作社促进与发展项目中，开展合作社培训推广工作的主要教材。

与此同时，工合国际还联络组建了一支合作社专家指导员队伍，为提供合作社发展培训、评估、咨询和其他服务创造了条件。

2. 合作社培训推广工作

根据中加合作社促进与发展项目协议要求和具体实施计划，工合国际自2002年以来，在合作社培训方面，连续举办了22期合作社培训班，其中包括培训培训者的培训班5期、合作社基础培训班8期、合作社治理与管理培训班9期、专门的妇女培训班9期（见表8-5）。参加培训的学员总数达到1 162人次，其中女学员642人，占学员总数的55%。

表8-5 **历次培训一览表**

期数	培训班名称	举办时间	地点	人数	学员来源	学员成分
1	大学生支农培训班	2002.10	北京	80	北京	大学生、民间组织
2	TOT培训班	2002.11	北京	28		经营者、农民、打工人员、民间组织、大学生
3	TOT培训班	2002.11	上海	44		经营人员、政府干部、民间组织
4	TOT培训班	2002.11	河南登封	52		农民、政府干部、民间组织
5	打工者培训班	2003.2—3	北京	36	华北、华中、西北、东北、华南等15个省	打工青年、打工子弟学校教师、校长、大学生
6	强化培训推广班	2003.2—3	北京	37	河南、河北、北京、内蒙古、四川、陕西	基层合作代表、地方政府官员、妇联干部、民间组织代表、大学生
7	中荷扶贫项目培训班	2003.3.11—13	安徽霍山	36	安徽霍山、四川黔江	中荷火伤项目办人员、霍山地方干部、霍山农民组织代表、中澳黔江扶贫项目人员
8	40、50下岗女工培训班	2003.3.28—30	上海	56	上海	市区下岗和再就业人员、郊区农民
9	农村妇女培训班	2003.4.5—6	河北迁西	55	河北迁西	县妇联干部、乡镇妇女干部、农业生产能手、县党校校长、县常委委员、县农工部长
10	合作社社员培训班	2003.7.22—23	吉林梨树	30	吉林梨树	梨树乡政府干部、夏家合作社理事、监事、社员
11	合作社促进与发展培训班	2003.8.5—6	河南登封	80	河南登封	区镇领导干部、种植大户、养殖大户

续表

期数	培训班名称	举办时间	地点	人数	学员来源	学员成分
12	妇女合作培训社	2003.8.18—19	吉林梨树	57	吉林梨树	妇女致富能手、村干部、妇联干部、农经站站长、农资局领导
13	合作制企业管理研讨班	2003.8.28—29	上海	25	上海	上海市集体经济研究会20个成员单位的厂长、经理和部门负责人
14	合作社管理与治理培训班	2003.11.13—14	吉林梨树	108	吉林梨树	合作社和管理层、政府官员、妇联干部
15	合作社管理与治理培训班	2003.11.27—28	河北定州	40	河北定州	农民、政府官员、妇联干部
16	合作社管理与治理培训班	2003.12.16—17	河北迁西	42	河北迁西	合作社社员、社长、妇联干部
17	妇女合作社培训班	2003.12.19	山西原平			
18	安徽农委合作社培训班	2004.1.8—9	安徽合肥	58	安徽省	省政研室、省政府办公厅、省科协、省民政厅、省工商局、省供销社、省农经管理总站、15个地市委、2个农村合作社试点县农业主管、省社科院等各级、各部门干部
19	民主控制与经济参与培训班	2004.2.7—9	吉林梨树	150	吉林梨树	农民合作社社员
20	女社员培训班:合作社与妇女发展	2004.8.10—11	吉林梨树	50	吉林梨树	妇联干部、各合作社女社员、女能人联谊会会员
21	妇女合作社培训班	2004.8.16—18	陕西	112	陕西6个县76个乡镇	妇联干部、中国比利时扶贫项目管理人员和受益者
22	大学生支农调研培训班	2004.1.31	北京	120		

从表8-5不难看出，从培训项目实施开始至今，培训班的规模逐渐扩大，每期参加的学员人数越来越多；学员来源和学员成分逐渐从分散趋于集中，由社

会各种人员逐步集中到政府官员、工人农民、合作社社员和合作社管理人员四大类；培训内容也逐步深入，从泛泛的宣传合作社，逐步发展到传播合作社理念和原则，培训合作社经营和管理的专业性知识等。

3. 其他宣传推广活动

除了举办培训班以外，工合国际还举办了一系列合作社推广宣传活动，其中包括：

（1）工合国际执委研修活动：2003 年 10 月 8 日—9 日，工合国际在京举行执委研修活动。在加拿大合作社协会技术顾问 Peter Hough 协助下，委员们就工合国际的三年发展远景、委员会发展战略、章程修改意向、组织治理与管理、机构设置、筹资策略等问题进行了热烈讨论。

（2）2003 年 11 月 25 日，工合国际派代表出席上海工合成立 20 周年庆祝大会。

（3）2003 年 12 月 7 日，为工合国际创始人路易·艾黎创办的甘肃山丹培黎学校所在地——甘肃山丹遭遇地震灾害，国际工合在北京举办了救灾筹款援助音乐会义演，新西兰、澳大利亚、英国等国驻华大使和多个国家、国际组织的友好人士 100 多人出席音乐会，共为山丹培黎学校和霍城乡刘庄小学筹集援助款 77 000 多元。

（4）2004 年 2 月 22 日，工合国际与吉林省农村发展研究中心共同主办了“吉林省农村合作经济组织发展论坛”。

（5）2002 年 7 月的国际合作社日，工合国际参与举办合作社日座谈会，宣传光大合作精神。纪念大会在北京的人民大会堂举行，中国人大常委会副委员长姜春云、全国政协副主席杨汝岱、国务院政策研究室副主任尹成杰、国务院发展研究中心副主任陈锡文、农业部副部长刘坚、中国人民银行副行长史纪良、中华全国总工会副主席徐锡澄、中华全国供销合作总社监事会主任穆励、中华全国供销合作总社理事会副主任李春生、中华全国手工业合作总社副主任杨志海等党政部门领导人，及合作组织、各界人士 80 多人参加了纪念大会。会后编辑印发了《纪念国际合作社日座谈会文件资料汇编》。2004 年，工合国际协调项目参与者在吉林、上海和甘肃山丹同时举行纪念庆祝活动。

（6）2004 年 3 月，工合国际又得到加拿大合作社协会 3.5 万加元的支持，在甘肃山丹开展为期 1 年的合作社培训。为了改善合作社在中国发展的宏观政策环境，扩大中加合作社发展项目对中央决策层的影响，工合国际还充分利用其委员在国内的影响力，积极向中央决策层和全国政协建言献策。2002 年 3 月，工合国际向当时的国务院总理朱镕基先生提交了“关于请求中国政府支持发展合作社的报告”；同年同月，工合国际的国际委员爱波斯坦先生与工合国际主席王厚德先生一道，向全国政协会议提交了“关于合作社法议案”；2002 年 4 月，工合国际主席王厚德先生与工合国际名誉主席杨波先生共同致全国人大财经委员会和国务院法制办负责同志一封信，呼吁进行合作社立法。在各方面的共同努力下，目前，全国人大已将合作社立法列入议事日程。

三、项目成果

通过上述一系列合作社培训和宣传推广活动，中加合作发展项目取得了显著成效。下面是我们在项目末期评估中，通过案例解剖，对三个项目点的项目成果所做的一些分析。

1. 吉林省梨树县农民合作社的发展

吉林省梨树县夏家农民合作社是由女能人张淑香带头创办起来的一个合作社。这个合作社初建于 2002 年 4 月，当时先是由张淑香和其他几户农民，在梨树县信用社干部陆百龄等人动员下，通过向梨树县信用社组建的百信合作社入股，取得信用社贷款，发展农户养鸡、养猪。这个组织起名为梨树百信合作社夏家服务中心。当时，组织内部既没有设立理事会和监事会，也没有实行民主管理，大小事务，基本上都是由发起人张淑香说了算。服务中心除了组织农户存贷款以外，还帮助各农户按批发价格统一购进饲料，并采取盈余按各户的交易额返还的办法，因而为入股农户节省了养猪成本。在此基础上，夏家服务中心逐步扩大到 72 户。但是，由于组织制度不规范，经营缺乏经验，加上遭遇两次火灾，合作社内部出现裂痕，合作社与信用社之间也因还贷问题发生矛盾，使合作社活动自 2002 年以后处于停顿状态。

2003 年初，工合国际在北京举办培训培训者的合作社培训班，参加培训的梨树县妇联主席刘桂霞女士向工合国际推荐张淑香参加第五期培训班。培训后，张淑香和她的伙伴对原服务中心进行了一系列改进，并将服务中心改名为“夏家农民合作社”。随后，工合国际在对夏家农民合作社进行考察的基础上，在梨树举办了合作社培训班。在培训班传授国际合作社原则的启发下，张淑香和她的合作伙伴们又按照国际合作社原则重新订立了章程，通过民主选举，正式成立了理事会和监事会，修改了合作社财务制度和收益分配办法，明确了提取公积金、公益金、利润部分按交易额返还，部分按股分配的原则，使合作社的经营和发展逐步走上了正轨（附梨树县夏家农民合作社新章程）。2003 年 12 月，夏家合作社被农业部评为农民专业合作组织先进单位。很快，合作社的社员，从 2003 年的 72 户，发展到 2004 年的 172 户。合作社的经营业务也从原来的批购饲料，转向自建饲料加工厂。

工合国际与当地县政府、妇联合作，又接连在梨树举行了 4 期培训班，并开展了多次推广交流活动。工合国际的培训活动，梨树县夏家农民合作社按照国际合作社原则进行整改和规范的成功经验，对周围产生了巨大影响。原来，梨树县信用社组织的梨树百信合作社还有另外三个服务中心，除李家服务中心已建成太平百信合作社外，榆树台和郭家这两个服务中心都因种种原因而处于停顿状态。在夏家农民合作社成功经验的鼓舞下，上述三个服务中心都进行了整改和规范，正式制定了章程，召开了社员大会，选举成立了理事会、监事会，梨树县胜利果乡农民合作社、榆树台百信农民合作社相继成立。

上述几个合作社的整改和规范，也引起了梨树县和吉林省政府部门的极大重视，在工合国际举办的第11期合作社培训班上，出席培训班会议的梨树县县长明确表示，合作经济有着广阔的发展前景，梨树县愿成为合作社示范基地，政府采取搭台不唱戏，参与不干预的政策，设立专门领导小组，通过培训、咨询和协调各职能部门，大力支持合作社的建立和发展。今年7月份，吉林省又决定8、9月份在梨树县召开全省农民合作经济组织发展经验交流大会。八月底，农业部在吉林省召开全国农业专业合作组织会议，现场参观了夏家农民合作社。参加会议的全国人大“合作社法”立法小组官员也就地召开了农民合作社代表座谈会，听取他们对合作社立法的建议。

2. 上海员工合作制企业/组织的发展

(1) 上海希盟商务咨询事务所

上海希盟商务咨询事务所，是1999年由10家职工股份合作制企业通过法人入股而建立起来的，按照合作社基本原则运作，以推动合作事业健康发展，宣传合作思想和相关政策法规，维护各级职工经济合作组织权益为己任的合作社事务咨询服务机构，已先后加入了国际手工业、工业、服务委员会（CICOPA）和中国工合国际委员会，成为上述两个组织的正式成员。

发起组建上海希盟的几家企业，原来都是经营严重困难，濒临破产倒闭，职工即将下岗失业的国有企业或集体企业。为了摆脱困境，这些企业按照当时的改革方针，经有关部门批准，通过全员出资入股的方式，让本企业职工买下严重亏损的企业，通过职工集资，生产自救，逐步走出困境，实现扭亏增盈。这些企业，当时被定性为股份合作制企业。但是，这些企业在改制以后，由于受当时政策环境的影响，特别强调企业的集体性质和公共积累的不可分原则，不仅职工的所有者权益没有得到完全落实，而且连企业本身的法人产权也没有得到严格界定和认定，因此，在一些企业扭亏增盈以后，这些企业的原上级主管单位纷纷插手企业事务，运用行政手段干预企业的管理层人事任免，随意侵占这些企业的职工共有财产。

以往，由于国内法制不健全，合作组织的权益毫无法律保障，面对职工企业权益受到侵害，人们往往有口难言。2002年，希盟各成员组织的负责人参加工合国际在京举办的培训培训者培训班，受到国际合作社联盟确定的合作社7项原则启发，把合作社是社员所有、社员控制、社员受益的企业，合作社内部实行民主管理，合作社对外保持自治，独立自主、不受政府和其他机构干预等项原则作为维护职工企业权益的法律依据，他们的维权努力终于得到上海市政府的认可。其中，最典型的就是上海鹏远公交出租汽车公司的事例。

上海鹏远公交出租汽车公司，最初是在1985年，由十几名下岗职工自己出资几万元开办的一个出租汽车经营部。经过几年的努力，这个经营部逐年积累的资产已经达到 56 万元。当时，这个经营部一直被视为是集体所有制企业。1992 年，企业被列入上海股份合作制改革试点，职工又出资入股 30 多万元，使企业进一步得到发展，还自己开辟了公交线路。1998 年，企业资产经过上海市集体企业产权界定办公室界定，确认这个企业不含国有资产，全部所有者权益中，77%为集体所有，23%为职工个人所有，正式确认为股份合作制企业，成立鹏远公司。在产权得到确认以后，这个企业的职工又通过职工增资入股，使职工个人股份比例上升到 61%，并选举成立了职工股东代表会、董事会、监事会，健全了法人治理结构。但是，2002 年，鹏远公司的前上级主管单位与香港一个公司合资，决定要鹏远公司无偿交出公交运营线路，清退职工股份，解散鹏远公司。在这种情况下，鹏远公司通过希盟事务所，以国际合作社原则为重要法律依据之一，坚决维护职工企业的权益，使这个前上级管理单位的侵权行为得到了制止。

通过这样一些维权行动，希盟事务所不仅维护了成员企业的权益，而且为自己在上海股份合作制企业和集体企业中赢得了巨大声誉，也对国际合作社原则的传播和推广起到了巨大推动作用。目前，上海希盟在上海地区建立服务联系的各类股份合作制企业和集体企业已经达到 230 多家，许多企业在面临企业权益受到侵害和发展遇到问题的时候，都来找希盟咨询。

（2）上海女子实验函授进修学院

上海女子实验函授进修学员，是由王翠玉女士创办的一个以中国近代教育学家陶行知的平民教育思想为指导，以改善上海下岗女工和国内其他贫困地区妇女地位为宗旨的实用技术培训学校。从 1994 年到 2003 年的十年间，这个学校先后开展了 7 000 多人次、涉及 20 多个专业的免费实用技术培训，使众多妇女掌握了 1~2 门可以自我创收的实用技术。

但是，众多学员在掌握实用技术以后，大部分处于各自为政、分散经营，难以与大市场接轨的状态，许多学员仍然依赖学校为她们“找活儿干”。在这种情况下，王翠玉女士和她的伙伴们接受了工合国际的合作社培训，开始用合作理念引导妇女学员们自己组织起来。在短短的一年多时间里，先后建立了宝山横沙岛巾帼绒线编织合作社、宝山通河女子绒线编织合作社、杨浦五角场欣星绒线编织合作社和杨浦平凉丹青制衣合作社。组建合作社以后，学员们开始通过合作社自己建立产品销售渠道。其中，宝山横沙岛巾帼绒线编织合作社 72 个社员，今年前五个月，人均收入达到 1 500 元。

3. 河南登封农民合作组织的发展

河南登封地处河南省中部的中岳嵩山地区，这里既有平原，也有丘陵，发展多种经营的条件较好，还有丰富的自然和人文旅游资源，嵩山脚下的少林寺就在登封境内。但是在过去很长时间内，这里由于地理环境封闭，经济发展迟缓，农村多种经营刚刚起步，就出现了销路不畅、产品积压等问题。处于分散经营状态的农民对于如何组织起来进入市场，普遍感到比较茫然。2002年，登封市中岳区景雪萍书记等一行参加了工合国际在北京开办的培训培训者合作社培训班，回去以后立即对当地的村组干部和致富带头人进行宣传，在政府倡导和村民自愿的基础上，组织了4个合作组织，分别是中岳洁诚家政服务合作社、登封农村妇女手工艺品开发推动小组、中岳寿乐扶农工程合作社、周山村林业发展协会。2003年，在对4个合作组织考查的基础上，工合国际又在登封开办第十期合作社培训班，对当地乡镇、村组干部和农村致富带头人进行面对面的培训，使他们弄懂了为什么要发展合作社，如何发展合作社，以及什么是国际合作社7项原则等知识，对当地合作社的健康发展进一步注入了活力。其中，中岳寿乐扶农工程合作社社长孙宗栓，原来与几个好友共同开发荒山，种植果树，发展苗圃。随着生产规模的扩大，产品销售成了瓶颈。参加合作社培训以后，孙宗栓决定把一起干的朋友组织起来，建立合作社，把生产经营连接起来，共同承担成本和风险，降低产供销成本，提高经济效益，走共同富裕的道路。他们9户社员召开了社员大会，制定了章程，选举了理事会和监事会，共同出资50多万元，建立了200多亩的发展园区，联系农户300多户，还准备进一步开发观光农业项目。还有一个农民企业家致富能人景占营，参加工合国际合作社培训班后，认定合作社是农村发展必由之路，个人承包荒山3千亩，开发立体农业，既搞果树种植，又搞鸡兔养殖，以此作为筹建合作社的准备工作，带领更多的农户致富。

四、项目评估

1. 项目计划完成情况

表8-6是一张项目计划完成情况的评价表，从表中评价符号不难看出，整个项目的完成情况是比较好的，大部分计划活动已经如期完成，部分活动内容正在进行或还没有完全结束。

2. 项目效果和影响力评价

上面的陈述可以证明，中加合作发展项目的效果是突出的。

首先，从工合国际如期完成培训教材的编写，成功组织22次合作社培训，包括3次培训培训者的培训，以及工合国际工作人员已经能够独立从事启发式合作社培训工作，每项活动都能及时总结，完成项目管理报告，说明工合国际的自身能力建设已经达到项目设计要求。

其次，从合作社培训的效果看，工合国际自项目启动以来，共举办22次培训班。接受培训的总人数达到1 300多人次，其中大部分是合作社领办人、地方政府干部、集体和股份合作制企业管理层，还包括一部分基层合作社社员。接受培训的人员回去以后，不但能够忠实地传播合作社理念和国际合作社原则，而且有一部分合作社领办人，回去以后对已建立的合作社进行整改规范，健全合作社管理机构和内部运行机制，提高社员的民主参与水平。有些非合作社企业负责人，接受培训以后，已经或正在考虑引入合作社机制。有些农村致富能人和地方

表 8-6　**项目计划完成情况表**

序号	计划内容	完成情况	序号	计划内容	完成情况
1	工合国际能力建设		2	合作社培训	
1.1	工作人员和办公设备配置	√	2.1	确定参加培训的试点合作社	√
1.2	设立项目管理委员会	√	2.2	通过基础调查和需求分析,确定试点合作社所需要的服务	√
1.3	建立工合国际成员数据库	√	2.3	筛选志愿人员和社科院培训教员	√
1.4	推进战略计划进程	√	2.4	准备培训资料和教材	√
1.5	设计和实施工合国际战略	√	2.5	通过培训培训者方式,向志愿培训员传送第一组培训资料	√
1.6	按照以效果为基础的管理框架管理项目	√	2.5.5	评价参加培训者在教师指导下,支持和发展地方合作组织的能力	√
1.6.1	对工合国际进行以效果为基础的管理报告培训	√	2.6	通过培训培训者方式,向志愿培训员传送第一组培训材料	√
1.6.2	按照以效果为基础的管理框架递交报告	√	2.6.5	评价参加培训者在教师指导下,支持和发展地方合作组织的能力	√
1.6.3	准备项目完成报告	√	2.7	通过培训培训者方式,向志愿者培训员传送第三组培训资料	√
1.7	在网络和研讨会上共享试点合作社的经验教训	√	2.7.5	评价参加培训者在接受培训基础,支持和发展地方合作组织的能力	√
1.7.1	出席加拿大合作社协会的亚洲地区会议	√	2.8	对培训和需求进行评价,确定合作社今后的需求	→
1.7.2	出席加拿大合作社协会的论坛和年会	√	2.9	通过工合国际和加拿大合作社协会在中国主办的讨论会,编印和散发项目经验和教训	→
1.7.3	出席国际合作社联盟 2001 年成员大会和西科巴会议	√			

注：√代表按计划完成，→代表正在进行。

政府干部，在接受培训以后，开始积极着手创办新的农民合作组织。其中，被项目选为示范合作社的吉林梨树夏家合作社，其影响所及，不仅带动了周边一些老的合作组织重新焕发活力，而且受到当地县市、省政府的重视和推广，并被农业部评为优秀合作社试点。上海市集体经济研究会在接受中加项目的培训以后，重新调整研究方向，利用已有的《上海集体经济》会刊，加大对合作经济的宣传力度，培训后进一步做跟踪调查，2003 年 9 月份整理出的研究报告“上海市股份合作企业改革调查报告”，得到上市海市政府中小企业发展办公室的认可，并被收入 2004 年 3 月国家发改委“关于进一步深化集体经济改革研究课题组”的成果报告中。已有三个中外合作扶贫项目邀请工合国际进行合作社培训，视其为扶贫成果的农民组织持续发展的道路。这些情况都有力地证明，工合国际开展的合作社培训活动卓有成效，其影响力已大大超出培训班本身所及的范围。

最后，合作社培训推广活动，还在发动各地贫困妇女参与社会经济活动，通过合作社提高妇女经济地位，以及在组织动员广大城乡青年接受合作社理念，平等参与和分享社会经济增长的成果方面，起到了显著的推动作用。

根据工合国际的统计，自 2002 年 1 月到 2004 年 2 月，参加工合国际组织的各期培训班学员总数达到 1 569 人，其中妇女总数为 675 人，占到学员总数的 43%，20~40 岁的青年人数为 820 人，占到学员总数的 52%。在工合国际举办的 22 期培训班中，专门针对妇女发展的培训班有 6 期，占到办班总数的 27%，专门针对打工青年的培训班 1 期。另外还特别举办了两期大学生支农培训班。

随着合作社培训工作的展开，在工合国际开展合作社培训的地方，当地妇联和妇女组织纷纷加入合作社倡导和推广活动，一些地方妇联主任和妇女干部，成为合作社培训的骨干力量，例如吉林省梨树县妇联主任刘桂霞、河南省登封市中岳街道办事处主任景雪萍、上海女子实验函授进修学院校长王翠玉、河北省迁西县妇联主任于桂新、陕西省妇联等。其中，上海女子实验函授进修学院的学员，在接受培训后，创办起以妇女为主的合作社 4 个；河南登封市在开展培训以后，创办起以妇女为主的合作社 3 个。河南迁西县和陕西 6 个贫困县在参加培训以后，也正在积极筹办妇女创业型合作社。

在工合国际举办的第 4 期打工青年合作社培训班上，打工青年骨干分子孙恒等人，也提出了创办 3 个以打工青年为主的合作社计划，其中包括创办手工吉他合作社、打工子弟教育文化合作社和打工青年文化服务社。

3. 存在问题和进一步需求

但是，在这次项目评估过程中，我们也看到本期项目在执行过程中，还存在一些不足之处，从而也对今后的项目延续工作提出了更高的要求。

第一，目前工合国际在合作社培训中所使用的自编教材，内容比较单一，基本上是以合作社启蒙教育为主，有关合作社实务的内容不足，而目前国内由于缺少合作社的成功典范，因此一些新建合作社急需获得合作社实务方面的知识。这方面培训内容的欠缺，使培训效果受到很大限制。

第二，过去 22 期培训班的培训对象不够集中，既有潜在的培训者，也有基层社社员。作为TOT课程对象的潜在培训者，既有合作社的实务领导层人员，也有政府部门的各层干部，其中有多少学员将来可以长期担当基层的专职培训员，事先没有进行严格筛选，这就使培训培训员的扩展效果受到了限制。

第三，培训课程的针对性不够强，对于社员和管理人员、新办合作社与改制企业、对于政府干部和农村能人，使用同一套教材、同一套教学内容、同一套培训方法，显然不能解决不同人群所希望解决的不同问题。

第四，项目试点的选择面过窄，主要集中在工合国际自己的联系网络内，而忽略了其他机构组织网络中存在的大量合作组织资源，其中有些网络的合作组织具有更强的辐射力。这些有效资源的漏选，显然也限制了项目试点的影响力和示范作用。

根据以上情况，我们建议：

（1）编制一套更具有实务性内容的培训教材。实际上，国际粮农组织已有一套很好的合作社实务培训教材，不妨先拿来翻译使用，在使用中再根据国内具体情况和实践需要，逐步修改、补充。

（2）在进行培训培训者的培训活动前，对培训对象作一定的筛选，把培训对象集中在今后准备长期从事基层培训工作的人员身上，以便充分发挥培训者的作用。特别应当加强对地方政府农经管理站干部、供销社干部、信用社干部，以及农村专业技术协会领办人的培训。因为这些人今后更有可能成为长期从事基层合作社教育的主力。在开展培训培训者工作的时候，应当着眼于建立一支稳定的合作社教育队伍。

（3）今后的合作社培训课程需要进一步细化，具有更强的针对性，应当区分不同的接受培训者，给予不同的课程培训。例如，应当设置专门的合作社管理课程、专门的合作社财务课程、专门的合作社法律事务课程、专门的合作社业务经营课程，以及专门针对社员的合作社内部义务、权益、守则等知识培训课程。

（4）扩大合作社试点的选择范围，把一些已有的农口系统、供销社系统、信用社系统、手工业系统、地方政府和农村能人创办的合作社，以及一些改制企业，都纳入试点选择范围，以扩大合作社规范的示范面，摸索不同前提下合作社规范化建设的经验。

总之，希望通过中加合作发展项目的延续，能够逐步把工合国际建成一个在中国担当合作社宣传、教育、推广工作的核心组织，以便在今后能承担起更多的合作社培训、指导工作。

问题：

1. 本案例中的项目设计方案包括哪些部分？

2. 本案例中的项目宣传推广对项目的实施有什么影响？

3. 本案例从几方面进行项目后的评估，是怎样评估的？

本章小结

有效的评估不仅能使非营利组织回归其非营利服务的宗旨，而且能够提高非营利组织的能力，对其可持续性发展具有积极的意义。本章对非营利组织评估框架的构建作了较为系统的阐述。作为深入学习的基础，首先对评估及非营利组织评估的基础知识作了简要介绍，然后构建了非营利组织的评估框架，该框架包括四个子模块：组织的非营利性评估、非营利组织使命与战略规划的评估、非营利组织项目评估和组织能力评估。这些模块相互独立又构成一个相对有机的整体。针对这些模块，应该在评估框架中设计相应的指标体系，包括诚信度指标、使命与战略指标、项目绩效指标和组织能力指标。本章继而介绍了非营利组织评估方法、评估的程序和项目后评估等知识。

关键概念

非营利组织评估　评估指标体系　使命与战略规划评估　逻辑框架法　对比法　非营利组织目标设定　项目后评估

复习思考题

1. 评估的类型有哪些？
2. 指标体系有哪些主要的作用？
3. 简述非营利组织使命与战略规划的评估。
4. 简述非营利组织评估的程序。
5. 简述非营利组织项目后评估的内容。

第九章　非营利组织管理实例[①]

实例 1　社会组织三大条例修订列入《国务院 2015 年立法工作计划》[②]

2015 年 9 月 2 日，国务院发布《关于印发国务院 2015 年立法工作计划的通知》(以下简称《通知》)，《通知》要求起草法律法规草案，要主动征求有关人大代表和政协委员、民主党派、工商联、无党派人士、人民团体、社会组织的意见。同时，2015 年立法工作计划要求社会团体登记管理条例的修订力争年内完成，另有一大批与社会组织相关的法律法规也被列入计划（见表 9-1）。

表 9-1　　国务院 2015 年立法工作计划（与公益慈善相关）

一、力争年内完成的项目	
反家庭暴力法草案	国务院妇儿工委起草
社区矫正法草案	司法部起草
残疾预防和残疾人康复条例	中国残联、卫生计生委起草
社会团体登记管理条例	民政部起草
二、预备项目	
志愿服务条例	民政部起草
基金会管理条例（修订）	民政部起草
城市生活无着的流浪乞讨人员救助管理办法（修订）	民政部起草
中国公民收养子女登记办法（修订）	民政部起草
三、研究项目	
农村扶贫开发法	扶贫办起草
法律援助法	司法部起草
献血法（修订）	卫生计生委起草
儿童福利条例	民政部起草
地震应急救援条例	地震局起草
民办非企业单位登记管理暂行条例（修订）	民政部起草
未成年人网络保护条例	网信办组织起草

① 本章案例整理和改写自中国非营利组织网(http://www.chinanpo.gov.cn)、公民社会网(http://www.gmsh.org.cn)、《公益时报》及其他媒体上的相关资料。

② 苍蔼. 社会组织三大条例修订列入国务院 2015 立法计划[EB/OL].（2015-09-18）.http://shh.sinoins.com/2015-09/18/content_169687.htm，2015-09-18.

《通知》对国务院2015年立法工作提出要求：第一，主动适应全面深化改革和全面依法治国需要；第二，逐步完善运用法治方式管理经济社会事务的制度；第三，进一步提高政府立法质量；第四，切实加强组织领导。

科学、民主立法被特别要求。起草法律法规草案，要主动征求有关人大代表和政协委员、民主党派、工商联、无党派人士、人民团体、社会组织的意见。要选择有代表性的地区建立基层联系点，深入征求基层干部群众的意见。

要进一步完善公众参与政府立法机制，不但要公布法律法规规章草案本身，还要公开立法背景、立法缘由和其他辅助性材料，为公众参与政府立法提供更好的条件。

要改进法律法规规章草案征求意见方式，不断提高征求意见的实际效果。要探索建立对公众意见采纳情况的说明与反馈机制，保护公众参与政府立法的积极性。

思考题

1. 非营利组织存在的法律依据是什么？
2. 中国非营利组织法治建设的趋势如何？

实例2 中国扶贫基金会的未来是一个INGO[①]

2015年第四届中国慈展会新设了国际展区，细心的观众会发现里边混入了几家国内机构，其中就包括中国扶贫基金会（以下简称中扶贫），展位上主要内容是其国际项目。7月底，中扶贫的缅甸办公室注册成立，8月，驻尼泊尔办公室成立。在中国国际影响力提升的大背景下，国内公益组织的国际化之路已悄然展开。9月19日，慈展会的中国公益事业国际化专题研讨会持续了一整天，在中国扶贫基金会副会长王行最做完主题演讲之后，《公益时报》记者对其进行了专访，谈谈中扶贫的国际化蓝图。

王行最介绍，中扶贫国际化探索的第一个阶段是从2005年到2009年，基本上是短平快的紧急救援的阶段，比如援助印度尼西亚海啸、巴基斯坦地震等。从捐赠给受援国使馆，到与国际非政府组织（INGO）合作。这期间，2007年，理事会确定了基金会的国际化发展战略。第二阶段从2009年到2012年，中扶贫开始跨出国门，自己操作国际发展项目，并在2009年底专门成立国际部。第三个阶段，2013年开始派工作人员驻扎受援国，长期开展项目，注册海外办公室。7月27日，中扶贫在缅甸拿到INGO正式牌照，成为在缅甸注册的第100家国际组织，也是中国在缅甸的第一家。在尼泊尔是第214家国际非政府组织。

从2005年至今，中扶贫的对外援助资金总额约8 000万元人民币，去年一

① 王行最．中国扶贫基金会的未来是一个INGO[EB/OL].（2015-09-30）.http://gongyi.163.com/15/0930/15/B4P6CENS009364A3.html.

年为 558 万元，不算太多。“国际项目的投入，现在每年占总支出的 1%左右。以后要成为一个真正的 INGO，可能会占到百分之三四十，但这是一个漫长的发展过程，至少得十几二十年之后。”王行最说，“我现在可以想象，以后中扶贫可能是这样的：国际国内各占半壁江山；或者以国际项目为主，这也是可能的；再或者分出两个机构来，一个做国内，一个做国外。”

“以中国经济的发展趋势来说，国际份额大幅增加是必然的趋势。前几年，政府部门对 NGO 走出去大多还停留在政策探讨，现在有了具体的动作和支持。这个口一旦打开了，空间非常大。”

一、国际援助资金从哪儿来

中扶贫国际援助项目的资金，目前主要来自三个方面：一是与其他国内、国际公益机构合作，比如在埃塞俄比亚的学校供餐项目，是和灵山慈善基金会合作的；第二是企业捐赠，比如援助海地地震时收到了李宁公司的捐款，苏丹项目有中石油尼罗河公司捐款；第三是公众筹款，尼泊尔地震救援和灾后重建，大约投入 1 000 万元人民币，60%左右来自公众捐款。政府的钱目前还没有，将来会有。

相对来说，国际援助筹资难一些，因为基金会筹资对象大多数是国内企业，让它们去向没有直接关系的国外地区捐款，是有难度的。很多公众也会说，中国还有那么多贫困地区，凭什么给外国捐款，但这种意识随着中国和全球经济的一体化，也在发生变化。比如很多东部地区的个人，对尼泊尔地震救援反应很积极。在中扶贫为非洲抗击埃博拉病毒发起的筹款中，24 小时之内筹款 121 万元，全部是公众捐款。随着中国在国际上的作用越来越大，公众和企业也会更关心国外，以后筹资会越来越容易。当然，这也需要公益组织的公众倡导和教育。

二、现在还没有机构跟我们抢国际化人才

“以后每个驻外办公室可能需要两到三个人。”王行最说。现在，缅甸办公室除了一位国内派去的姑娘林媛，还招聘了一位当地人，项目正在流程测试阶段，2015 年 12 月份全面启动。

“尼泊尔现在固定人员是国际部主任助理邹志强，注册之前，尼泊尔旅游签证进去只能每年停留 4 个月，正式注册以后就不存在这个问题，当地也要再招一到两个工作人员。”王行最说，“苏丹和埃塞俄比亚目前还未注册，我们和当地的 NGO 有紧密的合作，以他们为主，我们派人指导和监测，一个人去两三个月。柬埔寨方面我们已经完成了可行性调研，调研报告交给了商务部审批，批准后才会进行项目设计、实施，所以现在还没有派人。”

2009 年中扶贫确定在苏丹开展项目，需要相应机构和专职人员，于是成立了国际部。当时基金会给了四五个编制，现在已经有 7 个人。原来的分工是有人做项目、有人做筹资，现在是按国别来分工，专人系统负责在某国的项目。国际

事务目前在培育发展阶段，战略、筹资、开发等更多的是由管理层来做。国际部员工的待遇相对来说要高一点，“毕竟离家远行，还是在艰苦地区，外交人员派出去还有困难地区补贴呢，所以待遇高一点也是必然的。”

“项目逐渐发展起来再招人，今年年底大概需要 9 到 10 个中国方面的员工。公益行业整体来说招人都不太容易，国际方面更难。”王行最说。但是，“其他机构还没意识到要招国际化人才，所以人才争夺上还不是很激烈。现在有不少在国外学国际发展的年轻人回国，专业对口，供给充足，因为需求方没那么多。”

社会组织援助有它的不可替代性。王行最分析：政府对政府的援助，容易被人认为有政治动机，而且多是大规模工程、设备，深入社区的相对较少，对方老百姓难以感受到；企业则以商业利益为主，加之我们的很多企业在履行社会责任上缺乏专业性，需要跟专门的公益组织合作；民间组织主要的动机或者宗旨是利他性，其工作本身比较容易进入社区，其性质决定了它的公平公正性。

但中国的社会组织走出去的困难有很多。发展时间短、力量弱一些是普遍情况，如果机构有能力也有意愿走出去，还会遇到战略规划、人才储备等问题。

从外部来说，“相关的政策和法律的缺失，造成国际化路上无章可循。”王行最说。首先关税就没有相关的规定，如果把资金拿出去超过 5 万美元需要到税务局申报。从内部来说，NGO 走出去自身能力不足，需要第三方机构的支持，这类机构的企业还非常少；资金来源有限，筹资有困难，政府的资源如果开放给公益组织，也没有相应的政策来支持。

尼泊尔地震救援是一个非常特殊的案例，公益机构能够响应的都冲出去了，我们也没有想到，以前没想过要在尼泊尔开展项目，现在办公室都注册了。公众反应强烈，政府也很支持，商务部、外交部在新闻发布会上单独提到中国公益机构的参与，随着 NGO 的活跃，政府也认识到了这股力量。这样的事情以后会越来越多。

思考题

1. 非营利组织的发展与哪些因素有关？
2. 中国扶贫基金会的发展趋势如何？

实例 3 德国的非营利组织①

一、基本状况

在欧洲，德国的非营利组织比较发达。据有关资料统计，德国大约有 50 万

① 佚名．德国的非营利组织 [EB/OL].（2012- 04- 09）.http://wenku.baidu.com/link?url=jqO-qDK4hsc8cs_H7RAKO3IKcHuXsg22zcwgEDUk2wuyL2eRhompadGKhstPMVqfR3hVqThFFkFx1KkdpZR1cg-GxjxTgQ2y4mX9XvM_Otf9S. 有变动．

个非营利组织。德国的非营利组织是德国社会的重要组成部分，它不仅满足了人们的各方面需要，还形成了重要的经济力量，对经济发展和社会发展做出了重大的贡献。德国的非营利组织不仅范围广，而且类型很多，如果作简明扼要的分类，可分为互益性和公益性两大类。公益性组织涵盖了医疗、环保、教育、体育、文化等领域，是德国社会福利服务事业的重要支柱。互益性组织以行业协会和商会最为突出，这类组织在经济协调和宏观管理等方面发挥了不可代替的作用，也是我国当前建立社会主义市场经济体制过程当中大家最为关心的。

德国公益性组织的主体是社会福利服务组织，主要类型是社会服务、卫生保健和教育事业。在德国各种类型的非营利组织中，社会福利服务组织的就业份额是最大的，占德国所有非营利组织就业人数的4/5，其中教育领域占整个德国非营利组织就业人数的近12%。究其原因，很大程度上缘于政府对社会福利服务组织采取直接补贴和社会保险的社会公共政策。德国的社会福利服务组织是高度专业化的组织，市民性不强，从资金来源上看，呈现出“准政府”性质，其运作基本上与政府机构已经没有很明显的区别了，这类组织有些类似于我国的事业单位或民办非企业单位。

除了社会福利服务组织外，德国还有许多会员制的非营利组织，其运作主要依赖于会费收入和志愿者的投入，具有很强的市民性，类似于我国的社会团体。

德国非营利组织行政管理也面临着挑战。现在国家立法改革的讨论热点主要集中在对基金会的法制管理、企业及个人捐赠的减税优惠、非营利组织的经营性收入和商业活动等方面。政府发现，非营利组织是国家服务产业中发展最为迅速的一个部门，这些领域的法治改革很重要，任何改革都将对非营利组织的发展产生深远的影响。

二、非营利组织的资金与项目运作

德国非营利组织的资金来源主要有四个：一是会费；二是组织活动的收入；三是企业和个人捐款；四是各级政府补贴。不同的非营利组织，其资金来源是不一样的。如德国社会福利服务组织的主要资金来自政府拨款，其比例接近德国非营利组织总收入的2/3，而私人基金会等慈善组织获得的来自政府的资金就很少。职业协会、工会、环境协会、文化协会等其他社会团体的收入，主要靠会员交费和房屋出租及各种售票收入。

德国各级政府每年都有许多资金用于社会福利项目，但这些项目不是政府亲自去做，而是采取招标的方式，让非营利组织去实施。如黑森州朗根市政府每年财政资金有4 700万~4 800万欧元，用于社会福利服务的资金大约有200万欧元，约占财政总资金的4.3%，基本上都安排给非营利组织。非营利组织要获得政府的项目资金，应向政府有关部门递交详细的项目申请书和实施计划。政府在审查时，主要评审非营利组织的目的、能力以及项目设计实施的合理性，最后由市议会来决定。

在上述基础上，非营利组织还可再向社会募集资金，甚至垫入自有资金，这就做大了项目资金的“蛋糕”，也使非营利组织有更强的社会责任感；同时，非营利组织可充分利用社会上丰富的人力资源，组织和调动更多的志愿者参与项目建设，进而大大降低项目成本。

三、基金会

德国有许多基金会，可由私人创立、机构创立，也可由政府创立，大致分为公立基金会和私立基金会两类。

公立基金会的设立由当地议会批准，主要承担政府委派的任务。经费预算为2年制，本金可以动用。董事会里至少要有一名来自政府部门的代表，以监督政府利益的落实情况。监事会由政府有关人员和金融家组成。政府对公立基金会的投资采取严管措施，规定80%应购买政府发行的债券，其中20%购买二级市场的债券，因为政府债券比其他债券收益高2%，并且风险比较小。基金会的投资计划由州政府批准，财政部门对其进行日常监管。

私立基金会设董事会和监事会，负责人由自己选出，政府不指派。一般情况下，私立基金会在进行项目筹资时，自己要承担1/3左右的资金，这将使私立基金会在项目实施时更具有公益性的特点。情况表明，如果私立基金会的项目资金全部靠别人捐赠，而不使用一部分自有资金，那么这部分募集来的资金就比较容易被截留一部分成为“小金库”。私立基金会在资金的使用上有比较大的自由度。

公立基金会和私立基金会都必须保持公益性。一般情况下，公立基金会政治上更加柔和，主要替政府向社会提供公共服务产品。私立基金会筹集资金相对来说比较容易，使用上也容易满足该机构的公益意愿。在德国所有基金会中，95%是公益性的，就创始基金而言，60%的基金会小于50万欧元，还有30%少于500万欧元，只有10%高于500万欧元。基金会给市民提供了可以按照自己的意愿为社会创造福利的机会，在社会上的认可度很高，调查显示，有82%的德国市民认为基金会对社会是非常有益的。

四、行业协会和商会

德国是市场经济比较发达的国家之一，但政府没有专门从事工业管理的机构。在整个市场经济运行机制中，从中央到地方，从系统到部门，分布着众多的具有高度统一性、自治性及组织能力较强的社会中介组织——行业协会和商会，它们是德国各类非营利组织中最为活跃的一类。

德国的行业协会和商会的能力建设，经历了一个由弱到强的过程。早期的职能仅局限于为本会成员在市场上争夺最大的份额和最佳的利润，以后逐渐扩大，开始面向国家、公众和其他利益团体，在更大的范围内谋求其成员政治、经济和社会各方面的利益，进而成为经济发展体系中的一个主要组成部分。

从组织形式来看，行业协会重行业联合，这类组织的成员以行业为主，多带有自愿性；商会重本地区企业的联合，会员不分行业，国家法律强制规定企业必须参加商会，各地区、各州分别建立商会，最后在联邦一级形成最高级组织，从而在全国范围内形成了纵横交错，既有分工又能相互协调的组织网络。德国行业协会和商会的组织程度很高。据统计，企业主加入各种行业协会的比例达 90% 以上；几乎所有的企业都加入了商会。政府正是通过这些组织与所有企业发生联系，实现那只“看不见的手”的作用。行业协会和商会已成为德国市场经济运行机制中不可缺少的组成部分。

思考题

1. 德国非营利组织的资金与项目是如何运作的？
2. 德国基金会的发展状况如何？
3. 德国的行业协会和商会有哪些作用？

实例 4　从“非正式制度管理”到“正式制度管理”①

——上海市徐汇区致康儿童康健园

一、非正式制度管理引发组织困境

上海市徐汇区致康儿童康健园是一家专为脑瘫儿童提供康复训练及住宿服务的社会福利机构。办园目标是：努力创办能为更多脑瘫儿童服务的优秀康复教育场所，成为有中国特色的非营利组织。该园主要采用创办人吕舜玲女士独特的推拿技术与引导式教育相结合的康复方法，帮助脑瘫儿童建立自信、发挥潜能、实现自我。该园现有 30 个脑瘫儿童在园。从 2003 年创立至今，已有 11 个儿童出园，并正式走进了正规学校大门接受教育。

创立者吕舜玲女士自身是一位脑瘫患者。从开始懂事起，她就亲身体验并意识到了作为一个脑瘫患者在生活中所要经受的痛苦。在她的成长过程中，曾受到过无数的歧视。从那时起，她就下定决心：无论会遇到多大困难，一定要尽力帮助脑瘫患者！在 30 岁的时候，她怀着“为脑瘫患者服务”的坚定信念，第一次自己走出家门，学习了相关课程，学习了中西方医药的相关课程。经过几年的大胆实践、融会贯通，她总结出了一套针对脑麻痹症人行之有效的推拿方法，为后

① 佚名 . 非营利组织专用讨论案例[EB/OL].（2014-09-02）.http://wenku.baidu.com/link?url=m8Oecwf-PpaVk8ZfgY-Nm6Nr7PGjcHjn71NtNTcMUrNJkee-JCs3BlIMTY3Vlu9CdJkcRQ4xIKUg5nrpZE15-p7KEsHc9ggL6WpudmKk6Zxq. 有变动 .

来成立致康儿童康健园、帮助脑瘫儿童奠定了前期基础。

致康儿童康健园于2003年6月开始筹备，同年11月正式成立，吕舜玲女士担任院长。康健园成立初期，吕舜玲抱着一种服务于患者的态度，想把康健园办成一个患者的"家"。她把进园的脑瘫儿童当做了自己的孩子和宝贵的艺术品，亲自为他们作推拿。康健园成立初期招工困难，员工大部分是通过熟人介绍来的。吕舜玲对这些来之不易的员工倍加珍惜。她认为，这些员工和自己一样，都是怀着一份爱心而走进康健园的。因此，她对待这些员工像对待自己的亲人一样，关照他们，从来没有训斥过他们，一切都是用自己的行动来表达对脑瘫儿童、对员工、对整个福利事业的热爱。与此同时，员工们也将吕舜玲视为自己的家长。园内上上下下在她的带领下就像是一个有"家长"的温馨大家庭。

但是，在2004年，就在这样的一个"大家庭"内部发生了让人意想不到的事情。受吕舜玲信赖、统管康复部和推拿部的一位主管没有和任何人打招呼就随便不来上班了。这个主管是刚建园时经过熟人介绍来的，既是推拿部主管，又是掌握推拿技术的人。平时其他的员工是在她的示范下才完成推拿过程的。她走了，其他员工无法进行独立操作，在规定的推拿时间里只能抱着孩子坐在那里无事可做。而且这个主管在工作期间身为负责人，却不能以身作则，随随便便；凡是有管理能力、想做事的员工都被她管着、压着。没有几天，园内谣言四起，相互猜疑、搬弄是非之事弥漫了整个康健园。一时间，整个园里无人做事，工作几乎陷于瘫痪。孩子的家长来探望时，看到康健园这个样子，也特别失望，都在考虑要不要把孩子继续放在这里。这给康健园造成的损失十分惨重。由于没有正式的招工合同，也没有严格的惩罚制度，吕舜玲对她无可奈何，没有任何办法来惩罚那个主管，同样也没有办法去追索损失。

这次"主管擅离工作岗位"事件的发生让吕舜玲女士很是震惊。她突然意识到了问题的严重性，并惊出了一身冷汗。"没有正式的管理制度！""原来自己只顾照顾患者，爱护员工，想给他们一个家，却忽视了作为一个组织应该有自己的管理制度！"她对此反思了好长时间。那个主管一个月没有来上班，以为吕舜玲会去请她。但是，吕舜玲始终没有去请她回来。因为吕舜玲认为，如果就这样去请她回来，那么在今后还会出现第二个这样随便的人和发生第二件这样随便的事！

在这一个月中，吕舜玲和康健园经历着巨大的考验和反思。"这个主管为什么会不打招呼突然不来上班？""为什么她一个人走了会带来整个康健园的运行困难？""如果走一个人就会出现信任危机，康健园怎么能生存得下去？""康健园到底要靠什么来生存？"这些问题一直在困扰着吕舜玲和她的妹妹吕舜玫。她们首先想到的是：管理一个非营利组织不能像管理一个家庭一样主要靠个人感情、情面，而要靠正式的制度！在家庭里或许可以说走就走，但是在一个有着正式制度的组织中就不容许发生这样随便的事。她们想到的第二个问题是：要对员工开展培训。要为每个员工提供培训机会，让她们每个人都能独立承担起一份工作。想到的第三个问题是，在组织的内部一定要有一种文化理念作为组织的精神支柱。没有这样一种感召力，再强的组织也会涣散。在接下来的时间里，在妹妹吕舜玫的亲自带动下，康健园在组织结构、组织管理制度上都做了调整，进一步明晰了组织结构，实行权力分管制度，做到权责明确；建立了民主制度、监督制度、激励制度、培训制度、评估制度及奖罚制度。正是这些正式制度挽救了康健园。

二、确立“理念-结构-制度”三位一体的组织管理模式

康健园从“非正式制度管理”向“正式制度管理”过程中的具体做法是：首先提出了组织的价值理念，在这一价值理念的支撑下建立了组织运行结构模式，在组织具体结构中建立了相应的制度，这些制度有：组织的文化制度、员工的招聘制度、奖罚制度、培训制度、民主制度、监督制度、组织的评估制度等，从而形成了“理念-结构-制度”这样三位一体的组织内部管理模式。

在吕舜玲和吕舜玫姐妹俩的倡导下，致康儿童康健园本着竭诚为脑瘫儿童服务的态度，提出了以“五心”为宗旨，以“诚信”、“合作”为表现的组织理念。这“五心”是：满怀的爱心、无微不至的关心、孜孜不倦的恒心、坚韧不拔的决心和必胜的信心。吕舜玲对此亲自作了解释：做非营利组织行业首先要有爱心，爱心是前提和必要条件，没有爱心就做不到以下的关心、恒心、决心和信心。在“五心”宗旨之下，要讲诚信与合作。员工首先要对孩子讲诚信，员工自己许诺过孩子的事情一定要做到；其次要对孩子的家长讲诚信，言必行，让家长放心；要对社会讲诚信，为人民服务。合作指的是要有团队精神，在任何时候都要乐意与他人合作顺利完成任务，不以任何理由相互扯皮、搬弄是非、听信传言而离散团队的力量。

在精心思考和设计之后，康健园建立了由最高权力部门、主管部门和职能部门组成的“金字塔”形的组织结构。权力部门主管行政，以院长和总监为代表，处于结构的最顶端。员工必须贯彻执行权力部门的决定，服从工作安排。如有不服从安排者，第一次书面警告处分，并扣除部分奖金；第二次开除出园。下级部门必须服从权力部门的调配；遇到特殊事情需要临时调配时必须以大局为重，服从安排。权力部门下设高级主管部门，内设高级主管人员。金字塔的最下层设有职能部门，分别是康复部、推拿部、清洁部及安全部等。在康复部内设有五个班级，每个班级中有一个组长；推拿部设一个主管，下设组长。高级主管由全体员工共同选举产生，接受权力部门和职能部门的监督。每个月高级主管都要召开一次总结大会，总结一个月内各职能部门及主管部门所取得的成绩、面临的困难及表现的不足，并研究探讨问题解决办法。各职能部门每周要召开一次会，主要研究一周以来在具体的康复工作和推拿工作中发现的新方法和出现的新问题。

康健园形成了“微笑、效率与勤勉、敬业、守时、整洁、协作和热情耐心”

的文化制度，整个园内像春天一样温馨而又向上。员工还自己动手为孩子编写了推拿歌，让孩子在音乐中推拿，在推拿中感受到一份快乐而不是接受治疗的痛苦；让推拿员工和脑瘫儿童都能深切地感受到一种暖融融的和谐气息；同时，让脑瘫儿童充满了对生活的信心，让推拿员工充满了对事业的信心。

康健园形成了相对成熟的招聘制度和员工奖罚制度，其中不仅有对员工专业技术的要求、道德情操的要求，而且明确了员工的权利和义务。员工在工作中必须严格遵守《员工守则》，违反规定的员工都要受到相应的处罚，如：不允许员工在给孩子上课的时候吃东西、中午不允许躺在孩子的推拿床上休息、不允许穿园内制服出园、不准不请假擅自离岗，等等。对于优秀员工适当给予奖励。这些奖励有一盒巧克力或一盒饼干等。奖品虽小，但要得到却非常不易。

康健园重视对员工的全员培训，形成了一个“替补式”的培训模式。原来有资格接受培训的员工只有部门主管，其他员工只能在主管带领下才能开展工作。主管一旦离开，整个园内的技术性工作流程就会整体瘫痪。现在全体员工都有资格接受培训，一人不在，其他人能随时顶替。吕舜玫意识到，员工的技术素养是一个重要的问题。在她的努力下，康健园经常邀请匈牙利、香港地区和日本的专家来给员工作培训，同时也经常派员工到香港等地接受培训。

康健园时时刻刻都在发现问题，时时刻刻都在进步，这得益于民主制度及评估制度的建立。主管的任命实行民主选举。成功入选的人要严格遵守一系列相关的制度。评估是从各职能部门开始的，从每项基础性工作开始的，包括课程评估、班级评估、小组长评估、部门主管评估以及组织整体运行评估。课程评估每周都要举行一次，渐进性地、有针对性地改进孩子在训练中表现出的不足。每次都要以一个主题为主，解决了这个主题后，下周再换另一个主题，这些主题涉及每一门课程。班级评估是以孩子的各项训练成效、带班组长工作业绩和班级的整体情况为标准进行的。对主管及小组长的评估是根据日常考评表进行的。考评表中包括各种指标，如工作的完成情况、工作的态度情况、考勤情况、发现问题的情况、举报问题的情况等等。组织的整体评估就是以这些基础工作的评估为参考的。

三、正式制度在组织管理中的角色

在小型的非营利机构中，特别是像康健园这样以提供福利服务为内容的机构，在人员规模和人员的构成上很容易形成小群体的熟人圈子，管理上很容易重感情而轻制度，从而陷入非正式制度之内。中国很多小型非营利组织都遇到过这样的问题。而发生问题后的通常做法是换掉熟人，重新招聘新的员工。但在中国的“情面文化”背景之下，随着时间的推移，陌生人也会熟悉起来的，形成新的熟人圈子，重新相互矛盾、相互扯皮。因此，换掉熟人不是根本的解决办法。最根本的管理方式是制定并健全正式的管理制度。这样，组织才能实现有效的内部治理。

什么是制度？道格拉斯·诺斯（Douglass C.North）认为，制度是一个社会的游戏规则。更规范地说，它们是为决定人们的相互关系而人为设定的一些制约。它包括人类用来决定人们相互关系的任何形式的制约。诺斯同时认为，制度有正规制度和非正规制度。正规制度主要是指由人类设定的规则，现在一般是指成文的、有明确规定的规范体系。非正规制度现在一般指习俗、习惯和传统等。制度在一个社会中的主要作用是通过建立一个人们相互作用的稳定的结构来减少不确定性。虽然非正式制度在一个组织的运营过程中也有它独特的作用，但如果没有正式制度的刚性作用，那么，一个组织涣散的、崩溃的命运是不可避免的。

在制度环境下，组织要服从“合法性”机制。这种合法性不仅能在组织内部，而且能在组织外部提高组织的社会地位和认可度。“合法性”是由德国社会学家韦伯提出的。韦伯在探讨权威的过程中认为，权威不仅仅是通过“强迫”来实现的，还有其他三种类型的权威：个人魅力型权威；传统型权威即人们通过传统来获得的权威；法理型权威即建立在法律理性之上的、对理性制度之上的权威的认同和承认。韦伯称这三种权威为三种“合法性机制”。传统型权威和个人魅力型权威是典型的“人治”，虽然在传统权威当中有制度化的过程，但这种制度也是传统性的制度。它的功能的发挥是随着时代的变迁而需要变迁的。在法理制度面前，传统性的权威需要扬弃。因为，合法性的权威依据的都是正式制度。这使它在运用和发挥中表现出了规范化、形式化和普遍化，排斥了大量随意性和个别性因素。韦伯认为，科层制是合法性权威发挥最淋漓尽致的组织管理模式。因为，科层制有它独有的特点，这些特点有利于组织功能的发挥。科层制把个人利益、动机同执行组织职能系统地联系在一起了。科层制最突出的一个特点，是它排除了由感情、个人交往和邻里亲戚等联系而建立起的人际关系，它注重操作的计划性，一切目标与手段都要经过检测与核算。这样，科层制度职权确定性、制度规范性等特点保证了组织的高效率。

在致康儿童康健园的发展过程中，其内部治理过程外在表现为从非正式制度向正式制度的转变，而其内在是一个由传统权威到法理权威的转变过程。在建园初期，该园主要依赖于中国传统、习俗的非正式制度来维持组织的运行，而这种传统正是“人治”的表现之一。一旦人与人之间形成熟人网络，那么组织的运行就会表现出随意性和个别性。而法理型权威靠正式制度来维持，随意性和个别性在法理型权威这里都无法存在。而且，在法理型权威主导下的组织，人的行为是要接受检验的，这就为组织的监督制度、评估制度的建立和完善提出了要求。所以，在法理型权威管理之下，大制度中包含小制度，小制度中还有子制度。这样，组织在正式制度的环绕之下形成了一个规范化的统一整体。

制度主义理论也强调“合法性”，但制度主义的“合法性”与韦伯的类型学阐述在方法上有所不同。制度主义强调“合法性”机制的重要性。这里的“合法性”强调了文化制度、观念制度等制度环境对组织行为的影响。通过使社会的各种制度成为人们广为接受的社会事实，通过制度具有的强大约束力量去规范人们的行为。当机构面临瘫痪的状态，当孩子家长开始怀疑的时候，致康儿童康健园意识到了“合法性”的危机。如何化解危机？吕舜玲与她的妹妹吕舜玫首先想到的是“制度”的确立。而制度建立在什么样的基础上更稳定、更能让人接受呢？人类学家玛丽·道格拉斯（Mary Douglas）认为，制度必须建立在人们都能接受的基本理念规范之上，这种理念往往是隐含在自然或超自然的世界中。这里的“自然”大多应指自然法则和规律，而“超自然”应指某种价值理念或精神，例如为人民服务的价值理念、以“爱心、关心、恒心、决心和信心”为宗旨的组织精神。正是这样的理念，使致康园重新建立起了自己的合法性，赢得了社会的公信力。

制度“合法性”的另一个表现，是通过影响资源分配或激励方式来影响人的行为，使人们趋向于采取别人接受的行为。这对组织来说也是一个极好的选择。在组织中，资源不仅包括物质资源，同样也包括精神内容，如荣誉等。组织通过分配资源来激励员工，如给予奖励等。员工为了自己的角色被认同或其他原因往往认同组织制度。致康儿童康健园建立的赏罚制度得到了员工的认可，同时组织内部的激励机制也得到了实现。激励机制实现的同时，也辅助了监督机制的完善，因为没有激励机制，监督机制很容易腐败掉。

正式制度还有一个作用，就是它可以节省组织的交易及运行成本。组织内部例行事务程序直接可以按照组织制度安排来进行，不必再另花费时间和精力去寻找人力资源和物质资源。比如说，致康儿童康健园那位不辞而别的主管，如果当时签订了规定了责任和义务的正式合同的话，她是有责任负担致康儿童康健园的部分损失的，致康儿童康健园也许就不必再花费巨大成本去寻找新的推拿师。这样，组织的运行风险就会大大减小。

四、康健园管理模式带来的启示

致康儿童康健园走过的制度建设之路，给中国其他非营利组织的治理与发展提供了很好的启示和借鉴。

（一）将正式制度建设与培育社会认同感相结合

制度的“合法化”不仅可以在内部给组织带来高效率，而且在外部可以给组织树立良好形象，培育社会的认同感或公信力。而这种公信力的建立只依靠传统的经验、习惯及习俗是做不到的。当初孩子家长看到康健园的瘫痪状态对它几乎要失去信任，失去孩子家长的信任。失去的不仅是几个孩子，真正失去的是社会的信任。没有社会的信任基础，组织是无法生存的。康健园正是认识到了这个问题，通过树立价值理念，建立并完善正式制度，把处于悬崖边上的社会信任及时拉了回来。在被利益充斥、竞争激烈的当今社会，非营利组织想要在竞争中取胜，其中法宝之一就是培育自己的社会公信力或认同感。这同样也是美国和西方其他发达国家知名非营利组织成功的经验。

（二）将正式制度建设与道德伦理相结合

从事非营利性的福利事业一定要拥有崇高的道德使命感和伦理价值观，这是柔性的，正式的制度则是刚性的。二者柔刚结合，相辅相成，是非营利组织血管中流动着的生生不息的血液。进入致康儿童康健园的员工具备的首要条件是要有爱心，不具备这个条件是没有资格成为康健园的一员的。康健园将正式制度与道德伦理有机结合：员工对待工作要遵守正式制度；对待孩子的心灵和教育、对待职业和事业等要遵守伦理和道德。只靠刚性的正式制度，只有冷冰冰的规则，没有人本关怀，同样也是不能将福利事业做好的。国内外众多社会组织成功的经验之一是给予员工以人本关怀。组织处于低谷状态更要给予。正是这种人本关怀使员工产生了巨大的回报组织的情绪，而这种回报情绪产生的凝聚力是不可替代的，并将组织推向了成功。在当今社会某些范围内，在人类伦理和道德日益稀薄的空气中，道德使命感与伦理价值观及其表现出的人本关怀越发显得珍贵，是每个追求卓越与成功的组织必须珍视与发扬的。

（三）将正式制度建设与节约组织成本相结合

正式制度本身是例行化的，按照程序执行即可，在某种程度上可以减少不必要的时间上、人力上、物质资源上的浪费。当初请那位主管回来工作对康健园或许不失为一种选择，否则园里需要为此付出成本，如要重新花费时间、精力及费用去聘请新员工、培训新员工。但是，从长远来看，选择后者要比选择前者节约组织的运营成本。经过反思，吕舜玲并没有去请她回来，而是选择确立正式制度。非营利组织的资金是相当宝贵的。康健园的实践证明，正式制度更能节省组织成本，更有利于组织的长远发展。反思“主管擅自离岗”事件，康健园得出了教训，也看到了正式制度带来的高效率。

（四）将正式制度建设与组织的可持续发展相结合

可持续发展是每个组织的梦想，但是真正做到的却为数不多。可持续发展理念深入到了康健园的每一个角落。拿培训制度来说，康健园从“主管擅自离岗”事件中吸取了教训，绝不能让某个人决定全园的命运！要让每个人的命运与组织的命运联系起来，让每个员工与组织同呼吸、共命运！一个人离开了，组织照样能自如运行。因此，康健园出台了“替补型”培训制度，这个制度使康健园形成了一个专业技术强有力、综合素质强劲的员工队伍。队伍呈梯队状，这主要指的是管理上由老员工带领新员工。但在技术上新员工决不落后。无论新老员工，每个员工都是一流的员工，都能独立完成一项任务。再也不会出现一个员工离去，整个组织无法生存的事情了。从此，康健园的可持续发展不再是一个神话。在“五心”（爱心、关心、恒心、决心和信心）精神的强烈感召之下，致康儿童康健园正在可持续发展的道路上不断前进。

思考题

1. 一个组织靠什么生存？一个非营利组织靠什么生存？
2. 非营利组织治理一般会存在什么问题？康健园治理出了什么问题？
3. 康健园是否可以成立一个理事会进行治理，需要什么条件？

实例 5　我国的农村公益事业促进会[①]

近年来，武穴市有 150 个村成立了农村公益事业促进会。其中的龙坪镇五里村在几位老党员的倡议下召开了村民大会，选出 20 名代表成立村公益事业建设议事会，自愿出资，专款专用。不到 1 个月，垸里农民和在村外创业的老板就筹资 37.5 万元，硬化了 2 500 米垸场小路，修砌了 600 米池塘护岸，并将全垸分散养殖的生猪集中到新建的两个养殖小区，使垸里面貌焕然一新。胡胜垸的成功实践引起武穴市委、市政府高度关注。他们及时总结和宣传“胡胜现象”，大力推广其经验。全市各地纷纷效法成立农村公益事业促进会，初步形成了“政府引导、农民自愿、老板捐赠、民主管理”的运行机制，使全市农村公益事业建设逐步走上规范化、制度化的发展轨道。

武穴按《村民委员会组织法》的要求，依托各村老党员、老干部，通过村民推选成立公益事业议事会，并推荐人品好、实力强、税收贡献大、有号召力的民营企业家出任促进会会长、副会长。各乡镇严格按照不违反农村政策、不增加农民负担的原则，把与老百姓生产生活息息相关、群众最想办的事情列成清单，提出方案，提交公益事业促进会审定、实施。他们按照自觉自愿、不硬性摊派、不搞“一刀切”的原则接受群众捐款，受到村民普遍欢迎。随着民营企业迅速发展壮大，一些业主有着强烈的回报社会的愿望。龙坪镇以楚威日塑有限公司董事长陈先华为代表的 30 多名民营业主发出“龙坪是我家，建设靠大家”的倡议，各位老板积极响应，一天就捐款 18 万元。一位五保老人听说垸里要修路，主动捐了 10 元钱表示心意。花桥镇郭德元垸修路，一贫困户捐款 100 元，村民代表坚决不收，他就在工地上做了一个星期的义务工。据不完全统计，到 11 月底，武穴农村公益事业促进会自筹资金 2.5 亿元，共建成村垸水泥路 350 千米、绿化带 3.5 万平方米、提水泵站 70 座、沼气池 2 800 口、水冲式公厕 123 座、养猪小区 98 处，新建村、垸文化活动室 253 个，组建各类农村文艺团体 230 个，新建篮球、足球、羽毛球场 89 处，评出“十星级文明户”12.5 万户。

农村公益事业促进会实行民主管理：一是民主产生工作机构，镇里的促进会

① 佚名.NPO 案例与建议：武穴农村公益事业促进会调查[EB/OL].（2013-04-10）.http://www.hbdoc.cn/ngo/193734.html.

和村组议事会均经民主推选产生；二是民主理财，建立健全了财务管理和审批制度，设立了专项资金账户，所有建设项目均经集体讨论决定，专项支出实行严格的评估、监理、验收。促进会、议事会成员参与公益事业建设都是义务劳动，不得领取一分钱报酬。

思考题

1. 当前我国农村公益事业的发展存在哪些问题？
2. 你怎么评价武穴农村公益事业促进会？
3. 你认为武穴经验存在哪些潜在的问题？

实例6 广州青年志愿者协会[①]

一、组织介绍

1. 组织的成立和发展

广州青年志愿者协会（Guang Zhou Young Volunteers Association，GZYVA）（以下简称“广青”）于1995年6月6日正式成立，是由志愿从事社会公益与社会保障事业的广州地区各界青年组成的社会团体法人。统一使用中国青年志愿者协会的会徽、会旗和会员章。协会宗旨为坚持四项基本原则，坚持服务社会。通过组织和指导全市青年志愿者的社会公德公益服务活动，推动社会主义精神文明建设，倡导团结友爱、积极进取、服务社群的新风，促进社会服务保障体系的完善，为社会协调发展和全面进步做出贡献。协会受共青团广州市委直接领导，设秘书处负责协会日常事务工作。

2. 组织的管理

广青的兴起和发展一直是在共青团组织的领导和管理下进行的。从成立之初就挂靠在广州市团委宣传部之下，团市委书记兼任协会会长，副书记是协会的副会长，协会的理事则由市内各有关方面的专家、学者、政府官员及部分资深义工组成，协会的秘书长是团市委宣传部的部长，副秘书长则相应地由副部长担任，而团市委宣传部的其他工作人员则是秘书处的办公人员。除了秘书外，没有专职工作人员。

在实际操作过程中，由团市委宣传部组成的秘书处实际上是广青的最终决策部门，负责统一管理全市青年志愿者，并组织、策划相关志愿服务。一般公众在组织的决策以及相关活动中的参与程度是较低的。因此，可以看出在权利方面，广青还是由以共青团系统等有关政府部门联合操作运行的，他们掌握着组织的核

① 胡于梅.非营利组织机构营销个案分析——以广州青年志愿者协会为例[EB/OL].（2008-11-20）.http://bbs.1205.cn/thread-36761-1-1.html.

心权利，决定着组织在人员、活动、资金等各个方面的事宜。

在组织架构上，广青根据自己的组织背景和活动的实际需要采取了“双重管理”的方式。首先是对秘书处直属的各职能服务小组实行直接领导，如“启智组”、“松柏组”等。这些小组的成员大多由高校学生和社会人士组成，他们实行自我管理、自主活动，但同时向秘书处负责，接受秘书处的任命和监督。这些职能小组的活动实际上构成了广青的固定、长期活动。其次，各级团组织也建立了青年志愿者队伍，并统一接受广青的领导。在实际活动中，这些志愿者队伍无论是组织人员还是活动开展都是由单位内或系统内的团组织直接领导和管理的，广青只是进行间接管理和监督。在开展一些大型或紧急任务时，广青才会动员和组织这些志愿者队伍联合行动。

因此，由于受到人力、物力的限制和组织性质、发展模式的影响，广青很难对会内的全体会员实行直接严格的管理和控制，只能实行“重点发展各职能小组、实行间接层级管理、临时进行紧急动员”的方式来行使自己的管理权限。

3. 策划组织的项目

据统计，广青成立服务队 884 支，建立社区志愿服务中心（站）1 113 个，志愿服务基地 523 个。以“走万家门、知万家情、解万家难、暖万人心”为口号，积极开展社会公德公益教育实践活动和社会志愿服务活动，使青年的参与面、社会的影响面不断扩大，树立了青年志愿者的良好形象，赢得了社会各界的赞誉。

协会下设宣传策划组、启智服务总队、松柏服务总队、助残服务总队、医疗服务总队、外展服务总队、体育服务总队、法律援助服务总队、文化服务总队、社区教育服务总队、IT 专业服务总队等。为弱势群体如无人照料的老人、儿童、残疾人、病人；需要劳务、智力及其他专业性服务的非营利性机构，如政府机构、福利机构等；心理或精神上需辅导或帮助的人士；需要帮助或辅导的人士，如学生、劳教人员、戒毒人员等，无偿提供咨询、文书、教练、康乐、护送、护理、探访、劳动、结伴为友、功课辅导、调查统计、法律援助、联络接待、大型活动、救灾扶贫、社会公益、帮教辅导等志愿服务。

二、实证分析

1. 个案调查及分析方法

市场调研的作用主要是提供便于制定决策的信息。这些信息用来识别和确定市场营销机会和问题，产生、改进和评价营销活动，监控营销绩效，增进对营销过程的理解。它主要分为四个步骤：确定问题及调研目标，制定调研计划，实施调研计划，解释和汇报调研结果。

市场调研主要分为三种：探测性、描述性和因果性。其中，探测性调研的目标是收集初步信息以帮助确定要调研的问题和提出假设；描述性调研的目标是对诸如某一产品的市场潜力或购买某产品的消费者的人口与态度等问题进行详细表述。因果性调研的目标是检验假设的因果关系。本文主要采用的是应用探索性调研的方法进行研究。研究方法主要包括：

（1）二手资料分析：包括公开出版的数据、刊物、政府有关部门的统计资料、研究报告以及互联网等。

（2）深层访谈法：深层访谈对象包括中国青年志愿者协会、广州青年志愿者协会的管理人员及志愿者。

（3）案例分析：采取对个案进行市场、战略、经营模式深入分析的方法进一步探讨非营利组织营销的情况。

接触方法主要包括信函调查、电话访问、电子邮件以及网络即时通讯等。在数据分析上主要采用时间序列趋势分析法、相似市场比较等定量方法，以及访谈记录、二手资料的个人整理等定性分析方法。

2. 营销环境的 SWOT 分析

任何一个组织都不可能脱离周围的环境而孤立地生存和发展，非营利组织也是如此。组织的营销环境是指营销活动之外，能够影响其营销活动的方向和结果的各种因素和力量。

非营利组织的营销环境可以分为宏观环境和微观环境。宏观环境包括人口、经济、社会文化、政治法律、科学技术、自然生态。宏观环境因素一般被认为是不可控的。微观环境包括组织结构、市场、渠道商、竞争者、公众等因素。这些因素直接影响和作用于非营利组织的营销活动。

对组织进行 SWOT 分析，即对组织的优势、劣势、机会和威胁进行分析。“SWOT 分析能有效地帮助组织将注意力集中于那些制订营销计划时所考虑的关键领域。帮助组织充分地利用优势，尽量防止和避免威胁，全面地把握市场机遇，以迎接挑战。”对广青的 SWOT 分析，结论如表 9-2 和表 9-3 所示。

3. 营销导向的确定

非营利组织在从事自身的活动中，究竟是以何种观念指导自己的组织参与市场竞争的，这是一个管理哲学的问题。对这一问题的不同理解和认识反映了组织的思维意识和经营观念。

经营导向是整个组织经营理念和思维方式的高度概括。大致可分为五种，即生产导向、产品导向、推销导向、营销导向和社会导向。

营销导向认为，实现组织目标的关键是确定目标市场的需求和欲望，并以提供比竞争对手更有效的方式来满足目标市场的需求。这种观念是现代营销的精髓，简单地讲，就是顾客导向。组织考虑问题的顺序不再是从自己能够提供的产品或服务出发，而是从顾客出发，根据目标市场的特定需求来组织产品并实施销售。

表 9-2 **广州青年志愿者协会SWOT分析**

	主要表现
优势	(1) 青年志愿者协会作为广州市团委宣传部下辖单位，有着丰富的政府背景和资源 (2) 政治稳定、经济发达，是发展志愿者的良好土壤 (3) 拥有各种服务队伍844支，青年志愿者近20万人 (4) 成立十年来开展了大量的项目和活动，取得了良好的社会效应，形象良好 (5) 十年的实践，形成了一定的管理模式和经验 (6) 多样化的服务团体，能够针对日益增多的服务需求
劣势	(1) 对行政资源过度依赖，灵活性不足 (2) 缺乏专职的管理队伍 (3) 经费不足，自身创收能力差 (4) 没有独立的财务管理，财务状况透明度差 (5) 募捐渠道过于单一，主要还是靠政府背景，缺乏有效吸引和开发捐赠者的机制 (6) 管理和控制力不够深入，实行间接层级管理，服务队自由开展的项目存在缺少调查和计划、服务效果差的现象 (7) 缺乏营销规划
机会	(1) 我国人口总量已经超过13亿，众多的人口意味着大量的市场机会，对于志愿者协会，一方面意味着大量的用户群，另一方面意味着大量的志愿者群 (2) 人口的老龄化使得人们对社区服务、养老院、健康护理等需求越来越大 (3) 家庭规模缩小、离婚率上升、单亲家庭增多产生的种种问题也会为非营利组织带来相当大的市场需求 (4) 广州市外来流动人口已达到300多万人，包括外来投资者、打工者，其中还有为数众多的华侨、侨眷等。针对这些特定群体，志愿者协会能够开发出独具特色的服务 (5) 毗邻香港、澳门，便于和两地成熟非营利机构的交流和学习
威胁	(1) 广州民政局举办的广州义工联和广州青年志愿者协会的服务大部分重叠，和本案存在争抢资源的问题 (2) 周边城市的志愿者组织，如深圳、中山、佛山，发展势头良好，和本案存在争抢资源的问题 (3) 广州市乃至广东省为数众多的非营利组织，都和本案存在争抢资源的问题 (4) 公众对国内非营利组织普遍缺乏监督机制报有怀疑情绪，成为募捐的最大障碍 (5) 无论组织内外，很多人对非营利组织开展营销活动不认同

作为非营利组织，引入营销导向就意味着机构在预算限制内应尽一切努力，通过营销调研及其他方法系统地研究目标公众的需求和欲望，以及相应的影响因素，并据此改进机构的供应，更好地满足目标公众的需求。

表 9-3　**广州青年志愿者协会 SWOT 分析**

	外部环境		
		机会 政府、政治、市场、学习和交流	威胁 竞争、信任、营销认同
内部环境	优势 志愿者、服务多样化、资源、形象、经验和管理模式	优势—机会（SO）战略 组织内部的优势与外部环境的机会相匹配的战略	优势—威胁（ST）战略 利用外部机会来弥补内部劣势的战略
	劣势 自创能力、管理、营销、财务、资金	劣势—机会（WO）战略 利用优势规避或减轻外部威胁影响的战略	劣势—威胁（WT）战略 减少内部劣势的同时规避外部环境威胁的战略

对于广青来讲，顾客既包括受助者，也包括志愿者。两者缺一不可。广青和受助者之间，广青付出的是服务，得到的是社会效益、品牌形象。广青和志愿者之间，志愿者付出的是时间、精力甚至金钱，得到的是自我满足感、名誉、自我技能的提高、培训机会等。这两个不同的交换过程，构成了广青经营活动的全部。

广青是否有实施营销导向的意愿，没有得到正面的确认。但有一个很细节的例子，从一个侧面说明了广青的经营导向。

在一份广州青年志愿者百问百答的宣传网页上，在介绍了广州青年志愿者协会是什么样的组织及如何加入后，有一个问题，“加入志愿者为什么需要交纳会费?”答：“青年志愿者协会是依法登记的从事青年志愿服务的社会团体。这个团体的运作需要一定的资金支持，会费不但可以维持这个团体的正常运作，更用于一些活动的开支。”这个问题的回答只是告诉志愿者，会费的使用去向。

如果问一位销售员，“我为什么要为这瓶洗发水付费?”他绝不会告诉你：“因为生产这瓶洗发水需要成本!”在正常情况下，销售员会告诉你，它可以洗干净你的头发，使你的头发顺滑、没有头皮屑等等。我也同样认为关于“会费”的问题，可以回答的内容包括“你可以得到一个全国通用的志愿者会员证和会徽，你可以得到和其他志愿者共事的机会以及免费的培训”等等。

4. 目标营销

目标营销是指组织通过市场细分以选择能够为之提供有效服务的细分市场，并针对细分市场制定相应的营销战略。由于每个细分市场都有各自不同的特点，因此，非营利组织必须把市场划分为不同的顾客群体并从中进行选择，根据每个细分顾客群的具体需求制订不同的营销计划。

目标营销分为三个阶段：市场细分、目标市场的选择和确定、市场定位。由于志愿者服务的特殊性，它受到时间、地域的限制。从地理变量的角度来看，广青将自己的市场限定在广州市各个行政区域内。

从人口变量的角度来看，广青在成立之初，主要面对的是青少年这个社会群体，这种选择并不是通过市场评估手段来决定的，而是广青的共青团背景决定的。面对青少年这个群体，广青的服务机构主要分为三类：一是针对青少年心理健康的手拉手辅导中心；二是针对青少年犯罪的青少年法律援助处、犯罪少年矫正中心等；三是针对下岗青工的职业技能培训学校等。

随着组织的发展，志愿者队伍的壮大，广青向着专业化、社会化的方向，不断地拓展服务领域，开发服务项目。从专业化的角度来看，有针对病患的医疗总队，有针对孤儿、智障人士的启智总队，有针对残疾人的助残总队，针对弱势群体的法律援助总队。从社会化的角度来看，广青的服务涉及针对农村的“三下乡”（文化、科技、卫生）活动，针对外来务工青年的“金雁计划”，针对整治市容市貌的“文明先锋”活动，针对露宿者的“燃点爱心，驱走寒冬”活动，针对孤寡老人的“松柏总队”，针对城镇双特困户住房问题的“安居行动”，针对交通整治的“交通文明工程”，针对环境保护的“采石场复绿行动”。还曾经为六运会、九运会、第七届中国留学人员广州科技交流会、亚奥理事会第 24 届代表大会等提供过筹备接待等志愿服务。

可以说，广青组织的活动涉及的范围非常广泛。从目标营销的角度来分析，其目标市场的选择属于市场涵盖型，即为地理变量决定了的志愿者需求市场提供尽可能多的产品和服务。这和广青成立之前，广州市团委提出的“青年需要什么就给什么”相比，已经走得很远很远了。

在这样的目标市场策略下，广青的市场定位无疑是领导者。不容置疑的是，广青是广东省第一个市级青年志愿者协会，全广州市志愿者服务队共 900 多支，广青就拥有其中的 800 多支。同样，广青所拥有的注册志愿者的数量也是广州市志愿者总量的大多数。可以说，广青是当之无愧的领导者。

5. 捐款的筹集和运用

非营利组织主要有三个收入来源：政府拨款、民众捐款和营利收入。我国非营利组织的收入构成因组织的形式不同而不同。

据调查，目前社团组织最主要的收入来源是收取的会员会费收入，该项来源几乎占了社团所有收入来源的一半以上。社团组织居第二位的收入来源是各种营业性收入，包括培训班收入、评比收入、技术转让收入、利息收入、咨询收入、刊物发行收入和“三产”收入等十几种收入；还有社会捐赠和项目经费等来源的收入，占比重比较低；以及有些社团组织可以得到政府提供的财政拨款或补贴。

民办非企业单位基本上不能得到政府提供的财政拨款和补贴，其主要收入来源是提供各种服务等营业性的收入，接受的社会捐赠也很少。

基金会的收入情况也根据其主办方的不同而不尽相同。多数公募基金会的收入来源主要是财政拨款、补贴和社会捐赠，另外，资金运行的保值增值收入也组成收入来源的一部分。非公募基金会的收入来源主要是公司或个人捐赠，非公募基金会不得面向社会公众募捐。

可以说，目前中国各类非营利组织的收入来源还不十分规范和均衡。基金会和社团组织对政府的依赖比较大，民办非企业单位主要依靠自身的经营活动获得收入。研究中国非营利组织问题的专家普遍认为，中国非营利组织收入的共同特点是社会的捐赠都没有成为各类非营利组织的主要收入来源，各种非营利组织都从事投资或经营性活动，多数非营利组织的资金运行都有一定困难。从国内、外的情况比较来看，中国的非营利组织在吸引捐赠的能力方面是欠缺的。

目前，广青的经费收入主要来自三个方面：一是每年共青团市委的拨款，但这一部分的经费比较有限，主要用于日常办公费用或者是部分重大活动的开支。二是社会募捐或企业赞助。广青利用其在广州志愿服务领域独特的地位以及团组织的行政资源，经常开展一些社会影响较大的志愿服务，在这些服务活动中，社会捐助或企业赞助是其经费的一个重要来源。三是志愿者个人的自我支付。无论在一些大型活动还是在日常的活动中，由于经费有限和管理上的不完善，难免会出现许多需要志愿者自行解决经费问题的地方。比如交通费、通讯费等。这部分经费对于志愿者个人来说或许不是很多，但是对每年活动都比较频繁的志愿者协会来说则是一笔相当大的开支了。

在经费的使用上，广青并没有专门的财务管理人员和制度。由于协会是挂靠在团市委宣传部之下，因此在经费的使用方面也纳入到宣传部的管辖之内。具体操作方面，则由团市委的财务机构负责具体的管理和运作。广青也没有向社会大众或者会员公布其每次活动以及每年的具体财务状况。

6. 项目管理

对于营利企业来讲，利润是衡量效益和效率的重要指标。但非营利组织一般不具备这种整体指标，管理人员经常难以就各种目标的相对重要性程度达成共识。

中国青年志愿者协会 2002 年做过一次“全国社区青年志愿者工作调研评估”，通过各级团委针对各地市青年志愿者协会工作开展的情况进行调查，调研的内容包括是否成立县区级志愿者协会，工作人员的专职、兼职情况，服务中心、服务队、服务站的数量，参加服务的总人数及总时数，长期结对的数量，注册的志愿者数量、平均的服务时数等，这次调查评估也仅仅涉及“数量”的问题。看来非营利组织的项目管理精细化难度是很大的。

启智总队曾经做过一个很好的项目——网络杂志。网络杂志从策划、编辑到美术设计、网页制作等都是由志愿者自己来做的，名为 youth.name。杂志的内容主要是弘扬志愿者的精神风貌，从设计到内容都非常不错。网络杂志是一个非常好的宣传手段，但志愿者们辛辛苦苦做出来了，传播的渠道却没有建立起来。仅仅是放在启智队的网站上被动地等人下载。这不能说是启智队的问题，因为它只是个服务总队，缺乏相关资源。广青完全可以利用自己网站的动态空间将网络杂志的传播渠道建立起来，如 E-mail 订阅。

广青的项目过于繁杂，涉及的领域不同，组织没有能力进行整体管理，只能进行间接管理和监督。

7. 志愿者的管理

非营利组织实施募捐主要是为了解决募集物品和筹措资金的问题。而非营利组织增加资源的另外一个重要问题，就是对志愿者的招募与管理问题。

（1）志愿者的招募

广青目前已经建立了稳定的服务队伍。按照技能可划分为两种：一种是专业服务队，如特邀陪审员、医疗保健、家电维修等；另一种是普通型服务队，其特点是没有特殊技能，但可以从事探访、组织服务等。按青年志愿者来源，也可以分为两种：一种是组织型青年志愿者，主要是来自基层团委组织的团员青年，目前主要以这种为主；另一种是社会型，主要是由从社会招募的热心青年组成。

但从全球的角度来看，据统计，美国大约有 49%的公民参加各种志愿服务活动，法国也大约有 23%的公民参与，在我国内地，这一比例较低，连志愿者服务比较发达的深圳市，也仅 2%。广州市计划在 2005 年年底“注册义工（志愿者）达到全市户籍人数 8 %以上，义工（志愿者）数量达到 60 万人以上”。可见，在志愿者的招募上，我们还有很大差距。作为广州市规模最大、影响最广的志愿者组织，广青陆续运用电视、报纸、网络等媒体的宣传来招募志愿者，目前已拥有会员约 20 万人，服务队 884 支。

研究表明，志愿者加入组织也是一种营销活动，两者之间存在交换关系，志愿者向非营利组织提供志愿服务，非营利组织为志愿者提供表达个人意愿并提供志愿服务的渠道。两者的关系，应当说志愿者处于强势地位。对于志愿者来说，能否依靠非营利组织提供志愿服务并没有关系到生存问题，志愿者可以提供也可以不提供，对非营利组织的依赖性较小。在这种特殊的营销活动中，非营利组织必须利用各种沟通渠道和方法，招募更多的志愿者来完成组织的使命。

（2）志愿者的培训和指导

在志愿活动中，最重要的就是志愿者的参与。然而在有些情况下，或是志愿者缺乏相关的专业知识和技能，或是对组织的宗旨和目标没有足够的认识，非营利组织必须对志愿者进行培训，通过培训和发展来改变志愿者的知识、技能和态度。

由于广青是志愿者组织，它的产品即志愿者的实践。所以志愿者的培训和指导是广青组织规划的重要组成部分之一。

（3）工作绩效评估

广青结合广州市的实际，制定了《广州市青年志愿者管理办法》。该办法对青年志愿者的基本条件、团体会员的条件、入会登记手续、志愿者培训、志愿者服务内容、志愿者年度注册、志愿者档案管理、志愿者服务考核、志愿者的奖励和表彰、志愿者退会等方面都做了详细的规定。尤其是在志愿者服务考核方面，广青统一编印了《青年志愿者服务手册》，规定志愿者在每次服务结束后，由志愿者本人填写志愿者服务手册，并由接受服务者或活动组织予以确认。以完成志愿服务的小时数作为考核青年志愿者的基本标准。2003 年 10 月，为了加强对全市青年志愿者的管理和考核，特别制作了志愿者服务证。志愿者可凭借此证在全国范围内进行有组织的志愿服务并接受统一的管理和考核。

可以说，广青对志愿者的招募和管理已经取得了很大的成绩，在实践过程中也积累了不少经验，并不断地在摸索、改进。

思考题

1. 广州青年志愿者协会的性质与任务是什么？
2. 该组织应如何调整目标市场，制定营销规划？
3. 该组织应如何拓展捐赠渠道，提高募捐绩效？

实例 7　从“小小鸟打工互助热线”发展看草根 NGO 的媒体战略[①]

引言

“小小鸟打工互助热线”（以下简称“小小鸟”）是一家经工商注册的 NGO，自成立以来，“小小鸟”在已开通热线的北京、深圳、沈阳三个城市发动组织律师志愿者 600 多名，以及时、准确、快速的服务风格，为 12 万多打工者提供了法律援助与就业咨询服务，为 1 万多打工者提供了心理就业咨询服务。目前，在北京广播电台、辽宁广播电台、深圳卫视等均有节目合作，为打工者走进电台讲述自身打工故事创造机会。在中国目前的草根 NGO 机构中，利用媒体的固定时间开设公益热线，拥有一个宣传自身存在和帮助目标群体（打工者）发出自己声音，并赋予目标群体以话语权的，“小小鸟”是能够做到的唯一一家。

“小小鸟”的最佳之处在于低成本。通过媒体平台，将技术与人的服务融合在一起，并搭建了由打工群体、志愿者、政府与国内外资金等组成的互助网络平台。从本质上说，“小小鸟”正在有效地调动社会各种优势资源，使整个社会成为一个团队。同时，媒体的宣传引导社会各界人士、组织的关注和资助，很好地解决了“低成本运作”问题。可以说，“小小鸟”之“生”，源于媒

① YouthVenture.“生”源于媒体“长”基于媒体——从“小小鸟打工互助热线”发展 看草根 NGO 的媒体战略[EB/OL].（2013-02-26）.http://page.renren.com/601650031/channel-noteshow-896243222.

体（“小小鸟”热线通讯），“小小鸟”之“长”，基于媒体（通讯、影视、网络、印刷品等）。

在各个公益组织的产生及产品运营中，“品牌”与“公信力”是重要角色。这个角色的生产平台无疑是媒体。“小小鸟”“基于媒体而存在，以媒体塑造品牌、营造公信力，不断提升机构执行能力”的发展之路，值得每一个公益组织学习和借鉴。

一、缘起——传呼做“媒”

20世纪90年代，中国大陆兴起了“打工潮”，大量农村青年自发地走出家乡，涌进城市“挣钱，吃饭”，为“改变现状，发财致福”的梦想而打拼。他们离开家门后失去了社会所赋予的原始资源（诸如亲朋好友、同学师长等），这种资源的缺失，造成自己在城市生活中的诸多无助。

1997年5月26日，作为进城务工人员大军一员的青年魏伟来到北京，开始了他的打工生涯。从饭店橱工、搬运工到广告业务和文案工作；从职介所业务员、洗车工到摆地摊做生意。在历经流落街头、打工辛酸、创业搁浅的两年多“北漂”生活后，魏伟深刻感受到打工群体在城市中的艰难处境。

如何使打工者能联合起来创业？同时，又如何使不同职业的进城打工者相互交流不同的信息，在生活、学习、工作、创业等方面能相互扶持、相互帮助，这个想法让魏伟一夜之间，萌生了建立“小小鸟打工创业园”的想法。而“小小鸟”正如其名字一样，象征着每一位离开乡土、无依无靠地穿梭在城市楼宇间的打工者。就这样，1999年6月21日，在《北京青年报》“免费留言板”信息栏上，一个非正式意义上“小小鸟传呼机”热线对外公布。7月3日，魏伟的“小小鸟京城打工创业园”通过这条“热线”，聚集到了在京打工者29人，建立起了最初的打工者网络，开始了漫长而艰辛的“小小鸟”飞翔征程。

二、定位维权——热线搭“桥”

秉承打工互助创业理念的“小小鸟”因无法获得稳定资金来源，其“家”就像“漂”在城市里的“小小鸟”们，处于不断的迁徙游荡中。就在这一过程里，“小小鸟”通过成立志愿者队伍、参与植树、清理非法小广告、路演等社会服务活动，并主动约见记者、邀请媒体参与报道等方式，来扩大“小小鸟”的知名度，宣传“小小鸟”互助的理念，在艰难地探索着“飞行”方向。但是，“小小鸟”在帮助打工者过程中看到，仅凭打工群体的力量“互助”，并不能实现联合创业。如果不能达到社会各界与打工者群体的有效互助，就不能解决自身生存问题，难以实现互助及享有优势社会资源，更不用说发展了。

那么，“小小鸟”该飞向何方？只有让社会各界都来了解打工群体，尊重打工群体，帮助和服务打工群体，“小小鸟”才可持续高飞。

作为打工者自发组织成立的草根 NGO，“小小鸟”在探索中逐步明晰了发展方向，明确了自身定位和工作理念。

2000 年 11 月 30 日，北京新闻广播电台在 AM828、FM100.6 晚上 22 点—23 点的“小小鸟”《打工族之夜》节目首度开播，引起了听众的热烈反响。节目给予打工者以话语权，让打工者来讲述自己的故事，道出打工者的心声，充分享受社会公共资源关注。同时，打工族热线的正式开通，决定了“小小鸟”发展战略定位——打工互助热线，为进城打工者在求职、讨要工钱、法律咨询等方面提供无偿援助，让更多的打工者群体和社会人士认识到，他们的维权可以通过拨打热线获得帮助。同时，“小小鸟”自身也明确了第一时间出现在求助人面前，时刻站在服务第一线的服务理念。

在不断完善自身机制，找准战略定位，整合社会资源，让社会上更多人士关心、关注及帮助打工者群体的同时，“小小鸟”开始振翅高飞！

三、发展路程——媒体成“翼”

（一）组建专业维权志愿者团队，形成与政府的协调机制

在开展热线维权的过程中，“小小鸟”根据打工群体的强烈需求，通过媒体呼吁，不断吸引具有法律专业背景的律师参与成为志愿者，支持和开展机构的维权工作。同时，广泛吸引高校法学院的学生志愿者参与工作，使机构具备一个专业的技术支持。

《北京晚报》对“小小鸟”的一次报道，引起了北京市东城区司法局的关注，主动和“小小鸟”合作成立了国内首家面对流动人口，进行劳资纠纷调解的“小小鸟”人民调解委员会。在劳资纠纷中，“小小鸟”作为中间调解人，其调解成功率达到了 70%。“小小鸟”与政府相关部门开始建立积极、主动的联系和沟通，形成了具备全方位的有效协调。

自此，奠定了“小小鸟”为民工维权的机构使命的最终形成，完成了从倡导到功能化的维权 NGO 的过渡，并揭开了“小小鸟”年持续维权数千人的新局面。

（二）媒体宣传扩大社会影响力、铸其品牌与社会公信力

在资金不足、人才匮乏的情况下，“小小鸟”持续地关注和帮助打工者开展维权工作的同时，充分利用媒体宣传作用，不断地扩大社会影响力。继电视台播出《打工族之夜》节目引起广泛关注后，“小小鸟”相继推出电视专题片《我是一只”小小鸟”》；2004 年春节在影响力最大的中央电视台新闻联播报道了“小小鸟”的工作，形成了“小小鸟”在全国的广泛影响力；出版印制品《打工者维权手册》、《打工者融入城市手册》、《打工世界》、《我是一只“小小鸟”》、《河南人在北京》等宣传产品，大力发扬志愿互助精神，不断加大对打工群体维权方面的关注，影响力扩大至北京、上海、广州、深圳等全国 20 多个大中城市；组建

"小小鸟"网站 http：//www.xiaoxiaoniao.org.cn/，使网络传播成为"第一时间媒体"，配合传统媒体宣传，多角度、多色彩展示"小小鸟"维权互助工作开展。自此，"小小鸟"形成了影音、文本、网络等多层次立体宣传网络，随着媒体关注度的不断提高，"小小鸟"成功地塑造了公益品牌与社会公信力，为其进一步发展奠定了坚实的基础。

（三）与媒体共同策划社会公益活动，促进社会各界关注打工者群体

"小小鸟"在发展过程中，通过与媒体合作，组织举办各类社会公益活动，并进行宣传报道，促使打工者更好地融入社会，也让社会各界更多人士关注和了解打工者群体。经与北京新闻台协商，"小小鸟"将《打工族之夜》转换为《公益论坛》广播节目，把节目定位为互助公益，以邀请在京闯荡的成功人物面对面地和打工者交流成功经验的形式，共享社会优势资源，打破原来只是打工者之间的互助行为，拉近捐赠者与受益者距离，受到了打工者的青睐和欢迎。

2004 年，"小小鸟"策划的"百位慈母游京城"活动在母亲节成功举行，并确定为每年母亲节的固定主题活动。

到目前为止，"小小鸟"先后举行过"万柳工程"植树互助公益活动、相聚北京、"百位慈母游京城"等 200 多次各类社会公益活动。通过每年与媒体共同策划组织大型社会公益活动，使打工群体成为活动参与的主角；再通过媒体的报道宣传，促进了社会各界人士的关注与参与。

（四）通过媒体宣传，获得资助

在坚持不懈地为打工者提供帮助的行动中，"小小鸟"先后得到了中央电视台、新华社、凤凰卫视、中央人民广播电台、北京电视台、北京人民广播电台、英国广播公司 BBC、美国联合电台、西班牙电视台、香港电台、南华早报、加拿大环球时报、西班牙《先锋报》、《纽约时报》、中国社会导刊、中国妇女报、华夏时报、北京晨报、北京午报、北京晚报、京华时报、北京青年报、《北京青年》周刊、《知音》、《恋爱婚姻家庭》、《农村青年》、《时代青年》、《人生与伴侣》、《打工族》、《幸福》等 100 多家中外媒体关注与报道。

"小小鸟"受到媒体越来越多的关注，也引起了国际基金的关注和支持。一些国际机构和基金会开始不断地资助"小小鸟"。2004—2007 年度，"小小鸟"先后获得了加拿大驻华大使馆、美国驻华大使馆、德国驻华大使馆、澳大利亚驻华大使馆、香港乐施会、CANGO、美国律师协会驻华代表处、福特基金会、亚洲基金会、世界银行、IRI 基金会、米索尔基金会、欧盟等 13 家国际机构的支持，帮助"小小鸟"完成了对 30 000 多人的培训和法律援助。2006 年，在世界银行、米索尔基金会等机构的资助下，"小小鸟"分别在深圳和沈阳开设了办公室，实现了为更多打工者提供法律服务的目标。

目前，"小小鸟"已基本解决了生存问题，形成了一个可持续发展的经济态势。

四、成因分析

“小小鸟”从无到有，从维持生存到有所发展，从没有办公地点到北京市中心办公，从个人操作到千人参与，从默默无闻到上百家媒体关注报道，从无所作为到对万人无偿法律援助，成为城市中的打工者群体获得法律帮助和提供用工信息的知名公益机构，并走出创办城市，到其他城市开设分支机构，其发展的成功模式和经验已对国内的其他草根 NGO 产生了很大影响，其发展成功在于：

（一）借助自身“热线”媒体平台，促进与各类媒体合作

“小小鸟”通过最初创建一条“热线”开展工作，在就业、法律咨询、劳资纠纷调解、心理咨询等方面给予打工者以帮助的同时，引导可视、可读、可听性（包括电视、广播、报纸、网络等）各类媒体参与其中，包括为进城打工者现场维权、直播等，来促进双方合作的多元化。通过与媒体的合作，极大地扩大了社会影响力和知名度。

（二）推动目标群体互助，形成自身品牌

“小小鸟”在开展工作过程中，始终将“第一时间出现在求助人面前，时刻站在服务第一线”作为服务理念，通过不同途径帮助打工者增强自我发展、维权意识。“小小鸟”编发的各种维权材料，在打工群体中引起强烈的反响。在社会关心、保护农民工合法权益的大环境逐渐形成过程中，“小小鸟”工作的开展使越来越多的农民工增强了维权意识和互助意识，对外来打工者在城市生活中更好地生存和发展产生了积极的影响和推动作用。在这个过程中，“小小鸟”也顺利实现了自身机构形象的品牌化，不仅在打工者群体中，也在社会各界、政府部门、在华国际机构中赢得了良好的口碑。

（三）建立互助网络平台，提升社会价值

“小小鸟”通过“热线”建立了打工者之间的互助平台，也建立起了社会各界关注打工者的信息平台，让城市人更加尊重、支持打工者群体融入城市。通过这个平台，不仅让城市里的打工者找到了新的“家”，更是赋予打工者话语权，为打工者赢得一个重新积累缺失各种社会资源的机会。同时，凭借这一平台，调动了城市各种有效资源，包括律师志愿者、政府、媒体、社会爱心人士等，都来为打工群体提供无偿的帮助与服务，提供全方位的信息咨询帮助。

五、结语

NGO 组织赖以生存的法宝无非是“品牌”与“公信力”。在打造“品牌”与“公信力”的进程中，“小小鸟”与媒体紧密合作，双方互补，从而摆脱生存困境并促进发展。其成功的经验主要有：

（1）利用媒体搭建互助网络平台，无限地扩大服务目标群体。

（2）充分发挥目标群体的价值优势，做好媒体战略，实现政府公关与合作。

（3）不断提升自身的能力建设，满足目标人群的需求，是持续获得媒体关注、社会广泛参与的基本理念得到最大限度发挥的保证。

（4）借助媒体宣传，引发社会关注，塑造品牌，营造社会公信力，获得社会各界资助，解决“低成本创收，高效运作”的目标。

（5）关注弱势群体，给予媒体可塑的公益素材，是公益组织与媒体合作的关键。

“小小鸟”通过媒体塑其品牌，营造社会公信力，获得社会各界资助，实现“低成本创收，高效运作”的成功，无疑为中国的草根NGO与媒体合作，以求发展之路提供了很好的借鉴。让我们拭目以待，看到“小小鸟”和更多NGO在理解和运用媒体战略的前提下，飞得更高，为更多的弱势群体提供更多、更好的服务！

思考题

1. 非营利组织营销与企业营销相比，有什么优势与劣势？
2. 非营利组织应该确立什么样的营销导向？“小小鸟”是怎样营销的？
3. 以“小小鸟”为例谈非营利组织可以采用哪些促销方式？

实例8 北京太阳村爱心认树筹资项目[①]

一、引言

在中国的公益领域，活跃着很多草根NGO，它们从事着扶贫助残、志愿服务、环境保护、弱势群体关爱、教育援助、民间文化保护、信息咨询等工作，主动为政府化解社会矛盾，承担社会责任。然而，大多数草根NGO因为财务不能持续，往往举步维艰，长期在生死存亡边缘苦苦挣扎。为了生存，草根NGO的筹资方式多种多样。在这些筹资方式中，自办产业——养一只能下蛋的母鸡，是很多机构的梦寐以求的事情。由于缺乏专业知识和专业人才，草根NGO自办产业往往不具备市场竞争力，因而通常会夭折在摇篮中。能真正成功运行的，微乎其微。

北京太阳村爱心认树项目是一个NGO自办产业项目。它通过把农家乐——这一目前商业运作已经比较成熟的城市郊区度假休闲项目引进到公益筹资项目当中，使捐赠者同时体验到献爱心和休闲娱乐的双重快乐，很好地解决了公益筹资项目中通常会遇到的两个重要问题：一是规避了公益产品的市场风险，包括生产风险、销售风险和支付风险；二是将公众临时性的捐赠行为，引导为长期

① 根据三亿文库《北京太阳村爱心认树筹资项目》相关内容改编。

的爱心消费。

二、太阳村与张淑琴

北京太阳村的全称是北京市太阳村儿童教育咨询中心，是一家无偿为服刑人员代养代教无人抚养未成年子女的公益组织。自 2000 年成立以来，已为全国 16 个省 1 000 多名服刑人员的 3 个月—18 岁的无人抚养的未成年子女提供生活、教育和医疗服务。孩子们全部就近入学读书，他们的父母刑满释放后可将其接回家中。自 2000 年以来，北京太阳村已经抚养了近千名儿童，常年抚养 130 多名儿童。

张淑琴女士是太阳村的创办人。她曾是陕西省监狱管理局的一级警督，也是监狱报纸的一名记者和女作家。通过大量的采访，她了解到因为父母入狱，很多孩子流落街头，沿门乞讨，不仅常常遭受虐待，面临饥饿、疾病和死亡的威胁，有的孩子甚至走上了父母的犯罪道路。作为两个孩子的母亲，她不忍看到孩子流离失所，被众人歧视，被社会忽视。

1996 年，张淑琴做出了人生最大决定，创办儿童村。第一家替服刑人员代教代养子女的儿童村在陕西创办，通过 10 多年的努力，儿童村已经从一家发展到六家，分布在陕西、北京、河南、江西和青海。

三、创办之初：四处化缘求生存

作为一家草根 NGO，太阳村得不到政府拨款，一切费用都靠自己一分一厘去筹集。为了不让孩子们沦为乞丐，张淑琴宁可自己当“乞丐”。儿童村刚创办时，她在收留这些孩子的过程中，去为这些孩子筹集资金的时候，常常遭人白眼，“那种眼神就跟看乞丐是一样的”。张淑琴自嘲就像个“丐帮帮主”。

张淑琴的办公室很简陋，除了办公桌就是几把椅子。办公室里最重要的东西是两个账本，上面清清楚楚地记着一些著名的企业和基金会的名字。有的用红笔注明“已发”，表明申请捐助的信件已经发过去了。另一个账本上记录着为其捐赠过的企业、个人。

四处化缘虽然能得到不少爱心人士的捐赠，但留在张淑琴记忆中最深的确是一个个失败的情景。有一次去一家企业募捐，穿着整齐警服的她，在老板的办公室门前站了近两个小时，才被允许进出。然而得到的只有一句话，“要钱，没有”。从这家企业出来，张淑琴满心委屈，终于忍不住放声大哭。那一刻，她多想自己有一家企业，赚钱养活太阳村的孩子呀。她内心深处已经悄悄地埋下了自办产业求发展的种子。

四、移师北京：自办产业求发展

为了使太阳村救助儿童的模式在全国推广，2000 年 12 月，张淑琴在中华慈善总会的支持下成立了北京市示范儿童村。2003 年 8 月，北京市示范儿童村注册成独立法人，并且在爱心人士的帮助下，在北京顺义赵全营镇找到一处大院子，作为落脚之地。面对着荒废的大院子，张淑琴脑海里却是一幅美丽的童话图景：她要建起一幢幢漂亮的儿童小屋，为孩子们遮风挡雨；她要种各种各样的花卉，为孩子们创造一个童话世界；她要种植各种各样的果树、蔬菜，自给自足养活孩子们。

在北京这个首善之都，张淑琴这些想法在爱心人士的帮助下，一个个实现了。如今的太阳村，绿草茵茵、鲜花盛开，漂亮的爱心小屋错落有致，弯曲的小路连接起不同的建筑，连竹片编成的篱笆也是色彩缤纷，简直就是一个童话世界。

与此同时，太阳村的自办产业也从无到有开办起来：手工刺绣、枣树种植、蔬菜种植、废旧物资接受等，一个个项目为太阳村筹集着宝贵的资金。

至此，太阳村形成了三个筹集资金的渠道来保证其生存和运营，即：（1）社会捐助：国内外友好人士、企业事业单位，团体、个人以及港澳台同胞的热心捐助；（2）自办产业：自力更生，用其产出来支持太阳村的运营；（3）向政府申请：尽可能地争取政府的大力支持。

由于中国目前推行的社团管理是双重管理：政府职能部门的业务管理和民政部门的登记管理。注册为社团必须找到政府主管单位，才能到民政部门注册。太阳村服务对象服刑人员子女这一块，既没有归到民政部门，也没有归到司法部门，无法找到相应的政府业务主管单位。因此，也就无法到民政部门去注册。目前，北京太阳村是在工商注册的非营利机构。为了保证捐赠给太阳村的善款善物的社会属性，张淑琴到长安公证处做了一个公证。公正内容有两条：第一，太阳村接受捐助者的委托，帮他们管理这些财产和资金；第二，张淑琴放弃所有的权利，一旦太阳村注销或者是解散，除了清算以外，所有的东西全部捐给国家或者其他公益组织，不属于张淑琴个人。除此之外，北京太阳村每年聘请外部审计进行财务审计，所有财务数据都在网站公布，完全是以 NGO 的运作方式来保持财务透明。

五、山重水复：种植枣树困难多

太阳村日常花费很大。特别是每年开学的时候，为孩子们交纳学费就是一笔很大的开支。为了缓解太阳村对社会捐助的依赖，全村在当地承包了 260 亩地，种植了 3 万多棵枣树。然而，枣树种植在开始的时候也遇到很多困难。

太阳村的枣树种植项目就像大多数草根 NGO 的自办产业，虽然启动资金来源于社会捐款，项目收益用于目标群体，但其他方面的运作都是市场化的，项目运行有一定的成本。比如：种植果树的 260 亩土地是租赁来的，每年要付租金；树苗、肥料都是需要资金购买；虽然果园有志愿者帮忙，也动员太阳村的孩子参加劳动，但是技术工人和主要劳动力还是需要聘请，因此有一定的人工成本。同时，项目运行同样存在生产和销售风险：比如遇到灾害天气（如大风、冰雹等）和病虫害，果树就会减产，有可能收入覆盖不了成本；在销售季节，需要组织太阳村的孩子出外卖枣，而不能及时卖掉的枣可能会烂掉。市场风险还包括价格波动因素。枣树收入的滞后也是困扰太阳村的问题。因为枣的成熟在10月末，通过销售获得收入在11月，而太阳村最大一笔开销发生在每年的9月份，那就是孩子们上学必须交纳的学费。因此，虽然太阳村有了枣树种植项目，但还是没有根本解决自身的资金难题，同时，由于在生产和销售环节的风险，在灾害年份，枣树项目还可能会亏损。

六、柳暗花明：爱心认树破难题

在国内，很多公益组织自办产业就在市场面前卡了壳，把好事办砸了，太阳村会重蹈覆辙吗？张淑琴策划设计的爱心认树项目，使太阳村柳暗花明，没有陷入泥潭。这一项目通过爱心人士对枣树的认捐，巧妙地规避了果树种植的生产风险和市场风险，为太阳村带来了比较稳定的收入来源。

（一）爱心认树项目的方式

与很多草根NGO一样，太阳村无偿抚养服刑人员未成年子女的善举在媒体报道的推动下，打动了很多爱心人士。人们纷纷前往太阳村，探望那里的孩子们。然而，这些人士往往留下一些食品或捐赠就离开了，太阳村没有很好的项目将公众的爱心引导成为一种长期的慈善行为。

看着匆匆而来，又匆匆而去的爱心人士，又瞧瞧逐渐陷入困境的枣树种植产业，曾办过报纸的张淑琴忽然想到，能不能让来到太阳村的爱心人士像预订报纸一样，通过爱心认树的方式来提前预订秋后收获的枣呢。有了这个想法之后，她就开始向来访的爱心人士介绍，没想到得到了大家的普遍认同，人们认树的热情非常高。

为了提高人们对爱心认树项目的参与度，张淑琴又引进了当时京郊流行的农家乐——果实采摘项目的运作模式。通过开展枣园管理、采摘果实等活动，大大提高了枣树认捐者的参与程度和乐趣。

爱心认树的具体方式是：认捐者每年一次性向太阳村交纳认树款；收到款后，太阳村将出具收据，根据认捐者提供的信息将收据寄给认捐者；太阳村将写有认捐者姓名的铁牌挂在树上，并负责果树的管理。秋后树上所有果实归认捐者；认树超过一百株者，太阳村将制作20cm×30cm的铜牌竖立在所认树林前；果实成熟季节，太阳村会用媒体、网络、电话、手机短信、书面通知等方式通知认捐者前往采摘；如认捐者采摘确实有困难者，太阳村将尽可能将果实送到认捐者手中；认捐者可随时到果园了解果树生长情况，可以到果园观光（如桃花节）休闲度假，参与果园劳动（锄草、浇水、施肥等）；对于外地的认捐者，太阳村可将照片发到认捐者电子邮箱。

2007 年，太阳村大枣种植基地经过转换期，通过有机认证，成为绝不施用化肥、农药、除草剂等人工合成物质的有机产品。太阳村生产的水果是有营养价值、无农药、无重金属残留的安全、放心食品。

目前，北京太阳村已经拥有 1 个桃园，3 个枣园，普遍推行了爱心认树方式。桃园有近 4 000 株 7 年树龄的大桃树。认捐一株桃树为 400 元或 500 元。500 元价格为自选树（自己选择），400 元价格由太阳村分区域认树。平均每株桃树每年可结果 100 多斤。3 个枣园分别是梨枣园、冬枣园和第三枣园。种植的枣树 5 万株，5 个品种（梨枣、冬枣、脆优枣、尖枣、京枣）。每株脆优枣、尖枣、京枣每年认树款 100 元人民币（平均产量在 20 斤以上，遭遇自然灾害除外），属早熟品种，每年 9 月下旬逐渐成熟。每株梨枣每年认树款 100 元人民币（平均产量 20 斤左右，遭遇自然灾害除外），每年 10 月初逐渐成熟。每株冬枣每年认树款 150 元人民币（平均产量 20 斤左右，遭遇自然灾害除外），每年 10 月初逐渐成熟。

（二）爱心认树项目的效益

1. 爱心认树项目为太阳村带来了稳定的收入

爱心认树项目一经推出，就受到公众的欢迎。有人冲着枣，有人冲着孩子，有人冲着好玩，有人为过生日的老人认树，有人为满月的孩子认树，还有人认一棵爱心树作为结婚纪念。在爱心认树的人群中，有家庭，有单位，有白领，有知名人士，有下岗工人，也有企业老板，其中不乏通过认树对太阳村进行考察了解的。他们非常赞赏太阳村自力更生的精神，也赞同用认树的方法整合社会资源。太阳村将爱心认树定位到“是帮助孩子的机会，给认树人采摘的机会，是分享爱心果实的机会，也是传播爱心的机会”。太阳村终于找到了一条生存的路子，那就是自给自足。

从 2005 年推出爱心认树，经历了 2006 年的认捐高潮，2007 年爱心认树已经步入正常发展轨道，为太阳村带来了比较稳定的收入。

爱心认树项目虽然属于自办产业，但是从启动到运行，都是把枣树作为一种向公众筹资的载体，因此其实质是一个公益筹资项目。从 2007 年太阳村的种植收入和种植费用来看，太阳村的爱心认树项目筹资效率很高。2007 年太阳村的种植收入为 60.6 万元，费用为 21 万元（数据来自太阳网站），筹资效率达到 288%。这么高的效益，是一般商业项目难以企及的。这一方面反映出张淑琴带领太阳村的孩子，亲自为枣园拔草、施肥减低人工成本，另一方面，也反映了社会公众对太阳村孩子的爱心奉献，是社会各界的爱心造就了爱心认树项目的成功。

2. 爱心认树项目开发了潜在的捐赠客户

进一步对 2005—2007 年爱心认树认捐人进行数据分析，可以发现，爱心认树的认捐人绝大多数为个人。这表明，爱心认树项目已经很好地引导了大众的捐赠行为。

开展爱心认树项目并没有影响太阳村的捐赠收入，说明爱心认树项目大部分为新开发客户。从这方面看，爱心认树项目将大部分潜在捐赠人转化为实际捐赠人，为大众的爱心消费提供了很好的渠道。

3. 爱心认树项目采取了商业公益相结合的管理方式

爱心认树被社会所接受，加上媒体的推波助澜，太阳村大枣形成一个品牌。2007 年，北京太阳村进行了太阳村商标注册。同时，太阳村经过有机产品认证，太阳村枣园 2008 年度所有产品成为决不使用农药、化肥、锄草剂的有机农产品。同时由于产量提高，太阳村相应地进行了认领价格的调整，每株 100 元人民币。

太阳村又为前来帮忙锄草做义工的大学生志愿者划分了责任田，插上他们学校和团队的牌子，使他们有了一块劳动实践的基地。不少单位还主动联系太阳村，希望给他们的年轻人安排劳动的机会。不少家庭也参与到果园的劳动中来。这种号召社会志愿者参与果园劳动和划分责任田的方式，不但锻炼了一批又一批的年轻人，也为太阳村节省了劳动力和资金的投入。

有些单位听到太阳村有果园，有捐助农业机械的，也有捐助生产资料的。就连太阳村大枣的包装盒，也有印刷厂赞助印刷。

太阳村在枣树行间，套种了黄豆、花生、辣椒、白薯、萝卜等农产品。在采摘的季节，认了枣树的爱心人士，除了摘枣，可以尽情地挖花生、拔萝卜、摘辣椒。太阳村不称斤两，不收费用，只是在大门口设立一个募捐箱，让人们自愿投放。实际上，人们投入募捐箱的现金比实际收费要多得多。

2006 年，由于天气的原因，太阳村枣园严重减产，为了遵守承诺，太阳村从外地购买几万斤大枣，装进箱子，补给前来采摘的爱心人士，并且坦诚地将实情相告。不少人拒绝领取，并继续认领明年的枣树。

为了方便采摘人员就餐，太阳村在枣园设立了“小吃城”。在周六、周日人员比较多时，由太阳村的孩子、老师和志愿者为客人们提供价格便宜、经济实惠，并有特色的风味小吃，使爱心人士在享受到田园风光的同时，又能品尝到美味小吃。太阳村不定期地对驻村孩子和中小学生进行“小厨师培训”。小吃城的经营，不仅为爱心人士提供用餐服务，也锻炼了孩子们。小吃城的收入则补贴到了孩子们的生活费中。太阳村在经营中，把商业化经营、爱心服务和对孩子们的教育结合起来，不断开阔思路，不断拓展范围，走上一条健康发展的良性之路。

4. 爱心认树项目回报社会

在太阳村周边，还有十余家私人种植的枣园和家庭枣园。他们管理好，品种多。然而，由于交通问题，大枣成熟以后，像太阳村枣园早期一样，往往卖不出去。有时还被枣贩子压价收购。因此，一度有几家枣园打算放弃种植。2007年，太阳村联合周边4家私人枣园，成立了枣业合作社，专门组成了技术小组、销售小组，统一负责技术指导和销售，收入按股份分成。社内在生产设备农业机械和资金上相互调剂，技术上取长补短。在他们人力短缺时，太阳村还组织孩子和爱心人士帮助他们锄草、摘枣，采摘季节参与接待工作。在大枣成熟的季节，太阳村一天最多接待过1 000多人采摘。太阳村不但使他们起死回生，也为当地家庭枣园带来商机。

随着太阳村爱心认树项目规模的扩大，太阳村救助服刑子女的事业也得到了迅速发展。太阳村由1个发展到6个，分布全国。

救助的儿童由每年百十名发展到每年救助服刑人员子女超过1 000名。由集中供养发展到集中、分散、托管三种形式。对服刑人员未成年子女的救助工作由单纯抚养发展到对他们的助学、职业培训、安置就业等多方支持。

对救助的目标人群从服刑人员未成年子女扩大到对其刑满释放后的父母的安置帮教工作。由单一的经营果园到将果园变成青少年劳动锻炼吃苦精神、自立能力和自立意识培养的基地。

正是在这一过程中，太阳村摆脱了“沿门乞讨”的被动格局，开创了自给自足的崭新天地。

七、筹款模式成功原因分析

太阳村的爱心认树项目为什么能够成功呢，分析起来有以下原因：

（一）与时下流行的都市度假休闲方式结合

爱心认树项目设计了一些活动，与都市度假休闲密切联系。如认捐者可到果园进行野炊，可到果园了解果树生长情况，可到果园观光休闲度假，参与果园劳动（锄草、浇水、施肥等），果实成熟时可以进行采摘。这一时下流行的农家乐休闲方式与慈善活动相结合，很受现代都市人的欢迎。当然，太阳村处于北京郊区，也是吸引都市人参与、确保项目成功的一个客观条件。

（二）有效地规避生产和销售风险

通过爱心人士的认捐，太阳村果园的生产风险和销售风险都得到了有效的规避。在生产方面，如果遇到灾害天气，歉收的损失由认捐者承担；同时，通过提高认捐树的费用，规避了生产成本增加的风险；在销售方面，由于认捐人提前交款，果园的销售风险也自然化解了。

（三）适时把工作重点转移到客户维护上

太阳村为认捐人提供的服务包括：开具认捐收据；将认捐者姓名的铁牌挂在树上，认树超过100株者，太阳村将制作20cm×30cm的铜牌竖立在所认树林前，如“中信银行爱心林”、“林依轮爱心林”等。代替认捐人管理果树，秋后树上所有果实归认捐者；果实成熟季节，太阳村会用媒体、网络、电话、手机短信、书面通知等方式通知采摘；如认捐者采摘确实有困难者，太阳村将尽可能将果实送到认捐者手中。在果实减产的年份，还另外购买果实，弥补认捐者的损失，保护了太阳村的诚信……上述种种措施的及时跟进，都对客户维护直接起到了积极有效的作用。

（四）不断提高产品的附加值，使认捐者获得超值回报

每个果树认捐的费用都与其正常产量果实的价值相当。在此基础上，太阳村还通过有机认证，增加产品的附加值，使认捐者在献爱心的同时，得到了超值回报。这对吸引更多爱心人士的加入、项目的不断推进，都起到了十分积极的作用。

思考题

1. 非营利组织筹款的含义和目的是什么？

2. 如何向个人或企业筹款？企业的有些要求该如何满足？太阳村是怎么做的？

3. 和企业合作有什么风险？有什么规避方法？

实例 9　企业公益营销之鉴①

有一个说法是：低手推销产品，高手推销企业。推销产品要穿透人们的层层戒心，但仅仅能带动销售；而推销企业却不容易引起公众的戒备，从而在不经意间以春风化雨的形式在公众心目中树立良好的企业形象，并且良好的企业形象同时可以拉动产品的销售，可谓是一箭双雕。这正是公益营销的迷人之处。

所谓公益营销，就是通过赞助、捐赠等公益手段对企业社会公众形象进行商业推广的营销方式。可以说，公益营销比较集中地体现了企业推广的所有优越性。首先，公益行为亲切自然、易被接受，它实质上是一种软广告，其商业性及功利性不像硬广告那么明显。其次，公益活动的沟通对象面广量大、有针对性。公益行为虽然不能直接带来产品的销售，但长远地看，它会改变人们对企业的看法，间接地促进品牌的声誉、形象以及销售等。美国一项对 469 家不同行业的公司的调查表明，资产、销售、投资回报率均与企业的公众形象有着不同程度的正比关系。

公益营销这种方式在海外已经司空见惯。从 1973 年开始，电影大王、邵氏影业的创始人邵逸夫先生便以个人财产成立"邵氏基金"，每年拨款给各大慈善机构，长期致力于文化、教育、慈善事业。邵逸夫的捐献项目遍布全国各省市自治区，达 3 200 个之多。到目前为止，邵逸夫为中国内地教育、文化、医疗事业

①　佚名 . 企业如何捐款才能商业利益最大[EB/OL].（2010-06-05）.http://www.globrand.com/2010/430646.shtml. 有变动 .

捐款高达25亿港元。尤其在教育界，青年学生、从事文教事业的人大都知道这个名字，这是因为他的名字几乎成了一种固定的搭配："逸夫馆"、"逸夫楼"，这是邵逸夫关心祖国内地教育事业的表达方式。2002年，一项奖金额堪与诺贝尔奖媲美的奖项在香港地区创立，这项以邵逸夫的名字命名的世界性奖项，将表彰在学术和科学上有杰出贡献的人士，这位95岁高龄的老人因此再次成为新闻人物。

一些国际品牌已经深深地感受到公益营销的巨大价值。全美最大的500家企业之一的雅芳公司，全球年销售额达到52亿美元，其产品涵盖护肤品、化妆品、个人护理品、香品、流行首饰、女性内衣及时装、健康食品等领域。雅芳公司视"关怀女性"为己任，在世界各地支持女性在经济、文化和体育等方面的发展。例如1992年成立的"雅芳全球妇女健康基金会"，迄今已筹集了7 500多万美元。其下属的"雅芳乳腺癌认识会"为乳腺癌的早期发现和教育提供了5 500万美元资金，成为美国资助妇女对抗乳腺癌最大的资金提供商。通过一系列公关行动，雅芳公司在女性中树立了较好的口碑，人们在购买雅芳产品的时候，会感受到一种亲切的关怀。

飞亚达手表规定，所有的飞亚达消费者将六成新以上的旧表捐给希望工程的孩子，就可以六折得到任何一款新的飞亚达手表。这样，飞亚达那些舍不得放弃旧表的老用户们，不仅能以较低的价格换上新表，同时还可以向贫困山区的孩子们表达一份爱心，建立与受捐者的联系。飞亚达通过与希望工程的合作，不仅实现了对其庞大用户群消费潜力的深挖掘，在顾客得到实惠利益和公益心理得以满足的情况下实现再次购买，而且树立了良好的品牌形象。

万宝路一直都积极赞助各项国际体育事业，尤以国际一级方程式车赛最有声望，这是万宝路最有影响、最重要的赞助活动之一。在大众心目中，一级方程式车赛被视为自由、奔放、竞争、极具挑战性的运动。一级方程式赛车手的形象正符合万宝路要塑造的"男子汉形象"，一级方程式车赛所体现的精神正是万宝路牛仔具有的精神。莫里斯公司赞助一级方程式车赛可说是赞助活动与品牌形象完美结合的典范。至今，万宝路已赞助一级方程式车赛20余年，作为对一项体育运动支持的责任，万宝路在公众中塑造了美好形象。万宝路总是寻找最适合自己的赞助方式，并给这些赞助方式制定具体的标准，只有符合这些标准的活动才会被考虑：（1）相关性。所赞助的活动必须符合万宝路的品牌核心价值以及目标人群的喜好，如摩托车比赛的刺激、惊险、豪放，正是万宝路的品牌个性的体现，这也是万宝路的目标人群感兴趣的活动方式。（2）领导性。所赞助的活动与万宝路的市场领袖地位相一致，能够帮助强化万宝路全球第一的印象。

可口可乐投入了迄今为止中国规模最大的公益事业——希望工程，并且十年如一日地坚持。1993年至今，可口可乐公司已在中国捐建了52所希望小学，100多个希望书库，使6万多名儿童重返校园。鉴于中国是长期的战略性市场，可口可乐选择农村教育作为突破口。可口可乐在其内部成立公益事务部，全力负责公益项目的策划、实施和跟进工作。在可口可乐公益事务部的电脑里，存有捐建的52所希望小学的详细资料和信息，并与28个装瓶厂紧密配合，一同为这些希望小学持续服务。可口可乐认为，对企业来说，做好公益事业，最重要的是高层要亲自参与，不能只出钱，不动心。

各家跨国公司不约而同地将在中国开展的公益事业锁定在三个领域：儿童教育、环保、体育事业。安利公司全球总裁德·狄维士说："其实，可选择的公益项目非常多，但要确定哪些事业可以通过你实现一些变化。我们在中国的公益事业已确定以儿童和环保为重点。当时有许多项目可供选择，但我们认为儿童代表未来，有无限潜力，对他们的点滴帮助，都可能改变其人生的发展方向，环境更关系到我们每一个人的生活质量。"从狄维士的话中不难发现，在选择公益项目时，他们其实是非常谨慎的，他们注重项目和时机的选择，往往选择能够促进本身目标的社会公益事业，绝大多数的公益项目针对公司的主要利益相关者——客户、员工、社区、政府官员或供应商，以有意义的方式提升公司的品牌形象。

总之，在新的社会环境里，企业被赋予更多的责任。好公益，做好事，成为一些企业的选择。优秀的公益营销可以使企业一方面捐出金钱，另一方面卖出更多产品。但是，企业做公益事业绝不是见好事就做。公益营销也不等于一个活动、一次捐赠，它应该成为企业的一种长期战略行为而非短期战术行为。许多跨国公司都以积极参加公益事业的方式，作为其融入社会、获得民众认可的策略，并且始终坚持。而国内企业的公益行为主要发生在偶然的、孤立的事件中，比如灾难性事件，是被动参与，不具有系统性和长期性。在这方面，我们应向跨国公司学习更多的东西。

思考题

1. 何谓公益营销？有哪些方式？
2. 从企业公益营销中，非营利组织可以学到什么东西？
3. 怎样实现组织发展与公益事业的双赢？

实例10　壹基金[①]

一、壹基金概述

1. 壹基金成立

壹基金是李连杰先生发起成立的国际性公益组织，遍及中国（含中国香港地

① 根据百度百科《壹基金》相关内容和《壹基金2009年财务管理报告》改编。

区)、美国、新加坡等国家。在中国大陆地区，壹基金分别在北京、上海、深圳设有办公室。壹基金与中国红十字会总会合作，于2006年12月8日发起成立了"中国红十字会李连杰壹基金计划"，并于2007年4月19日在北京正式启动，是在中国红十字会总会架构下独立运作的慈善计划和专案。为了保证公益项目更高效地实施，在中国红十字总会、上海市民政局等多方主管机构的指导和支持下，非公募机制的上海李连杰壹基金公益基金会于2008年10月注册成立。2011年1月11日，深圳壹基金公益基金会举行挂牌仪式，并召开新闻发布会，宣布成立。这意味着壹基金从此具备独立的法人身份，可以公开募款。

作为"中国红十字会李连杰壹基金计划"的执行机构，上海李连杰壹基金公益基金会严格按照《基金会管理条例》开展各项业务活动，向"中国红十字会李连杰壹基金计划"进行专项的汇报与结算，并接受年度审计。在中国香港地区，壹基金集中资源发展公益人才教育项目，合作设立培训中心，资助中国内地公益领袖以及社会企业家的学习深造，并积极参与香港地区的公益项目。

2. 组织使命与公益理念

作为中国公益行业的倡导者和实践者，壹基金致力于传播创新的、人人参与的公益文化，搭建工薪透明的、可持续发展的公益平台，以推动公益事业的发展；同时，尽可能地为各种自然灾难提供人道主义援助。壹基金倡导"壹基金壹家人"的全球公益理念，推广每人每月一块钱，一家人互相关爱彼此关怀的慈善互动模式，即：每1人+每1个月+每1元=1个大家庭。

3. 主要项目及成果

壹基金主要正在开展的或已经开展的项目有：

(1) 紧急救灾工作。面对灾害，第一时间快速反应，为灾区提供必要的物资救援。2007年6月4日，壹基金首拨善款10万元救助云南地震；2007年7月22日，壹基金拨款10万元救助山东等地洪涝灾害；2008年2月2日，壹基金拨款110万元救助南方雪灾；2008年5月9日，壹基金拨款10万元救助缅甸风灾；2008年5月13日，壹基金开始长期持续的汶川救灾及灾后重建工作；2008年6月16日，壹基金拨50万元善款救助南方洪涝灾害；2008年8月31日，壹基金拨款250万元救助攀枝花地震；2009年4月17日，壹基金捐款20万元赈济意大利震区；2009年7月8日，壹基金20万元物资紧急救援南方水灾；2009年7月14日，壹基金第一批救灾物资抵达云南震区；2009年8月2日，四川频遭暴雨袭击，壹基金紧急拨款10万元救助；2009年8月12日，壹基金紧急救助海峡两岸"莫拉克台风"受灾地区；2009年11月20日，壹基金紧急拨款20万元救助雪灾；2010年3月29日，壹基金捐款50万元救助西南旱灾。

(2) 长期灾后恢复工作。5·12汶川地震灾后重建，注重大灾难的长期灾后恢复工作，2008年7月，三江儿童之家正式启动，2009年10月—12月直接受益人群（儿童）数量为3 672人次；2008年7月，羌绣帮扶计划正式启动；2008

年 11 月，环保垃圾分拣站正式启动；2009 年 8 月，援建的中江县龙台镇初级中学厕所项目竣工；2009 年 9 月 24 日，正式启动北大儿童心理康复项目；2009 年 10 月，开展罗万小学龙心教学楼项目；水磨灾后儿童心理社会支持项目，截至 2009 年第四季度，直接受益儿童为 6 573 人次；截至 2009 年 12 月，阿坝州儿童福利院项目正式竣工；截至 2009 年 12 月，茂县黑虎小学部分设施通过验收；截至 2009 年 12 月 30 日，贫困母亲爱心接力生猪养殖项目，已进入对第一阶段的梳理和终结，第二轮生猪养殖项目即将开始；截至 2009 年 12 月 30 日，壹基金灾后心理服务项目——中科院心理绵竹心理服务中心，合计免费服务 1 667 人次；2010 年 1 月，绿色家园项目开始基础设施施工。

（3）壹基金典范工程。壹基金“典范工程”始于 2008 年，2009 年开始增添“潜力典范”评选，计划每年评选一次，是壹基金完成使命的重要活动之一。“典范工程”围绕“公信、专业、执行、持续”四个标准，评选出十家以内机构组织治理严谨、运营能力优秀、财务透明、可持续发展以及有社会影响力的公益机构，并给每家公益组织颁发 100 万元人民币的资助金。“潜力典范”则侧重于非营利组织在发展潜力方面的考评，评选通过的组织将获得组织能力培训、资金项目等层面的支持，旨在表彰和激励制度规范、管理专业，具有良好发展潜力的公益机构，从而为中国的非营利组织制定出一个行业的基本标准，以此推动整个中国慈善事业走向成熟。获选 09 典范工程的 8 家公益组织为：北京百年农工子弟职业学校、北京市大兴区蒲公英中学、赤峰市昭乌达妇女可持续发展协会、广州市扬爱特殊孩子家长俱乐部、青海省三江源生态环境保护协会、深圳市自闭症研究会、仪陇乡村发展研究协会、自然之友。获选潜力典范的 5 家公益组织为：安徽义工联盟、秦巴山农村社区发展研究协会、我们的自由天空公益助学项目组、甘肃省绿驼铃环境发展中心和上海欣耕教育信息咨询有限公司。

（4）壹基金公益网络平台。壹基金之家是网上公益社区，将非营利组织、企业以及公众通过强大的互联网分享功能连接在一起，成为捐款人、义工与公益机构间的互动纽带，促进了“让公益成为习惯”这一理念的贯彻。壹基金借助这个基于网络的交互平台，增强社会对慈善事业的关注与认知，提高了社会对慈善事业的捐助。同时，实现了公益捐款、活动发挥、志愿者招募，以及满足组织本身对受捐财务、志愿者、合作企业组织等的管理需求。

4. 资金来源

从 2009 年年会上壹基金发布的成立以来中国地区财务报告，其提供的 2008 年 1 月－2009 年 6 月的总收支情况来看，资金的规模总体上呈上升趋势。一共筹得善款约 1.7 亿元人民币，其中因汶川地震而接受的专项捐款 1.22 亿元，占 72%；日常公益捐款为 0.48 亿元，占 28%。基金会资金的来源主要包括企业单位的捐款、海外捐款和个人捐款，其中个人捐款占 41%。壹基金 2006 年 12 月—2009 年 6 月收支情况见表 9-4 和表 9-5。

表 9-4 **壹基金 2006 年 12 月—2009 年 6 月收支情况 1** 单位：元

分类	壹基金计划	壹基金计划与上海壹基金合并数	壹基金计划与上海壹基金合并数	壹基金计划与上海壹基金合并数
	2006.12.8—2007.12.31	2008.1.1—2008.12.31	2009.1.1—2009.6.30	累计
期初结余	—	7 949 514.98	101 069 045.34	—
收入	9 149 514.98	145 573 281.78	15 231 857.90	169 954 654.66
捐赠收入	0	145 555 116.82	15 022 164.14	169 726 778.10
其他收入	0	18 1464.96	209 711.60	227 876.56
支出	1 200 000.00	52 453 751.42	22 854 164.14	76 507 915.56
业务活动成本	1 200 000.00	52 165 196.05	21 196 695.42	74 561 891.47
管理费用	0	265 867.41	1 394 709.85	1 660 577.26
筹资费用	0	22 687.96	262 758.87	285 446.83
期末结余	7 949 514.98	101 069 045.34	93 446 739.10	93 446 739.10

表 9-5 **壹基金 2006 年 12 月—2009 年 6 月收支情况 2** 单位：元

分类	收入	支出	结余
	2006.12.8—2009.6.30	2006.12.8—2009.6.30	2009.6.30
非 5·12 地震	47 701 953.17	18 722 720.36	28 979 232.81
5·12 地震	122 252 701.49	57 785 195.20	64 467 506.29
合计	169 954 654.66	76 507 915.56	63 446 739.10

二、壹基金转型

2010 年 12 月，壹基金在深圳成功注册为公募基金。这意味着壹基金从此具备独立的法人身份，可以公开募款。

1. 试点探索 壹基金成功转型

2010 年 9 月 12 日，壹基金创始人李连杰在接受中央电视台《面对面》采访时首次透露，该慈善项目正面临严重危机，甚至存在中断的可能。其所指的危机，实际上是指壹基金因非公募身份而面临日益严重的发展困境。根据我国现有法律规定，基金会分为公募和非公募两种。公募基金可以面向公众募捐，而非公募基金不得面向公众募捐。民间非公募基金申请成立公募基金，首先需要找到相应的业务主管部门。由此看来，壹基金在深圳的成功注册，意味着壹基金已经找到了这么一位业务主管单位。壹基金之所以“落户”深圳，缘于深圳一系列特殊政策。在 2009 年 7 月，民政部与深圳市共同签署了关于民政事业综合改革合作协议，其中授权深圳开展基金会、跨省区行业协会、商会登记管理试点探索。深圳不仅仅是经济改革的特区，也是民政事业改革的特区，这个拥有中国最多志愿者的城市在慈善公益发展史上必定将留下闪亮的足迹。

2.“身份认证”之路艰难 公益理念难以执行

早在壹基金创立之初，创始人李连杰的理念是“每 1 人 + 每 1 元 + 每 1 个月 = 1 个大家庭”，即集合每个人的力量让小捐款变成大善款。这种理念倍受认同，可同时也意味着要向社会公开募款。在我国，基金会分为公募和非公募两种，前者可面向公众募捐，往往具有官方背景。而非公募基金会则无权向公众募捐。作为非公募基金的壹基金，只能选择挂靠在有公募资格的中国红十字会名下，做公募基金会的子项目，借助中国红十字会的名义向社会公开募捐。壹基金虽然能向公众募款，但并不是独立的法人，没有自己的独立账户和公章。

身份不明成为壹基金最大的问题。因为“挂靠”身份，对于募来的善款壹基金有独立的使用权，但是需要先向中国红十字会总会申请，项目计划通过评估后，才可以使用基金会中的善款，壹基金诸多慈善项目的开展都存在层层困难。在李连杰看来，壹基金是个已经 3 岁了还没有身份的孩子。由于身份和法律结构模糊，在跟他人合作时有很多问题，同时也受到希望中国公益慈善事业更加专业化透明化发展的人的质疑。除了身份的问题，还有理念上的冲突，按照章程，作为母体的中国红十字会，专事人道主义救助，资金用途主要集中在救灾和紧急事件，作为子计划的壹基金，基金用途也不能超过这个范围。而壹基金的公益理念和母体较为狭窄的资金使用范围时有冲突。2010 年 9 月，李连杰在接受访谈时首次透露困境，坦言壹基金计划可能面临中断。并表示如果壹基金最终成功了，他也会卸任，将其交给一个集体管委会领导。如今，深圳民政局正式批准深圳壹基金注册申请，壹基金终于有了合法的公募基金会资格。

三、壹基金的财务：以 2009 年第三季度财务报告为例

从创建初始，壹基金每个季度都在网站以及合作媒体上公布财务报告和工作报告，同时由全球四大会计师事务所之一的德勤华永会计师事务所有限公司（Deloitte）作为第三方在每年年终对壹基金的所有账务进行审计，作年度财务报告。之所以如此坚持，就是为了建立透明专业的财务管理机制，从而增强公信力，提高效率。以下是壹基金 2009 年第三季度财务报告。

1. 壹基金的愿景和使命

作为中国公益行业的倡导者和实践者，壹基金一直致力于传播创新的人人参与的公益文化，搭建公信透明的可持续发展的公益平台，以推动公益事业的发展，同时尽可能地为各种自然灾难提供人道主义援助。

2. 壹基金的资金来源

（1）来自于个人，通过银行、邮局、网络、银行卡、手机短信的捐款。壹基

金正通过扩展更多的捐赠平台，引导更多的个人进行便捷的捐款，将公益习惯融入生活。

（2）来自于企业的自觉捐款或者与企业合作活动的捐款。

（3）壹基金为某些公益活动而进行的专项筹款。

3. 壹基金的资金使用方向

（1）传播先进的公益文化及理念，比如，公益慈善论坛及壹基金年会。

（2）搭建公益平台资助和扶持公益组织，提高善款的透明度和使用效率，比如壹基金典范工程，每年评选 10 家优秀的公益典范组织，每家给 100 万的资助；又如，联结公益个人及公益组织的点对点式网络公益平台——壹基金之家社区建设。

（3）对自然灾难的人道主义救援，比如四川地震后的一系列灾后重建项目；今年展开的一系列对广西水灾、云南地震、台湾风灾以及刚刚发生的北方雪灾的救助。

4. 壹基金善款使用的主要原则

（1）符合壹基金的理念和宗旨。

（2）符合专款专用的原则：壹基金按照捐赠人的意愿，将捐款用于指定的项目。

（3）壹基金不组织和主办慈善晚宴活动，以发挥善款的最大社会效益。

（4）所有的项目支出，全部严格按照内部财务管理、第三方财务以及项目监管的流程执行。

（5）透明报告和公众监督机制：壹基金每个季度都在网站以及合作媒体上公布财务报告和工作报告，同时由全球四大会计师事务所作为第三方在每年年终对壹基金的所有账务进行审计，对项目的使用接受公众的监督。

5. 关于 2008 年中国全球公益慈善论坛

传播先进的公益文化和理念是壹基金的最重要的使命之一，2008 年壹基金与博鳌亚洲论坛合作的“中国全球公益慈善论坛”，本身就是为实现这一使命而进行的公益项目。“2008 年中国全球公益慈善论坛”和“壹基金公益平台项目”，正是壹基金为实现自身使命而实施的项目。在项目实施之前，先本着使捐助人效益最大化原则，积极寻求捐助，尊重捐助人意向，专款专用。并且通过内部严格财务审批管理，外部严格项目评估和审计，之后向公众公布财务报告，主动接受公众监督。

2008 年中国全球公益论坛于 2008 年 11 月 1 日—2 日举行，400 人规模的大型公益论坛，邀请世界各地在公益领域有影响力的演讲嘉宾，同时组织典范工程的颁布庆典，并进行电视转播。其中的费用包含两天会场租赁、会场布置搭建，音响租赁使用、舞美设计、会务执行、酒店住宿餐饮、两天电视录制、一个小时电视转播等方面的费用，虽然壹基金尽最大的可能争取免费赞助资源，很多嘉宾都是自费参加此次公益论坛，但仍然需要支付一些必要且合理的开支。此次论坛的 250 万元费用支出中有 200 万元得到了几家企业的定向捐款赞助，并且提供了现场的部分设施赞助，其余的50万费用使用的是非定向捐助款。

6. 关于壹基金公益平台项目开发

网络捐赠的方便、快捷、透明、低耗在地震筹款时已充分展现了其优势，而如何让捐款人了解更多公益项目和机构，更方便地直接捐款或志愿参与，一直是壹基金发展战略中一个重要的方向。壹基金之家点对点式网络平台由此应运而生。

壹基金之家网站不是一个简单的内容发布网站，而是面向捐赠人、合作伙伴乃至NPO机构的公益web2.0社区，在国内尚属首次尝试。立项初始，就与民政部、淘宝网、腾讯、思科、谷歌等合作伙伴进行了大量的沟通，并由此确定了网站搭建的方案，包括成本以及人员配置等问题。推广迄今的总支出约为150万元，其中包括采购网站服务器、Oracle数据库、服务器机房托管、网站存储设备、典范工程网评平台开发、壹基金之家托管服务等诸多费用。不论是硬件还是软件，壹基金都是通过正规渠道采购，绝不使用盗版，绝不偷税漏税。为了维护壹基金之家的稳定性，产品选用性价比高、能支持需求而又避免在三年内会被淘汰或更新的产品及服务。同时，每一项支出前除了严格执行财务监管流程外，一定优先寻找可能的捐赠方尽量争取捐赠，如思科和神州数码就提供了部分网络设备。

7. 关于2009年第三季度行政费用比例

根据《基金会管理条例》第二十九条的规定："基金会工作人员工资福利和行政办公支出不得超过当年总支出的10%。"壹基金一直严格尊重条例的规定，截止到2009年9月30日，壹基金的累计管理费用占累计总支出的4%。需要指出的是此考核指标是以年度为单位，而不是以季度为单位。每一个季度每一个月的成本根据工作内容的不同有高有低，所以单纯地用季度去比较，就会出现管理费用占当季总支出比例较高或较低的情况。要看行政费用是否合理，最为准确和客观的依据还应该是年度财务报告。

2009年第三季度公益项目支出及2007年以来总支出对比见表9-6。2009年第三季度公益项目支出见表9-7。壹基金限定性收支表见表9-8。壹基金累计到账货币捐赠明细表见表9-9。

四、壹基金的评估

1. 组织运作能力评估

组织运作能力主要体现在自我管理能力、项目实施能力、财务管理能力三个方面，下面对这三方面能力进行分析：

（1）自我管理能力分析

从组织合法性来看，由于非营利组织的法律地位低微，使得其独立性严重缺失，在一定程度上成为业务主管单位的附属物。根据《基金管理条例》，个人申请成立慈善基金只能选择民政部这样的政府机关或带有半政府性质的公益组织作为业务主管单位。壹基金选择与中国红十字会总会合作，成为旗下的一个专案进

表 9-6　2009 年第三季度公益项目支出及 2007 年以来总支出对比　单位：人民币元

序号	明细	2009 年第三季度金额	2007.4.19—2009.9.30 累计金额
一、	收入		
1	捐赠收入	13 480 132.04	181 206 910.14
1.1	货币捐赠收入	11 564 209.44	159 051 164.54
1.2	实物捐赠收入	1 915 922.60	22 155 745.60
2	其他收入	115 782.99	343 659.55
	收入合计	13 595 915.03	181 550 569.69
二、	支出		
1	公益项目支出	6 391 598.44	82 729 662.69
1.1	典范工程	469 799.85	7 093 877.02
1.2	公益平台项目	376 563.92	4 178 783.48
1.3	救灾项目	3 277 057.04	54 681 748.47
1.4	扶贫项目	873 828.04	4 305 982.87
1.5	教育项目	389 152.71	6 463 498.88
1.6	环保项目	189 984.50	4 676 818.54
1.7	医疗项目	815 212.38	1 328 953.43
2	行政及其他运营支出	1 574 091.74	3 548 783.53
	支出合计	7 965 690.18	86 278 446.22
三、	结余	5 630 224.85	95 272 123.47

表 9-7　**2009 年第三季度公益项目支出**　单位：人民币元

序号	项目名称	2009年第三季度公益项目支出金额
一、	典范工程	
	小计	469 799.85
二、	公益平台项目	
1	壹基金之家网络平台	338 327.55
2	2009年年会	38 236.37
	小计	376 563.92
三、	扶贫项目	
1	羌绣帮扶计划二期	832 202.63
2	成都震区贫困母亲爱心接力生猪养殖项目	9 054.20
3	四川小额贷款项目	14 897.87
4	北川玫瑰项目	17 673.34
	小计	873 828.04
四、	教育项目	
1	三江灾后儿童心理社会支持二期	59 319.93
2	罗万小学龙心教学楼项目	11 950.84
3	援建龙台中学项目	10 198.37
4	青川县教师资助项目	7 089.15
5	黄羊藏族乡中心小学援建项目	7 321.50
6	壹基金水磨灾后儿童心理社会支持项目	161 096.05
7	援建炉霍中学	21 687.87
8	金钥匙视障教育研究项目	110 489.00
	小计	389 152.71

续表

序号	项目名称	2009年第三季度公益项目支出金额
五、	环保项目	
1	太阳能LED照明“千村计划”项目	52 266.00
2	凉山州太阳能节能灯项目	137 728.50
	小计	189 984.50
六、	医疗项目	
1	绵竹心理服务中心项目	193 236.08
2	绵竹幼儿心理重建沙盘项目	4 595.10
3	医院合作项目	617 381.20
	小计	815 212.38
七、	救灾项目	
1	救助柳州水灾	187 715.50
2	救助云南地震	188 680.70
3	救助台湾风灾	300 805.00
4	救助浙江风灾	50 000.00
5	救助四川达州水灾	100 000.00
6	壹基金志愿救援联盟项目	400 000.00
7	四川地震灾后重建推广项目	93 908.04
8	四川地震灾后物资	1 948 522.80
9	第三方评估监管费用	7 425.00
	小计	3 277 057.04
	合计	6 391 598.44

表 9-8　**壹基金限定性收支表**

（统计期间：自壹基金成立始至 2009 年 9 月 30 日）

明细	非 5.12 地震	5.12 地震	累计
累计收入	57 273 076.05	124 277 493.64	181 550 569.69
累计支出	22 779 170.97	63 499 275.25	86 278 446.22
结余	34 493 905.08	60 778 218.39	95 272 123.47

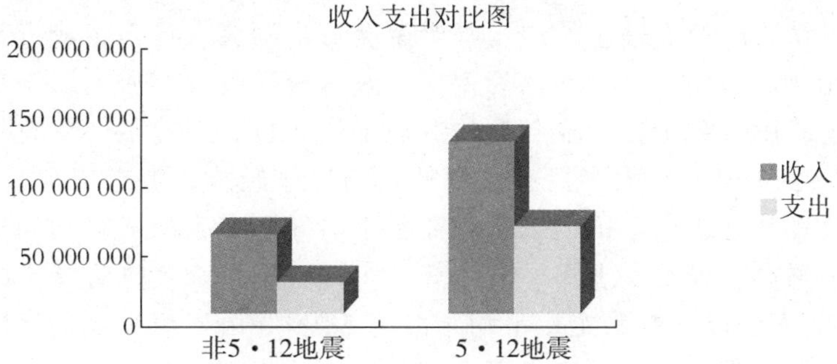

表 9-9　**壹基金累计到账货币捐赠明细表**　单位：人民币元

序号	项目内容	2009 年第三季度金额	2007.4.19—2009.6.30 累计到账货币捐赠收入
1	通过银行/邮局汇款到账	8 999 185.45	108 790 929.67
2	通过腾讯财付通网上筹入到账	4 188.20	23 810 247.54
3	通过支付宝网上筹入到账	—	21 995 753.50
4	通过招商银行爱心卡到账	849 161.70	1 162 919.80
5	通过手机短信、贝宝、快钱等其他途径到账	1 711 674.09	3 291 314.03
	累计已到账的货币捐赠总额	11 564 209.44	159 051 164.54

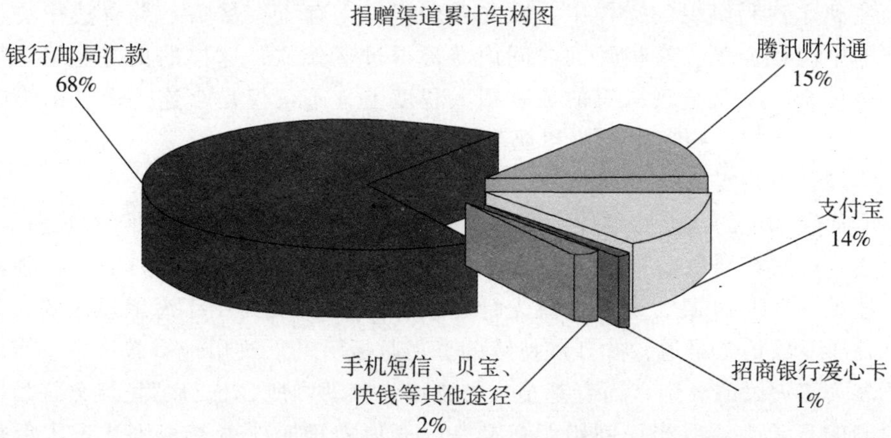

行相对独立的运作，在法律法规允许的情况下向社会募款。目前中国大陆地区还没有公募的个人基金，立法的滞后使得壹基金进一步发展面临着巨大障碍，合法性危机也若隐若现，但是壹基金也恰好利用了法律政策所提供的空间，进行了创新性的管理。但这样性质的民间公募基金运作的合法性是否可持续，还是一个不可预期的疑问，就此而言，要从根本上解除壹基金的合法性危机，只能寄希望于中国对非营利组织管制的放宽和公益法制的完善。

从组织的团队构成来看，壹基金的管理框架是这样的：上海李连杰壹基金、李连杰在美国的壹基金、中国红十字会各出两名人员，组成壹基金管理委员会。李连杰任主任，其余5人为董事。壹基金的管理实质上属于精英型的管理模式，它聘用了数十位专业各异的专职工作人员，组建了一支高效率的执行团队，中高层管理人员大多拥有大型外企的工作经验，拥有资深的管理背景。与此同时，壹基金邀请了国内公益行业数十名知名专家构成顾问委员会指导日常决策。全国设有成都、上海、北京等5个办公室，李连杰壹基金的团队工作人员只有22人，以女性为主，平均年龄为28岁。由于组织成员认同团队的公益理念，他们是为了共同的责任而在一起工作，不再为利益斤斤计较，有充沛的精神力量缓解和处理壹基金发展路上遇到的各种阻碍。另外，壹基金邀请了国际著名咨询机构贝恩公司（中国）为壹基金作各类调查报告和战略目标规划，并为长期战略发展提供指导。奥美、BBDO、麦肯光明等多家全球领先的广告公关公司为壹基金进行推广宣传，提供国际标准的传播规划服务。放眼而观整个公益行业，似乎只有壹基金才能做到如此企业化运作非营利组织，为其提供自信、公关、审计的公司都是世界一流的，而且都是免费的，其原因除了壹基金透明的管理和高度的公信力之外，李连杰的个人影响力也是重要因素。一个非营利组织靠个人影响力起家，无可厚非，但会陷于"一荣皆荣，一损皆损"的尴尬境地，要成长为具有可持续发展力的非营利组织，前提必须是淡化个人的色彩。在壹基金背后专业的职业经理人团队的努力下，将企业管理智慧倾注到非营利组织的运作中，在非营利组织生存土壤贫瘠、慈善法律法规不健全的中国社会里，在极短的时间内，募得过亿善款，这样的良好业绩算得上是一个传奇。壹基金现取得的成就很大程度上，不仅仅是李连杰个人的影响力作用，更主要的是归功于专业和规范的管理。

（2）项目实施能力分析

从壹基金的信息获取能力来看，壹基金对于社会关注的灾难的救援反应极其迅速，且对社会救助盲点信息获取也非常敏锐。2010年1月13日，海地遭遇严重地震，1月14日，壹基金就先行紧急拨付10万美元用于海地地区的紧急救助且开通专项捐款渠道，并开展持续的募捐救援活动。汶川地震救援中，当时大家更多关注灾民的温饱，而壹基金为灾民提供移动厕所，推行"垃圾分拣站"改善他们的日常生活；当民间组织赶赴一线开展救援时，壹基金则注重灾后重建问题，随后推出了一系列灾后重建项目，在管理构架设置方面，上海办公室是品牌中心，负责策划、推广和做广告；北京办公室是公关中心，处理业务拓展和公共关系维护事务，而成都办公室实施具体项目的执行。在实际操作中，将品牌建设部与公关中心分开，建立专业化的传播处理流程，是壹基金在危机事件中做出快速反应的关键因素。

从壹基金的资源应用整合能力来看，壹基金在大陆运转一直是民间组织与传统官办慈善机构合作的结果。壹基金凭借创始人李连杰广泛的人脉关系、对捐助者的税收优惠待遇、社会权威认可等“体制内的优势”，在成立短短的 3 年多时间就募得 2 亿多元的善款。壹基金选择半官方的身份，获得了政府公信力，在吸引公众捐赠方面有很大的帮助，是符合中国国情的战略。壹基金为了扩充资源整合能力，运用自身公益品牌效应积极寻找战略合作伙伴，通过与企业、媒体等的合作，引导公众捐赠方向。如 2009 年与汇源集团进行战略合作，除了一次性捐款外，消费者每购买一瓶特定汇源饮料，将会有 1 元钱以汇源代捐的形式捐赠给壹基金

壹基金在项目实施过程中主要运用的是社会化手段和风险投资手段。第一，社会化手段。在项目运作中，壹基金创新地运用了社会化手段。如壹基金和招商银行推出的爱心信用卡，除了具有招行借记卡的全部功能外，壹基金爱心信用卡特设了持卡人通过该卡每月向壹基金定额捐款功能，通过“每 1 人 + 每 1 个月 + 每 1 元 = 1 个大家庭”的方式，将公益融入日常习惯中。第二，风险投资手段，这是壹基金有别于其他公益组织的特征之一，除了设立奖项资助符合标准的非营利组织外，壹基金在 5·12 灾后重建项目当中也充分运用了这一手段，通过给相关非营利组织出资，从而达到项目运作的目的，成果卓著。例如壹基金绿色家园项目由壹基金出资，项目执行机构则为北京绿十字，它为渔江村整体灾后重建提供绿色环保的、整体的规划设计。

（3）财务管理能力分析

壹基金与银行、网站、手机等运营商通力合作，积极探索各种类型的捐款模式，开辟了爱心信用卡、手机短信捐款、财付通、支付宝、快钱等多种快捷捐款方式，但个人捐款的比例并未因此而快速提高，捐款结构也与壹基金的理念“每 1 人 + 每 1 个月 + 每 1 元 = 1 个大家庭”相去甚远。不过中国民政局“贝恩分析”的数据显示，中国慈善行业个人捐款比例不超过 20%，我们可以看到的是壹基金个人捐款的比例为 41%，远远超过了行业的平均水平。相对其他非营利组织，壹基金的财务管理是非常透明的。创立至今，壹基金每个季度都会在官方网站上以及其他主流媒体上公布财务报告和工作报告，并在每年的 4 月 30 日前发布经审定的财务年度报告。由全球四大会计师事务所之一的德勤华永会计师事务所有限公司（Deloitte）和毕马威国际会计师事务所（KPMG）对善款的收支进行审计；由凯誉管理咨询有限公司（KCS）提供善款的财务

报告。

根据《基金会管理条例》第二十九条规定："基金会工作人员工资福利和行政办公支出不得高于当年总支出的10%。"截至2009年9月30日，壹基金累计的内部管理费用占累计总支出仅为4%，这与壹基金高校的资源利用能力和严格的财务管理密不可分。对于其他非营利组织来说，筹款的方式和能力问题是最为关键的，但对于壹基金来说，如何规划善款的支出比筹款难度更大，掌握这过亿善款的壹基金，如何将每一分钱发挥最大的价值是壹基金最重视的问题。财务绩效是非营利组织整体绩效的重要组成部分，非营利组织的财务管理越透明，寻租现象就越少，其组织绩效就越高。

2. 公共关系处理能力评估

（1）与政府的关系

从总体上说，壹基金得到了政府的肯定与支持，这对壹基金的发展来说，是至关重要的。民政部决定授予中国红十字会李连杰壹基金计划2008年度"中华慈善奖"。"中华慈善奖"是我国在慈善公益领域的最高政府奖项，该奖项的获得表示了政府对壹基金推动中国公益慈善事业的努力和能力的肯定，这也间接地表示了对其合法性的认同。但不能否认的是，壹基金与政府部门间也充斥矛盾与冲突。具体表现在：首先是制度上的冲突，壹基金自在大陆运作以来一直挂靠在中国红十字会下，由上海李连杰壹基金公益基金会运作执行，其本质上是公募基金形式，其存在属于民间组织，得不到现有制度的承认，壹基金在法律地位上有朝不保夕的担忧。其次是执行上的矛盾，壹基金在项目实施过程中，一些地方的政府领导会不顾捐赠方的能力，把项目做大，或者强加党政领导的意见。在中国现有的公民社会状况下，非营利组织的自主权有限，受到体制内的压力束缚仍较大。

（2）与受助人的关系

壹基金与受助人不仅是救助与被救助的关系，更多了一层慈善理念传递和认同的关系。大多数在项目运作模式是，通过资助其他非营利组织的参与活动，从而达到项目目的，壹基金工作团队、捐助人与受助人的交流相对间接，例如，三江儿童之家项目由云南青年发展中心的工作团队运作，通过壹基金官方网站向社会公布项目进展和受助人的情况。壹基金"我们都是一家人"的理念在项目过程中得到了很好的传达，使受助人感受到"一家人"的温暖。另一方面，受助人也会关注壹基金的活动，并实际参与其中。例如，"壹基金羌绣帮扶计划"——阿坝州妇女羌绣就业帮扶中心，在得知海地地震后，帮扶中心的8 000多名绣娘们每人捐出10元，共计8万元，通过壹基金捐赠给海地灾后救助。

（3）与捐助者的关系

捐助者大体可以分为个人捐助者和企业捐助者。壹基金个人捐赠的除了现金捐款外，大都通过支付宝、快钱、财付通等网上捐款，到2009年10月壹基金

64%的善款来自个人捐款，每笔的数额不大但持续的捐款方式说明壹基金已经建立了一个良好的公益品牌，获得了广泛的社会认同。壹基金在接受企业捐赠的同时，也不乏企业利用这一公益品牌以微薄的慈善投入换取大的媒体宣传的效果。许多企业捐助者与其说是被慈善理念吸引，更不如说是被壹基金市场化的运作所吸引。企业加入壹基金的公益推广当中，不但可以得到体制内的保护，而且能实现品牌美誉度与社会效益的双赢，随着壹基金发展的逐步规范化和制度化，它对合作企业的筛选也将更加严格，市场化运作对壹基金的管理以及调动资金的能力提出了更高的要求。

（4）与新闻媒体的关系

与新闻媒体良好关系的建立，壹基金算得上有得天独厚的优势。首先，由于创始人李连杰是国际知名的影星，壹基金创立伊始就是新闻媒体追逐的热点。其次，组织团队的人员大都有市场营销、公关策划、媒体广告等方面的从业背景，能通过专业化的手段设定机构的传播策略。各种新闻媒体为壹基金发募捐广告、新闻报道、专题采访等都不遗余力。在汶川地震救援期间，壹基金有效地通过媒体与公众沟通，迅速确立了组织的品牌。在媒体关系网络上，它拥有比较成熟的对外公共关系网络。另一方面，壹基金的合作伙伴可分为三类：爱心伙伴、推广伙伴、专业伙伴。推广伙伴（主要是像腾讯、搜狐、新浪等媒体）和专业伙伴（主要是策略咨询服务的机构）并没有具体义务，但经常会为它的品牌推广提供帮助。比如，壹基金的策略规划由贝恩（中国）负责，广告由BBDO负责，公关则由麦肯光明负责，这些知名的国际公司都无偿为壹基金提供专业服务。这成为组织进行危机传播和品牌铸造的重要推力。与新闻媒体和谐的关系，促进了壹基金工艺品牌的成长。

（5）与其他NPO的关系

壹基金在慈善行业的发展远远超过了同类非营利组织，并无可厚非地扮演着行业标准建立者的角色。壹基金侧重于其资助性的作用的发挥，它通过直接资助其他非营利组织，推广公益文化，使社会受益。壹基金的典范工程选出他们看好的中国非营利组织，然后拨款给他们，鼓励监督他们去做具体的工作。“潜力典范”选出具有创新性和社会影响潜力的组织，根据获选组织的需要给予他们非现金形式的帮助，包括成员培训、领导力建设、战略咨询、社会网络资源整合等。这是非营利组织蓬勃发展的时期，也是鱼龙混杂的阶段，在未来的发展过程中，许多未能符合行业标准的草根非营利组织，必将淘汰，而大批成熟的NPO也会发展起来，其中壹基金的一个重要作用在于促进行业标准的建立，推动公益产业发展。

3. 接受监督管理状况

（1）内部监督

壹基金的内部监督主要有以下两个方面：首先，中国红十字会管理下，体制内设计的双向型监督。所有汇款都将进入中国红十字会账户下壹基金的专属账户，并通过红十字会的渠道进行资金的使用，但壹基金可以对资金的使用进行全程监督。例如，在汶川地震救援活动中，壹基金通过各种平台筹集的善款，除了必要的留存以外，其余全部归入红十字会壹基金账户，红十字会不动壹基金账户的善款，但壹基金执行团队动用的每一分钱都要经过红十字会的批准。其次，壹基金外聘专家进行评估，负责专门的检查工作。壹基金对所有捐款，从受捐到确认使用，都有严格的内部财务审批管理，每项项目执行前都有专业的项目评估和审计。不可否认的是，在当时情况下，壹基金缺乏整体的监督评价机制和将目标转变为具体的操作和考察标准。

（2）外部监督

外部监督主要包括：捐款者的监督、受助人监督、社会公众监督、新闻媒体监督等。壹基金接受外部监督的活动主要是它每个季度都会在官方网站上以及其他主流媒体上公布财务报告和工作报告，同时由全球四大会计师事务所之一的德勤华永（Deloitte）事务所有限公司作为第三方在每年年终对壹基金的所有账务进行审计，作年度财务报告，并在每年的 4 月份公开发布，对善款的使用做详细的公布，主动接受公众的监督。壹基金公益平台项目，不仅是组织管理的信息发布手段，更是面向资助方、受助人、合作组织与其他非营利组织的公益网络社区，通过网站的搭建，壹基金内部可以畅通无阻地提出意见、问题和建议，使得外部监督反应迅速透明，保证信息披露的及时和高品质，且通俗易懂，使公众容易掌握。

4. 壹基金评估的方法

壹基金的绩效评估，可由政府推动引导的方式进行。在民政部门的领导下，通过组建专门的非营利组织绩效评估的管理机构，即增设一个相应的事业单位，由其专门进行包括壹基金在内的非营利组织评估的管理工作，或者建立一个非营利组织绩效评估的委员会，通过民间组织联合的方式，进行行业内的绩效评估。当然，无论是选择前者还是后者的评估方式，评估机构的组成人员必须是由一定领域内的专家学者、利益相关者（如捐款人、服务对象）、一线工作人员等构成。如给壹基金提供审计服务的德勤华永事务所的会计师们，就是专家类人员很好的人选。

评估机构在民政部以及壹基金业务主管部门的指导下，客观公正且独立地开展业务的评估，在壹基金绩效三维框架分析下，建立详细的二级指标、三级指标等，设计指标换算模型，通过定性、定量信息的收集和换算得到多个评估值，评估机构在评估中应该采用基金会统一的评估标准，通过投票等民主的方式得到壹基金的评估结果。

思考题

1. 壹基金在深圳整个注册手续只花了 7 天时间。这个过程是否有些草率？对非营利组织认证管理你有何建议？

2. 如果你是壹基金的财务总监，如何就壹基金关于第三季度财务报告问题做出回复？

3. 请在“壹基金”绩效评估体系的基础上，结合中国的实际，设计中国非营利组织评估的具体方式和评估指标，并作简要说明。

参考文献

[1]纳特，巴可夫．公共和第三部门组织的战略管理[M]. 陈振明，译．北京：中国人民大学出版社，2001.

[2]柴邦衡，吴江全．ISO 9001：2000 质量管理体系文件[M]. 北京：机械工业出版社，2002.

[3]邓国胜．非营利组织评估[M]. 北京：社会科学文献出版社，2001.

[4]戴朋．有效的品质管理[M]. 北京：新华出版社，2002.

[5]戴维．战略管理[M]. 李光宁，译．8 版．北京：社会科学文献出版社，2001.

[6]科特勒．营销管理——分析、计划、执行和控制[M]. 梅汝和，梅清豪，张桁，译．上海：上海人民出版社，1999.

[7]科特勒，罗伯托．营销大未来[M]. 俞利军，邹丽，译．北京：华夏出版社，1999.

[8]郭国庆．市场营销学通论[M]. 北京：中国人民大学出版社，2000.

[9]郭国庆．非营利组织的界定及其营销特点[J]. 首都财贸，1998（3）.

[10]韩福荣．质量管理体系认证[M]. 北京：经济科学出版社，2002.

[11]何增科．公民社会与第三部门[M]. 北京：社会科学文献出版社，2000.

[12]黄浩明．非营利组织战略管理[M]. 北京：中国人民大学出版社，2003.

[13]刘国靖．现代项目管理教程[M]. 北京：中国人民大学出版社，2004.

[14]卢向南．项目计划与控制[M]. 北京：机械工业出版社，2004.

[15]陆道生，王慧敏，毕吕贵．非营利组织企业化运作的理论与实践[M]. 上海：上海人民出版社，2004.

[16]克林格勒，纳尔班迪：公共部门人力资源管理：系统与战略[M]. 孙柏英，译．北京：中国人民大学出版社，2001.

[17]骆珣，陈翔，刘军丽．项目管理教程[M]. 北京：机械工业出版社，2004.

[18]萨拉蒙．全球公民社会——非营利部门视界[M]. 贾西津，魏玉，译．北京：社会科学文献出版社，2002.

[19]毛寿龙，李梅，陈函泓．西方政府的治道变革[M]. 北京：中国人民大学出版社，1998.

[20]潘德，纽曼，卡瓦纳．6σ 管理法——追求卓越的阶梯[M]. 刘合光，译．北京：机械工业出版社，2001.

[21]戚安邦 . 项目论证与评估[M]. 北京：机械工业出版社，2004.

[22]沈建明 . 项目风险管理[M]. 北京：机械工业出版社，2004.

[23]苏力，葛云松，张守文，等 . 规制与发展——第三部门的法律环境[M]. 杭州：浙江人民出版社，1999.

[24]史密斯-巴克林协会 . 非营利管理[M]. 孙志伟，译 . 北京：中信出版社，2004.

[25]宋云，陈超 . 企业战略管理[M]. 北京：首都经济贸易大学出版社，2000.

[26]唐志红，驼玲 . 人力资源招聘 · 培训 · 考核[M]. 北京：首都经济贸易大学出版社，2003.

[27]王绍光 . 多元与统一——第三部门国际比较研究[M]. 杭州：浙江人民出版社，1999.

[28]汪玉凯 . 公共管理与非政府公共组织[M]. 北京：中共中央党校出版社，2003.

[29]王名，刘国翰，何建宇 . 中国社团改革：从政府选择到社会选择[M]. 北京：社会科学文献出版社，2001.

[30]王名 . 非营利组织管理概论[M]. 北京：中国人民大学出版社，2002.

[31]王世刚，李修松，欧阳跃峰 . 中国社团史[M]. 合肥：安徽人民出版社，1994.

[32]王处辉 . 中国社会思想史[M]. 北京：中国人民大学出版社，2002.

[33]王方华 . 非营利组织市场营销[M]. 大连：东北财经大学出版社，2002.

[34]萧新煌 . 非营利部门——组织与运作[M]. 台北：巨流图书公司，2000.

[35]吴冠之 . 非营利组织营销[M]. 北京：中国人民大学出版社，2003.

[36]吴锦良 . 政府改革与第三部门发展[M]. 北京：中国社会科学出版社，2001.

[37]郑国安 . 非营利组织与中国事业单位体制改革[M]. 北京：机械工业出版社，2002.

[38]郑国安，赵路，吴波尔，等 . 国外非营利组织的经营战略及相关财务管理[M]. 北京：机械工业出版社，2001.

[39]费希尔 .NGO 与第三世界的政治发展[M]. 邓国胜，赵秀梅，译 . 北京：社会科学文献出版社，2002.

[40]中华人民共和国财政部预算司 . 零基预算[M]. 北京：经济科学出版社，1997.

[41]周小桥 . 突出重围——项目管理实战[M]. 北京：清华大学出版社，2003.

[42]刘易斯 . 项目计划、进度与控制[M]. 赤向东，译 . 北京：清华大学出版社，2002.

[43]张极井 . 项目融资[M]. 北京：中信出版社，1997.

[44]张晓彤．绩效管理实务[M]. 北京：北京大学出版社，2004.

[45]许琳，王红光，吴定保．构建和谐家园——武穴农村公益事业促进会调查[N]. 湖北日报，2004-12-08.

[46]徐辉．NPO 新会计制度凸现“民间性”[N]. 公益时报，2004-01-03.

[47]蔡卓．基金会品牌成功的秘密[N]. 公益时报，2005-06-14.

[48]壹基金．壹基金 2009 年财务管理报告[EB/OL].（2010-04-30）.http：//dev.one-foundation.com/html/77/n-1177.html.